作者简介

· ·

曹丽媛 毕业于北京师范大学政治学与国际关系学院并取得管理学博士学位，现从教于华北电力大学人文与社会科学学院，长期从事于公共管理学理论与实践的研究，在《南京社会科学》、《中国特色社会主义研究》、《中共中央党校学报》等期刊发表论文多篇，主持省部级课题多项。

中央高校基本科研业务费专项资金资助（13QN53）

寻找公共行政的"点金石"

西方国家中央政府部际协调的实践与启示

曹丽媛／著

新 华 出 版 社

图书在版编目（CIP）数据

寻找公共行政的"点金石"：西方国家中央政府部际协调的实践与启示 /
曹丽媛著 . —北京：新华出版社，2016.12

ISBN 978 - 7 - 5166 - 3033 - 4

Ⅰ.①寻…　Ⅱ.①曹…　Ⅲ.①行政学—研究—西方国家　Ⅳ.①D502

中国版本图书馆 CIP 数据核字（2016）第 303786 号

寻找公共行政的"点金石"：西方国家中央政府部际协调的实践与启示

作　　　者：曹丽媛

责任编辑：张　谦　　　　　　　　　封面设计：中联华文

出版发行：新华出版社

地　　　址：北京石景山区京原路 8 号　　　邮　　　编：100040

网　　　址：http：//www.xinhuapub.com

经　　　销：新华书店

购书热线：010 - 63077122　　　　　中国新闻书店购书热线：010 - 63072012

照　　　排：中联学林

印　　　刷：北京天正元印务有限公司

成品尺寸：170mm×240mm

印　　　张：16　　　　　　　　　　字　　　数：260 千字

版　　　次：2017 年 6 月第一版　　　　印　　　次：2017 年 6 月第一次印刷

书　　　号：ISBN 978 - 7 - 5166 - 3033 - 4

定　　　价：68.00 元

图书如有印装问题，请与印刷厂联系调换：010 - 89587322

前　言

在中世纪,炼金术士们坚信有一种点金石,它是打开未知世界的钥匙,可以解决人类所有的问题。对于公共行政的理论与实践来讲,"对协调的追求在很多方面与中世纪对点金石的追求是相当的。只要我们找到了协调的正确方程式,我们就能调解不可调解的、协调相互竞争和完全不同的利益,克服政府结构中的非理性,并在一致同意的条件下做出艰难的政策选择。"①可以说,协调是公共行政的永恒主题。

通过对西方国家中央政府部际协调的实践进行分析,我们发现协调的确是这些国家的政府孜孜以求的"点金石",试图寻找到协调的正确方程式以解决政府在国内、外所面临的种种棘手问题。本书首先选取了英国的中央政府进行研究,作为公共行政领域两大改革运动——新公共管理和后新公共管理改革——的起源地,英国中央政府内部有着强烈的改革动机,包括中央政府内部加强协调与合作的一系列改革,对于传统的盎格鲁-撒克逊国家(例如美国、澳大利亚和新西兰等)都有着明显的示范和带动作用。由于英国中央政府内部有着历史悠久的协调传统,所以对英国中央政府部际协调实践的考察主要集中在"二战"后一些比较显著的协调实践上:丘吉尔时期的超级部长、希思时期的超级大部及中央政策审查小组和布莱尔时期的协同政府。选择这三个时期并不代表中间其他首相主政时期不重视协调工作,恰恰相反,通过对这三个时期首相加强部际协调的背景、具体措施等

---

① H. Seidman. Politics, Position and Power: The Dynamics of Federal Organization [C]. London: Oxford University Press1970. p200.

进行总结与梳理发现,英国中央政府对部门间协调的追求是一个持续和渐进的过程,并在以往改革的基础上逐步实现部门间的合作。

虽然英国是其母国,但是美国并未走上君主立宪的道路,而是在三权分立的基础上创造了后来被许多国家广为追捧和效仿的总统制。在美国,总统作为政府首脑独自行使最高行政权,不像英国的行政权是由政府和议会分享的,所以对美国中央政府部际协调实践的研究主要集中于总统是如何加强部门间协调与合作以巩固其自身权力的,这种权力的集中和加强既是社会事务增多和行政职权扩张的必然结果,也是加强中央政府核心职能和提高行政效率的必然要求。不管是包括白宫办公厅、管理与预算局以及国家安全委员会在内的总统办事机构,还是内阁及部门间委员会等有着明显协调功能的机构,通过对它们建立与发展的历史进行考察发现,这些机构协调功能的获取与发展都取决于总统。总之,总统权力的大小、总统个人的性格偏好等对美国中央政府重视部际协调的程度以及实现部门间协调与合作的各种方法的选择等有着重要的影响。

澳大利亚和新西兰作为传统盎格鲁 – 撒克逊国家中的成员,不管是在新公共管理还是后新公共管理的改革中都是英国的积极追随者,尤其是在新公共管理改革中,新西兰更以其激进的改革措施成为这场改革运动中的"先锋"。正因为如此,新公共管理改革给澳大利亚和新西兰政府带来的碎片化、筒仓化等问题的严重程度以及对协调的需求程度都不比其母国英国低,所以当以构建"协同政府"为主要内容的后新公共管理改革在英国启动时,澳大利亚和新西兰也宣布其进入了改革的"次世代",所谓"整体政府"、"合作政府"等都是协同政府在这些国家的延伸与发展,它们的核心都是加强包括中央政府部际协调在内的多层次、多主体间跨部门的协调与合作。

北欧诸国的历史就是一部航海史,长期的海上生活使风雨同舟的思想观念成为北欧传统文化的重要内容,体现在北欧诸国的政治、经济和文化生活之中,也体现在政府的运作过程之中。北欧的这种强调协调与合作的传统文化与后新公共管理的改革理念有着完美的契合度,这也是在新公共管理运动中消极被动的北欧诸国在后新公共管理改革中变得积极主动的原因。特别是在挪威和丹麦,新公共管理的一些改革措施不仅加剧了政府各部门加强自主权的趋势,更重要的是对作为传统协调机制的各部门间相互信任的文化造成了巨大的冲击,因此,挪威和丹麦积极参与到后新公共管理改革当中,试图复兴消失在政府各部门间甚至社会生活中人与人之间相互信任以及合作的传统文化。

进入二十一世纪以来,随着社会的进步和发展,公共服务管理复杂性的增长使得政府职能日趋扩张,政府结构的横向专门化、精细化分工给政府内部的横向协调带来了巨大的压力。面对这个压力,中西方国家的中央政府都采取了各种旨在加强政府内部横向协调的改革。2007年,党的十七大报告提出"要加大机构整合力度,探索实行职能有机统一的大部门体制,健全部门间协调配合机制",通过将职能相近的部门进行合并、减少部门数量来实现中央政府内部各部门间的横向协调,也就是中央政府部际协调。党的十八大报告进一步提出"稳步推进大部门体制改革,健全部门职责体系",这是党和政府对深化大部门体制改革更深一层次的认识。按照党的十八大的要求,2013年,党中央、国务院发布《关于地方政府职能转变和机构改革的意见》提出"梳理各级政府部门的行政职权,公布权责清单,规范行政裁量权,明确责任主体和权力运行流程"。同年,十八届三中全会在《关于全面深化改革若干重大问题的决定》中明确要求推行各级政府及其工作部门权力清单制度;次年,十八届四中全会通过的《关于全面推进依法治国若干重大问题的决定》也提出要推行政府权力清单制度。从大部门体制改革的推行到政府权力清单制度的建立体现了党中央、国务院对大部门体制改革的进一步深化,通过大部门体制改革和推行政府权力清单制度,从体制和制度层面实现政府部门间的协调一致。这是中国政府寻找"点金石"的尝试。

协调是中西方国家提高政府效率、完善政府服务的共同选择。西方国家中央政府实现部际协调的经验告诉我们,部门合并只是实现部际协调的必要条件,实现中央政府部际协调的关键在于部门间协调与配合的制度、体制和机制等方面的完善和发展。因此,通过研究西方国家中央政府部际协调的理论和实践对于构建科学的中国中央政府部际协调体系有着重要的意义。

目　录
CONTENTS

绪　论

一、问题的提出

（一）公共行政的主题：协调

协调是公共行政的永恒主题。但是，我们很难追溯协调相关理论的历史，因为协调是模糊的，它出现在各种不同的学科文献中，横跨众多组织和政策领域。至少自法约尔（1914年）的《工业管理与一般管理》和巴纳德（1936年）经典著作《经理的职能》开始，协调就已经成为管理学的中心主题。由于受到管理学的影响，公共行政学作为一门学科自诞生之初也将协调放在了显要位置。在传统公共行政理论中，美国行政学家古德诺在政治—行政二分法的基础上提出了要实现政治与行政的协调；怀特则提出了具体的行政协调思想；古利克作为传统公共行政的集大成者将协调（coordinatation）视为行政机构的七大基本职能（POSDCORB）之一。

由于社会的进步与发展，社会事务呈现出几何式的增长趋势，为了适应这种趋势，政府职能日益扩张，政府结构不断分化。特别是二十世纪八十年代以来，新公共管理改革以提高行政效率为目标，通过引入竞争机制加剧了政府结构的分化以及职能的分工，也就是功能的专门化水平（specialization），导致政府的碎片化程度日益加深。与政治和行政、中央和地方以及集权和分权一样，协调（coordination）和专门化（specialization）的关系也是公共行政中的一对基本关系：在一定时期的专门化之后，必然出现协调需求的增加；同样，由于协调带来的整合化和一体化程度不断提高，对专门化的需求也随之而来了。针对新公共管理改革带来的碎片化等负面影响，强调协同政府、整体政府构建的后新公共管理理论应运而生，从某种意义上讲,这是对政府中协调这个古老话题的回归。

因此,不管是在传统公共行政、新公共管理还是后新公共管理时期,"协调和'水平状态'都是政府从业者永远追求的行政圣杯。"①只是对协调需求的程度由于专门化水平的高低而有所差别。

(二)主题中的缺失:部际协调

协调是公共行政的永恒主题。按照不同的维度对公共行政中的协调进行划分,可以分为以下几种类型:

表绪论 - 1

	横向协调	垂直协调
内部协调	各部、机构或者政策部门间的内部水平协调	上级部门与所属机构和团体的跨层级协调
外部协调	与公民社会组织/私营部门的协调	a. 向上与国际组织的协调 b. 向下与地方政府的协调

资料来源:Tom Christensen Per Legreid:The Challenge of Coordination in Central Government Organizations. Working paper 5 - 2007. p12.

通过对公共行政理论与实践的研究,我们发现:在协调的这些类型当中,除了内部横向协调、政府的垂直协调与外部横向协调的理论与实践都取得了很大的进展,尤其是外部横向协调在经济学等理论指导下的新公共管理改革中得到了加强和巩固(例如政府与社会组织合作伙伴关系等)。而内部横向协调按照政府间关系进行划分,还可以分为部际协调(例如国务院为了深化医疗卫生体制改革,成立了由国家发展和改革委员会、卫生部牵头,财政部、教育部等相关部门参加的部际协调工作小组)、省际协调(例如河南、安徽、江苏和山东就淮河流域的水事问题进行的协调)、厅际协调(例如某省就假日旅游工作组织公安厅、交通厅、商务厅与卫生厅等相关部门进行的协调)以及各部门组成部分之间的协调等。新公共管理运动通过权力下放促进了地方权力的增长,推动了地方政府尤其是省级政府打破省级行政界限并实现省际协调,其作用的扩展和地位的提升可以从跨省大区域的构

---

① B. Guy . Peters . Managing Horizontal Government:The Politics of Co - ordination. Public Administration [J]Vol(76) 1998 . p295.

建战略中窥见一斑,例如长三角和京津冀都市圈等。实践的进步促进了理论的发展,关于省际协调、行政区域的研究也逐渐增长。相较于省际协调,(中央政府的)部际协调与(省级政府的)厅际协调在理论和实践中的发展都相对滞后。由于我国行政组织体系中基本的条块关系,中央与地方各级政府的业务内容按照条条关系是基本一致的,地方政府的职能权限是中央政府的翻版。所以,(中央政府的)部际协调对于地方各级政府内部的协调包括厅际协调有着明显的示范作用,具有不可取代的重要地位。与部际协调的重要地位相对应,部际协调在政府各种协调类型的研究和实践中的缺失带来的负面影响也将越大。

（三）重回中心:中央政府的角色再造

部际协调在协调这个永恒主题中的缺失是由多种原因造成,既有与造成其他协调类型失败相同的一般原因(例如将协调视为理所应当、自然产生的这类主观原因),也有部际协调缺失的特殊原因。

中央政府面临着逐渐扩大而又悄无声息的危机——它正变得越来越无关紧要,或者更明确地说,中央政府扮演的传统角色被证明不能满足二十一世纪社会发展的要求。"这是全世界的中央政府面临的危机。"① 尤其是全球化和新公共管理改革的影响对中央政府的角色和地位提出了更多的挑战。例如中央政府环保部门的目标是保护自然环境,但是受到国际贸易(木材等资源的出口)和超国家组织(联合国制定《京都议定书》)的影响,本国中央政府环保部门制定的环境战略及相关政策的实施效果将很难尽如人意。在全球化发展的大趋势中,中央政府的职能被弱化。同样,新公共管理通过分权和放权将中央政府的权力转移给地方政府、专门的执行机构甚至私人部门和社会团体,虽然提高了政府行政效率、降低了政府行政成本,但过多的执行机构和竞争机制也导致了中央政府的碎片化(frag-mentation),侵蚀了中央控制治理体系的能力。所以,全球化和新公共管理发展的双重趋势加剧了中央政府的空心化(hollowing out)和碎片化程度,但"这些趋势已成定局,中央政府也不能使其倒转。他们带来的挑战只有通过重塑中央政府的角色和功能,才能避免边缘化"。② 因此,为了应对这些挑战,加强中央政府能力并不是要其退回到过去中央集权化、中央控制一切局面的状态,而是通过中央政府的

---

① Donald F. Kettl. Central Governments in 2010:A Global Perspective[R]. Madison:University Of Wisconsin – Madison. 2001. p1.

② 同上,p3.

角色再造将其从"悬崖边上"（Donald F. Kettl）拉回国家治理体系甚至全球治理体系的中心。

中央政府的空心化和碎片化是导致部际协调缺失的关键原因，反过来，加强中央政府的部际协调是应对空心化尤其是碎片化的主要措施，对提高中央政府的能力具有重要的意义。

（四）研究中央政府部际协调的意义

1. 理论意义

二十世纪八十年代，新公共管理理念及其指导下的实践形成了风靡全球的政府改革浪潮。但是，随着改革的进一步深化，改革的负效应逐渐显现。新公共管理引入竞争机制、采用市场化的方法，大大提高了公共服务供给的效率，但"撒切尔时期公共行政改革在引入竞争机制的同时，严重忽视了部门之间的合作与协调，造成了碎片化的组织结构"。① 在后新公共管理时代，整体政府、协同政府、网络治理等理论及实践作为对新公共管理运动的反思与修正，使得垂直和横向协调的问题在理论界重新得到重视。在垂直的维度上，中央控制逐渐成为政治官员重获政治控制和实现不同层级政策协调一致的强有力的手段；在横向（水平）维度，例如跨部门合作的组织、方案或者项目成为修正中央政府公共行政过程中"柱式化"（pillarization）和"直仓化"（silozation）、碎片化的主要措施。此外，信息和通信技术的发展减少了横向沟通与协调的成本；公众期望与消费者主义的影响使公民希望获得满足他们需求的公共服务。而学界的关注点也有了较大的转变，从主导二十世纪初期的原子化思维模式转向了对整体的强调，不管是环境工程、生物学、计算机科学还是组织学都体现了这种转变。② 具体到公共行政理论上，与新公共管理改革不同，后新公共管理理论不仅从经济学中，也从其他社会科学中汲取可利用的理论来研究改革，并提倡以一个更加全面、整体化的方式来表述改革，而对中央政府部际协调的理论进行研究符合整个学界的发展趋势，有利于填补公共行政关于协调理论的空白。

---

① Sylvia Horton and David Farnham. Public Adm inistration in B retain[C]. Great Britain：Macmillan Press LTD, 1999, p251.

② Mulgan, G.. Joined – Up Government：Past, Present, and Future. In V. Bogdanor（ed.），Joined – Up Government[C]. London：Oxford University Press2005，p180.

2. 现实意义

随着现代化的发展,社会环境变得更加复杂,人们的需求也越来越多样化。为了满足人们的需求、适应变化中的社会环境,政府职能相应地进行了扩张,职能之间的差异也越来越大,专业化的分工也越来越细,而分工的细化必然会带来协调的问题。差异化与整体性是一个事物的两个方面,职能的差异、专业的分工越明显,对达到各种职能、部门之间协调一致的要求也就越突出,实现整体化的难度也就越大。同时,现代社会是一个风险社会,风险的多样化、全球化趋势对世界各国政府的危机管理能力提出了挑战,特别是在 9·11 以后,美国政府开始对其中央政府各部门之间的协调配合机制进行反思,部门之间的协调与合作成为美国政府机构改革的一项核心内容,对危机事件快速一致的反应必须以一个有机统一的整体政府为基础。社会环境的变化影响了政府结构和职能的改变,政府职能日趋扩张,政府结构日益分化是适应社会公共事务的日趋复杂化的必然要求,而随着政府的功能扩张和结构分化,政府内部的运作效率却反而降低,日益庞大的政府机构并没有能够有效地管理好日趋复杂化的社会事务,从而阻碍了社会的进步和发展。这就是世界各国政府在现代社会面临的"两难问题"。[①] 因为社会环境日益复杂化是现代化发展不可逆的趋势,所以协调中央政府内部关系、提高政府内部的运作效率、加强政府能力成为破解这个两难问题的路径之一。

2008 年,我国的中央政府也就是国务院开始启动大部制改革,这是对我国行政管理体制改革在新的国际、国内环境下适应市场经济发展和全球化发展的一个重大举措。根据十七大报告"加大机构整合力度,探索实行职能有机统一的大部门体制,健全部门间协调配合机制"的要求,大部门体制与部门间协调配合机制都是建立有机统一的政府的必要条件,两个部分是相互影响、相互补充的。并且通过对西方推行大部制的经验进行分析,完善的部门间协调配合机制是成功实施大部制的前提,甚至可以说大部制是健全部门间协调配合机制的有效途径之一。因此,大部制改革的推进应该是和部门间协调机制的建设相辅相成的。但是,我国各界对大部制的热情使得人们忽略了这次国务院机构改革的其他方面。2008 年4 月,按照《国务院关于议事协调机构设置的通知》对新一届国务院的议事协调机构进行了裁减,比上届大幅减少 25 个,设置 29 个议事协调机构。同时规定今后

---

① 施雪华. 中央政府内部行政协调的理论与方法. 政治学研究 1997 年第 2 期,第 69 页.

国务院一般不再单设实体性办事机构。一方面,这是大部制改革将外部协调困难和利益摩擦内部化后的必然趋势,也是遏制议事协调机构再度膨胀的有效途径;但是另一方面,这也将加剧中央政府部门间协调的困难,例如在食品安全监管、养老保险以及房产市场等改革领域因缺乏协调而出现的九龙治水、相互扯皮的"乱象"导致食品安全事故频发、房价越调越涨等不良后果,引起了人民群众的不满,严重影响了政府的形象。这说明,政府部门间的协调机制还尚未形成,政府各项职能没有实现真正的有机统一。同年7月,根据新的国务院办公厅"三定"方案,国务院办公厅不再承担对国务院部门间出现的争议问题提出处理意见的职责。但是根据我们对西方发达国家中央政府协调机制的考察,不管是内阁制还是总统制国家,在各部之上会建立强大的政府首脑办事机构,协助或代表首脑协调各部,例如英国的内阁办公厅。因此,在缺乏承担部际协调职能的常设机构的背景下,国务院办公厅协调职能的削减可能会对中央政府部门间关系的协调带来不利的影响。目前,按照十八大"稳步推进大部门体制改革,健全部门职责体系"要求,中央和地方政府进行的一系列改革,例如权力清单制度,等等,都是中央和地方政府实现部际协调的改革。所以,无论是在整个国际社会发展的背景下,还是具体到中国行政管理体制改革的实践中,对中央政府部际协调进行研究具有一定的紧迫性和必要性。

二、国内外研究现状

（一）一种复兴：国外中央政府部际协调的研究

在上世纪七十年代,政府间协调在西方国家被视为学者和政府实践者关注的"热点问题"。① 美国著名政治科学家哈罗德·赛德曼在其著作《政治、职位和权力：联邦组织的动力学》(1970年)中将政府对协调的探索与中世纪炼金术士对点金石锲而不舍的追求相提并论;② 美国政治学家威尔达夫斯基在《如果规划是万能的,也许它一事无成》(1973年)中将指出"协调视为我们这个时代的金科玉律之

---

① Thurid Hustedt and Jan Tiessen . Central Government Coordination in Denmark, Germany and Sweden – An Institutional Policy Perspective [C]. Potsdam . Universit ätsverlag Press, 2006. p2.

② H. Seidman. Politics, Position and Power：The Dynamics of Federal Organization [C]. London：Oxford University Press1970. p200.

一";①英国学者约翰·格林伍德和戴维·威尔逊在《英国行政管理》(1984年)中认为协调是有效的行政管理所必须的,并对英国中央行政部门的协调包括部门内部的协调和部门之间的协调进行了分析研究,总结出了六种英国中央行政部门之间已知的协调渠道。② 但是,由于上世纪八十年代新公共管理的兴起,学界研究和政府实践都将注意力转移到竞争、私有化和分权等问题上,协调尤其是中央政府部际协调问题在实行新公共管理改革的国家特别是传统威斯敏斯特体系的改革先锋国家中被忽视了。

实际上,从某些方面讲,实现跨组织协调作为追求目标是一个长期存在的问题——也可能是治理的永恒问题,对它的关注和重视在过去几十年虽兴衰起伏,但从未消失。③ 尤其是进入二十一世纪以来,以协调、整合等为主题的后新公共管理的兴起实际上是以一种新的并且更具说服力的方式重申了熟悉的协调需求,是国外对包括中央政府部际协调在内的协调理论研究的一种复兴,主要体现在以下几个方面:

1. 关于中央政府部际协调的概念和方法进行的专门研究

德国学者 Thurid Hustedt 和 Jan Tiessen 所著的《丹麦、德国和瑞士的中央政府协调》(2006年)从制度、政策的视角分析了丹麦、德国和瑞士中央政府协调的模式以及近些年来模式的变化,对这三个国家的中央政府协调模式进行了实证分析。他们认为协调是不同的政府组织(主要是部委)达成一致的政府政策并实现部门间关于项目、提案或者法律议案上的冲突最小化的过程。④ Robyn Keast 和Kerry Brown 在《政府服务提供项目:推拉中央政府协调的一个案例研究》(2002年)中认为传统的协调方法已经不能解决现在日趋严重的政府碎片化和缺乏协调的政府服务的问题,通过政府部门之间更具合作性的网络关系提供协调的服务逐渐成为公共管理者偏爱的战略选择。因此,他们研究网络式协调方法的来龙去

---

① A. Wildavsky. If Planning is everything, Maybe it's nothing, Policy Science. 1973. p142.

② [英]戴维. 威尔逊、约翰、格林伍德著,汪淑钧译. 英国行政管理,北京:商务印书馆1991年,第41页.

③ Perri 6. Diana Leat. Kimberly Seltzer and Gerry Stoker. Towards Holistic Governance:The New Reform Agenda. [C], Basingstoke:Palgrave2002. p9.

④ Thurid Hustedt Jan Tiessen:Central Government Coordination in Denmark, Germany and Sweden – An Institutional Policy Perspective[C]. Thurid Hustedt;Jan Tiessen. – Potsdam:Univ. – Verl. , 2006. p5.

脉,分析了网络机制在协调中央政府各部门时的利弊。① Robert Gregory 在《破镜重圆:使新西兰的公共部门重新组合在一起》(2003 年)的文章中在《检讨中央》(*Review of the Centre*)报告(2001 年)的基础上,介绍了新西兰近些年来公共部门改革的利弊得失,尤其是为了应对新公共管理带来的碎片化,新西兰在部门间协调方面进行的实践和理论上的探索:通过区域协调、加强政策/执行之间的联系、解决棘手问题的小组(Circuit Breaker Teams)来提供更统一的服务,通过网络、结构转变、责任体系来减少碎片化,通过价值和伦理、领导权、培训、高级管理、人力资源战略来创建组织文化。② Oliver James 在《英国核心执行部门使用公共服务协议作为治理工具》(2004 年)中探讨了公共服务协议(Public Service Agreements)在英国核心部门治理、掌舵或者协调各种关系中的作用。③ Paul Williams 在《有能力的跨学科人才》(2002 年)中指出,过去关于管理跨组织之间关系的研究都集中于制度和组织层面,忽视了跨学科人才也就是通才在超越部门和组织边界中的作用,政府中通才的技术、能力和个人品德对于有效的跨组织行为有着重要的意义。④ Morten Balle Hansen 和 Trui Steen 在《国家行政机关中的高层公务员和部际协调——一个比较的视角》(2010 年)中在对丹麦和荷兰的中央政府部门间协调的方法进行比较分析的同时,进一步研究了高层公务员在部际协调中的角色。他们认为面对着复杂的政策问题,垂直与水平的联系对于政府一致的反应是重要的。垂直协调是通过高层次的组织或者低层次的组织部门进行的协调,与之相反,水平协调是指政府内部同一层级的组织或组成部门之间的一系列协调行为。⑤ Herman Bakvis 和 Luc Juillet 在《横向问题的战略管理——加拿大政府部际协调中

① Robyn Keast and Kerry Brown:The Government Service Delivery Project:A Case Study of the Push and Pull of Central Government Coordination. Public Management Review 4(4):p3.
② Robert Gregory: All The King's Horses And All The King's Men:Putting New Zealands Public Sector Back Together Again. International Public Management Review. Volume 4 Issue 2 2003. p54.
③ Oliver James: The UK core executive's use of public service agreement as a tool of governance. Public Administration Vol. 82 No. 2, 2004 (397 – 419).
④ Paul Williams:The competent boundary spanner. Public Administration. 2001. p103.
⑤ Morten Balle Hansen . Trui Steen: Top civil servants and the interdepartmental coordination in state administration – a comparative perspective. Paper for the EGPA Study Group on Public Personnel Policies "Managing diversity", EGPA Annual Conference, Toulouse (France), September 2010.

的教训》(2004 年)中对加拿大部际协调的方法尤其是枢密院办公室(Privy Council Office 简称 PCO,类似于英国内阁办公室)在协调过程中的利弊得失。① Christensen 等在《中央政府部门协调的挑战》(2007 年)中,分析了挪威中央政府三十年来的改革,并通过对中央政府公务员的问卷调查,得出横向协调比垂直协调存在更多的问题,而低水平的信任关系将加剧横向协调对中央政府带来的挑战。②

信息技术为现代社会的快速发展注入了强心剂,也为行政改革和政府再造提供了有力的工具。信息技术作为一种先进的沟通技术转变了人们传统的时空观念,丰富了协调的现代性内涵、拓宽了协调的范围,体现在政府协调方面就是"网络政府"(networked government)、"连接政府"(connected government)、"横向交切的政策"(cross – cutting policy)的发展上。学者关于信息技术与部际协调的研究主要有:Marius Pellerud 和 Arild Jansen 的《公共部门基于 ICT③ 的跨部门合作》(2006 年)、Elsa Estevez 等在《电子政府的协调办公室》(2007 年)中总结了西方发达国家和亚洲国家电子政府协调的经验,通过建立中央协调办公室实现电子政府的建设。美国总务管理局在《电子政府经验总结:无边界政府》(2008 年)中介绍了信息技术对完善政府内部协调的作用。Willi Kaczorowski 在《连接政府》(2004 年)中介绍了电子政府的先锋派(澳大利亚、新西兰、美国)、现代派(法国、德国、葡萄牙、西班牙)和崛起的新星(巴林、巴西、爱沙尼亚、墨西哥)通过信息技术建设连接政府的经验教训。

美国政治学家盖伊·彼得斯在《管理横向政府:协调的政治学》(1998 年)中指出协调是当代组织间政治研究的核心议题,社会最需要也最应该追求的应该是一个高效率、效能和协调良好的政府;彼得斯认为协调是一种状态,是政府最终实

---

① Herman Bakvis . Luc Juillet: The Strategic Management of Horizontal Issues: Lessons in Interdepartmental Coordination in the Canadian Government. Paper presented to conference on "Smart Practices Toward Innovation in Public Management," University of British Columbia, Vancouver, Canada, June 16 – 17, 2004.

② Christensen, T. & Lægried, P: The Challenge of Coordination in Central Government Organizations. paper was presented at the Study Group on Governance of Public Sector Organizations, EGPA Conference, Madrid 19 – 22 September 2007.

③ ICT 是信息、通信和技术三个英文单词的词头组合(Information Communication Technology,简称 ICT). 它是信息技术与通信技术相融合而形成的一个新的概念和新的技术领域.

现的冗员、模糊不清和政策遗漏最小化的状态。① 在《追求公共政策的协调和一致:重返中心?》(2004年)和《横向政策管理的内容和理论》(2005年)中彼得斯从政策的制定和执行的角度出发对横向协调的内容、理论、正式机制以及非正式机制进行了进一步的探讨。Markku Temmes 在《政府的横向任务》(2006年)中研究了中央政府在综合管理和凝聚行政机构中的作用。Michal Ben – Gera 在专著《横向政策协调》(2009年)中对政府核心部门的功能、结构以及协调政府核心部门政策的工具(政治工具、行政工具和程序工具)等进行了研究。John Halligan 在《澳大利亚横向协调的影响》(2008年)中介绍了横向协调的几种类型以及它们在不同部门尤其是中央政府机构中的作用;他认为横向协调分为以下几种模式:以传统公共行政为基础的等级模式,以政策的制定与执行分离为基础的战略模式,进化模式是以管理或者市场驱动进行协调的模式,终结模式是联合治理的模式。②

2. 组织管理理论中关于协调问题的研究

组织理论也是研究中央政府部门间协调问题的重要视角。美国学者弗莱蒙特·E. 卡斯特、詹姆斯·E. 罗森茨韦克在《组织与管理:系统方法与权变方法》中明确指出:在其他方面处于相对稳定不变的情况下,在结构上进行调整可能是适宜的,为了使现存的组织更具有效益和效率,可以设计出不同的划分工作的方法和新的协调手段。③ 加拿大学者明茨伯格在《卓有成效的组织》中对组织内部的协调机制进行了具体研究,认为组织协调工作的基本方法,大致可以分为五种机制:相互调节、直接监督、工作流程标准化、工作输出标准化、员工技能标准化。④而网络化的组织结构作为新型的组织形态也是创新政府协调机制的重要内容。最早将网络化结构引入公共管理研究领域的学者是 LaurenceJ. O'TooleJr《认真对待网络:公共行政中以实践和研究为基础的议程》(1997年),斯蒂芬·戈德史密

---

① B. Guy Peters:Managing horizontal government :the politics of co – ordination,Public Administration Vol. 76 Summer 1998 (295 – 311),p29.

② John Halligan:The Impact of Horizontal Coordination in Australia. Paper for the European Consortium on Political Research Regulation & Governance conference Utrecht University , June 5 – 7 2008. p4

③ [美]弗莱蒙特·E. 卡斯特、詹姆斯·E. 罗森茨韦克,李柱流等译. 组织与管理. 北京:中国社会科学出版社1985年,第667 – 668页.

④ [加]亨利·明茨伯格,魏青江译. 卓有成效的组织. 北京:中国人民大学出版社2007年,第5页.

斯、威廉·D. 埃格斯在《网络化治理:公共部门的新形态》中分析了网络模式的优劣,认为除了按照传统的自上而下层级结构建立纵向的权力线以外,政府治理还必须依靠各种合作伙伴建立起横向的行动线。①

3. 整体政府、协同政府理论中关于部际协调的研究

其他关于中央政府部门间协调问题的研究作为主要内容包括在"整体政府"、"协同政府"等规范和实证的研究当中。这些研究都始于英国学者希克斯对于整体性治理的研究,《整体性政府》(1997 年)、《全面治理:实现整体性政府的战略》(1999 年)、《走向整体性治理:新的改革议程》(2002 年)这三本著作是希克斯理论思想的精华,《整体性政府》一书更是成为布莱尔政府建立协同政府的"宝典"。希克斯认为:"整体性治理将解决人民的生活问题为政府运作的核心……由于要解决人民的生活问题,不但要靠政府各个部做个别的努力,更需要政府各部门协同的努力,因此就必须要有政府的整合性运作。"② Pat Barrett 在《治理和协同政府——一些问题和早期的成功》(2003 年)中分析了澳大利亚政府建设协同政府的成功案例和经验,其中 Centrelink、Fedlink 和 Administration of the 30 Percent Private Health Insurance Rebate 都是进行部门间协调的成功经验和典型案例。③ Sue Hunt 在《整体政府:一起工作可行吗》(2005 年)中认为整体政府途径作为一个过程分为四个阶段:跨部门,它是指联邦政府内部的协调和联合政策制定;跨政府,它是指不同层级的政府之间的协调过程,通常是联邦、州和地区;跨界协调是指政府、非政府组织、社区、专家组织等在政府政策的特定领域中的合作。④ Andrea Ross 在《英国政府实现可持续发展的途径——协同工作的个案研究》(2005 年)中提出英国政府为了实现可持续发展和环境保护进行的机制改革,其中高级别(部长)委员会、英国下议院专责跨领域事务委员会和综合政策评估等都是部际协调

① [美]斯蒂芬·戈德史密斯、威廉·D. 埃格斯,孙迎春译. 网络化治理:公共部门的新形态. 北京:北京大学出版社 2008 年,第 6 页.

② Perri 6. Diana Leat. Kimberly Seltzer and Gerry Stoker. Towards Holistic Governance:The New Reform Agenda. [C], Basingstoke:Palgrave2002.

③ Pat Barrett:Governance and Joined – up Government – Some issues and early successes Paper presented to Australasian Council of Auditors – General Conference, Melbourne. 6 February 2003.

④ Sue Hunt:Whole – of – government:Does working together work? This discussion paper is a revised version of a Policy Analysis Report written as part of the requirements for master in public policy, Australian National University. p10.

机制的重要内容。Dennis Kavanagh 和 David Richards 在《部门主义和协同政府：回到未来》（2001 年）Duncan Russel and Andrew Jordan 在《一体化或者部门主义——英国实现可持续发展的协调政策》中分析了部门主义对政府内部的协调一致造成的影响。Dennis Kavanagh 认为部门主义是英国政府固有的恶，也是英国协同政府改革的目标。部门主义是政治、政策和政府中弊病的混合体。布莱尔在 1999 年的一次重要的演讲中抱怨到白厅每个部门都聚焦于自己的"政策烟囱"，保护自己的地盘和利益，使他每次试图提高白厅各部门的公共服务水平时总感到如芒在背，这也是布莱尔政府倡导协同政府的主要原因。① Patrick Dunleavy 是研究协同政府或整体性治理的另一位代表人物，在《协同公共服务的未来》（2010 年）以及一系列关于数字时代的政府的文章中讨论了协同式公共服务发展的七个阶段、数字时代信息技术在实现政府协调运作中的作用等；并在《创造和突破英国白厅部门》（2010 年）中分析了白厅新部门的成立准备、旧部门的终止以及影响部门改变的因素等。Bev Johnson 在《使政府联结起来的战略》（2005 年）中分析了建立协同政府的障碍、形成模式以及指导政府成功联结在一起的战略，并对具体的案例进行了分析。Andrea Di Maio 在其专著《协同政府：从理论到现实》（2004 年）中提出建立协同政府是克服政府传统组织结构设置的弊端，向公众提供无缝隙服务以及进行跨越组织边界的一体化运作。在《协同政府：一个调查》（2003 年）中，Christopher Pollitt 在分析协同政府的含义和目标的基础上对协同政府进行了理论性研究，并指出协同政府的本质是合作。Tom Christensen 和 Per Lgreid 在《后新公共管理改革——作为一种新趋势的整体政府》中提出整体政府的含义，它包括中央行政部门不同政策领域之间日益增加的横向协作、部委与其代理机构之间的内部纵向协作以及地方机构在提供公共服务时进行的协作，所有这些都旨在规范与提高服务的绩效、效益与效率。② 澳大利亚管理咨询委员会在《连接政府：澳大利亚整体政府对挑战的回应》（2004 年）中对整体政府的含义、构建整体政府的途径等进行系统研究，认为澳大利亚公共服务水平居于世界领先地位的关键在于官僚机构中跨越组织边界的工作，成功消除了不利于政策发展和传输的官僚机构中的

---

① Dennis Kavanagh David Richards：Departmentalism and joined – up government：back to future? Parlimentary Affairs 2001，p1.

② ［挪威］Tom Christensen、Per Lgreid，张丽娜、袁何俊译. 后新公共管理改革——作为一种新趋势的整体政府. 中国行政管理 2006 年第 9 期.

壁垒。

(二)一种遗憾:国内中央政府部际协调的研究

2007 年,根据十七大报告"加大机构整合力度,探索实行职能有机统一的大部门体制,健全部门间协调配合机制"的要求,我国中央政府也就是国务院通过把业务相似、职能相近的部门进行合并,启动了学界探讨已久的大部门体制改革。可以说,大部门体制改革的推行是学界研究大部制的一个高峰。同时,也就是通过对西方大部制改革成功经验的研究,我们发现:大部制只是政府实现部际协调、促进机构整合的主要方法之一,甚至可以说通过在一定范围内消灭部门间权限分工的大部制是解决部门间协调配合问题的一种极端方法。所以,大部制并不是解决部门间协调问题的"万灵药",在实行大部制的领域,应当在权衡各种协调配合方法的基础上促使机构走向整合。而在我国,当"协同政府"、"整体政府"、"跨部门合作机制"等成为国际公共管理研究和政府改革实践中的热门的时候,学界热衷于大部制而忽视"部门间的协调配合机制",不能不说是一个遗憾。①

1. 对包括中央政府部际协调在内的政府部门间的协调概念和方法进行的专门研究

国内最早对我国中央政府的内部协调问题进行研究的是施雪华老师,在他的论文《中央政府内部行政协调的理论和方法》(1997 年)中提出中央政府内部的行政协调的定义,它是指行政权力各主体(机构和人)在应用行政权力、制定和执行公共决策的过程中所进行的协作和相互关系的调节。它是整个政府行政协调系统(包括政府外行政协调和政府内行政协调)的一个重要组成部分,并在文章中通过对各国中央政府内部行政协调的基本理论和主要方法进行分析的基础上,对我国中央政府内部行政协调进行了开创性的研究。② 最早对政府协调机制进行综合研究的是尹光华,他在《不断完善政府的协调机制——行政管理体制改革的重要内容》(1994 年)从理顺部门关系的角度对各级政府的行政协调进行了研究,提出了协调的原则和方法并认为建立部际联席会议制度,组织多个部门协同工作,应该是要大力提供的一种协调形式。③ 仇赟在他的硕士论文《大部制前景下我国中

---

① 周志忍."大部制":难以承受之重.中国报道 2008(3),第 65 页.
② 施雪华.中央政府内部行政协调的理论和方法.政治学研究 1997 年,第 2 期.
③ 尹光华.不断完善政府的协调机制——行政管理体制改革的重要内容.中国行政管理 1994 年第 1 期.

央政府部门间行政协调机制展望》(2008年)中结合世界公共管理的趋势和当前中国行政体制改革的形势要求,着重阐述了健全部门间行政协调机制的重要意义,并对我国传统的中央政府部门间行政协调方法的利弊进行分析。① 清华大学于安教授结合我国的大部制改革,在《瞭望》《法制日报》(2008年)中指出大部门体制的功能之一是从体制上解决部门间协调配合问题并对部门间的协调配合机制进行了研究。北京行政学院金国坤教授在《政府协调:解决部门权限冲突的另一条思路》(2008年)中从部门权限冲突的角度出发,提出加强各级人民政府对职能部门间权限间争议的协调;在《论服务型政府部门间的协调配合机制》中提出部门间协调配合是建设服务型政府的题中之义。② 李积万在《我国政府部门间协调机制的探讨》(2008年)中对部门间协调的概念与类型、存在的问题与完善途径进行了研究,认为部门间协调是指在公共管理过程中政府部门之间建立相互协作和主动配合的良好关系,以有效利用各种资源实现共同预期目标的活动。③ 高轩、朱满良在《我国政府部门间协调问题探讨》(2010年)中对加强部门间协调的意义、现状和对策进行了分析,认为政府部门间协调是指在公共管理过程中,各部门之间通过建立协作配合关系,调整各自行为方式,共同有效地达到提高行政效率、改善公共服务质量等行政目标的管理行为。④ 徐超华在《政府部门间协调机制问题初探》(2010年)对我国部门间协调机制的启动、协调机构的设置、协调过程以及协调后的监督和追责制度进行了研究。⑤

2. 从政府危机管理的角度对我国政府部门间协调机制进行的研究

刘霞、向良云在《我国公共危机网络治理结构——双重整合机制的构建》(2006年)中基于当代公共治理理论提出通过构建双重整合机制(刚性与柔性)形成我国的公共危机网络治理结构,而这种刚性与柔性的整合机制也是构建政府部门间协调机制的重要途径;⑥凌学武在《公共危机管理中的协调联动机制建设研究》(2007年)中指出有效组织政府内部各部门之间的沟通与互补是建设完善的

---

① 仇赟. 大部制前景下我国中央政府部门间协调配合机制展望. 吉林大学2008硕士论文.

② 金国坤. 论服务型政府部门间的协调配合机制. 法治论丛2008年第6期.

③ 李积万. 我国政府部门间协调机制的探讨. 汕头大学学报2008年第6期.

④ 高轩、朱满良. 我国政府部门间协调问题探讨. 成都行政学院学报2010年第1期.

⑤ 徐超华. 政府部门间协调机制问题初探. 武陵学刊2010年.

⑥ 刘霞、向良云. 我国公共危机网络治理结构. 东南学术2006年第6期.

协调联动机制的重要内容；①张立荣、冷向明在《协同学语境下的公共危机管理模式创新探讨》(2007 年)中按照协同学的理论提出构建公共危机协同治理模式，而中央政府部门之间的协同治理是这种治理结构与层次的主要内容；②施雪华、邓集文在《目前中国危机管理存在的问题与解决方法——以汶川地震为个案所作的一项分析》(2008 年)指出我国应急联动协调机制存在着部门协调不力、部门沟通不畅等问题，加强应急协调联动机制的组织建设、法制建设、明确协调联动部门的职责、加强协调联动部门的信息沟通等是加强应急协调联动机制建设的重要内容③；娄成武、于东山在《系统化整合：中国公共危机管理的模式选择》(2009 年)中指出公共危机系统化整合模式的特点之一就是公共危机管理工具的协调性，它主要是指资源的优化配置和组织间的协作配合两方面。④ 于晓光、时秋、宋慧宇在《完善公共突发事件行政协调机制的思考》(2009 年)中结合近几年我国解决公共突发事件的实践，借鉴国外先进经验，提出从机构设置、协调模式和信息沟通等方面完善我国公共突发事件行政协调机制的建议，从建立专门机构加强应对公共突发事件协调和调度能力(静态)与公共突发事件内部行政协调模式(动态)两个方面完善我国公共突发事件行政协调机制。⑤

对上述资料进行时间分析，可以看出我国关于部门间协调问题的研究始于大部门体制改革的实施和应对公共危机的需要，与西方相比，起步比较晚。

3. 从整体政府、协同政府理论出发对中央政府部际协调的研究

"协同政府"、"整体政府"作为西方后新公共管理时代的主要理论，我国学界对这些理论的研究还处于起步阶段，研究主要倾向于介绍这些理论的来源、发展与具体内容。国内的研究以解亚红的《"协同政府"：新公共管理改革的新阶段》(2004 年)为起点，指出"协同政府"的核心目的是整合相互独立的各种组织以实

---

① 凌学武. 公共危机管理中的协调联动机制建设研究. 前沿 2007 年 09 期.
② 张立荣、冷向明. 协同学语境下的公共危机管理模式创新探讨. 华中师范大学学报 2008 年.
③ 施雪华、邓集文. 目前中国危机管理存在的问题与解决方法——以汶川地震为个案所作的一项分析. 社会科学研究 2009 年第 3 期.
④ 娄成武、于东山. 系统化整合——中国公共危机管理的模式选择. 行政管理改革研究 2009 年第 4 期.
⑤ 于晓光. 完善公共突发事件行政协调机制的思考. 社会科学战线 2009 年第 9 期.

现政府所追求的共同目标。① 张丽娜、袁何俊翻译的挪威学者 ChristensenT 和 Per L·greid 的《后新公共管理改革——作为一种新趋势的整体政府》(2006 年)对整体政府的来龙去脉进行了比较全面的介绍。② 竺乾威的《新公共管理到整体性治理》(2008 年)在介绍与评价整体性治理的基础上提出,整体性治理主要着眼于政府内部机构和部门的整体性运作,主张管理从分散走向集中,从部分走向整体,从破碎走向整合。③ 曾维和对整体政府进行了更深入的研究,对我国行政管理体制改革引进整体政府理论的可行性进行了初步的分析与探索,认为整体政府采用协调、合作和整合的方法来提高公共管理水平和公共服务质量,对我国当前的"大部制改革"进路具有重要的启示意义。曾令发在其专著《探寻政府合作之路:英国布莱尔政府改革研究》(2010 年)对起源于英国的协同政府进行了全面的介绍并在第五章对英国中央政府的合作治理之道进行了总结,包括公共服务协议、任务型组织和电子政府三种途径。④ 高轩在《整体政府与我国政府部门间协调》(2010年)中对整体政府模式对于加强我国政府部门间协调具有的意义进行了专门的研究,认为整体政府着眼于政府内部机构和部门的整体性运作,注重政府内部的政策整合、机构整合、文化整合、信息整合,主张管理从分散走向集中,从部分走向整体,从破碎走向整合,使政府部门具备了高程度的协调合作能力。⑤

三、研究目标与逻辑结构

(一)研究目标

1. 弥补我国学界在中央政府部际协调研究上的空白

与国内大部制改革的研究相比,我国学界在政府部际协调方面的研究明显滞后。通过中国知识资源总库(CNKI)对各类期刊进行查询,结果显示,2007—2015年关于大部制(包括大部门制、大部门体制)的文章达到 1163 篇,同一时间段关于部际协调、部门间协调机制(包括部门间协调问题、部门间协调配合机制)的论文

---

① 解亚红."协同政府":新公共管理改革的新阶段.中国行政管理 2014 年第 5 期.
② 张丽娜.后新公共管理改革——作为一种新趋势的整体政府.中国行政管理 2006 年第 9 期.
③ 竺乾威.新公共管理到整体性治理.中国行政管理 2008 年第 10 期.
④ 曾令发.探寻政府合作之路:英国布莱尔政府改革研究.人民出版社 2010 年.
⑤ 高轩.整体政府与我国政府部门间协调.领导科学 2010 年第 29 期.

仅有35篇,可以说是一个空白。而这种畸重畸轻、顾此失彼的现象既不符合科学研究的精神,更不利于构建完整的科学理论体系。与国外关于协调包括中央政府部际协调的研究相比,我国学界仍在热炒大部制而忽视了对部门间协调机制的研究,这也是一种遗憾。

本书通过对中央政府部际协调的概念、重要性、存在的问题等基本内容的研究不仅可以弥补当前我国中央政府部际协调研究上的空白,也可以为今后关于其他政府协调类型的研究打下良好的基础。

2. 在总结西方国家中央政府部际协调主要做法的基础上,研究其对我国构建中央政府部际协调的启示

西方国家作为现代政府的发源地,在中央政府部际协调的理论和实践方面都取得了很大的进展。但是,这些宝贵的理论分散于传统组织理论、管理学理论以及公共行政学理论之中,更糟糕的是,西方国家对于中央政府部际协调的主要做法的研究零星地分布于政府构成及职能划分的介绍、政府各类文件报告甚至领导人传记当中。因此,本研究试图按照分类的方法对西方国家中央政府部际协调的主要做法进行系统分析和归纳总结,并在此基础上研究其对中国构建中央政府部际协调体系的启示。

(二)逻辑结构

本书主要分为九个部分来论述。绪论部分重点介绍了为什么选择中央政府部际协调作为研究的主题,并介绍了国内外研究中央政府部际协调的现状,相较于国外部际协调的研究,中国中央政府部际协调的研究相对滞后,所以这个选题有一定的开创性,特别是在2008年大部门体制改革后,"建立健全部门间协调与配合机制"的要求使得本选题的研究更加具有现实意义。

第一章主要对中央政府部际协调的相关理论进行了梳理。包括政府内部各部门间横向关系在内的各种协调之所以难以实现,是因为关于协调的概念一直都没有得到明确的界定,因此本文在对协调和其他相似概念进行对比的基础上,提出了"协调"的概念,并以此为基础循序渐进地对行政协调、中央政府内部行政协调的概念进行了研究,并最终提出了中央政府部际协调的概念及其类型。社会科学关于协调的理论比较分散,与本文有关的理论主要集中在政治学、传统公共行政学、整体性治理理论之中,其中,政治学理论中关于利益的内容为部门间冲突原因的研究提供了一个独特的视角,传统公共行政学是公共行政学的理论起点也是

中央政府部际协调研究的起点,而整体性治理理论为中央政府部际协调的未来发展提供了一个创新的思路。

第二章对中央政府部际协调的困境及其原因进行分析。本章首先从部门间关系的视角分析了部际协调的重要性,然后结合国内外实际研究了实现中央政府部际协调面临的政治困境、经济困境、文化困境以及技术困境,并从主、客观方面以及制度层面分析了造成以上困境的具体原因。

第三章到第六章是本书的主要内容,介绍了西方发达国家中央政府部际协调的实践经验。前面我们分析过部际协调是国内外中央政府共同追求的目标,面对实现这个目标所存在的种种困境,国外中央政府尤其是西方发达国家的中央政府在解决部门间冲突、实现部际协调的过程中积累了丰富的经验。在这里,我们选取了英国、美国、新西兰、澳大利亚以及北欧的挪威、丹麦作为研究的对象,因为它们都是在后新公共管理时期,通过建设协同政府、整体政府,实现中央政府内部各部门间、中央政府与地方政府以及中央政府与外部社会组织间协调与合作的典型国家。

第七章是在研究西方国家中央政府部际协调的理论与经验的基础上,结合中国的实际,对构建科学的中国中央政府部际协调体系进行了设想,这也是本书研究的主要目标。

结语对中国中央政府部际协调的未来与发展进行了展望,建立合作制组织、培养卓越的领导者都是实现中央政府部际协调并走向合作的未来发展趋向。

第一章

中央政府部际协调的理论基础

协调是人类社会的古老活动之一。政府中的协调也有着悠久的历史,"所有大型官僚帝国,不管是古罗马、奥斯曼还是中华帝国都面临着协调问题。"①所以,有学者将公共行政理论与实践中对协调的追求和中世纪炼金术士对点金石的追求相提并论,这一方面指出了协调在公共行政中的重要地位;另一方面也暗含着协调对于公共行政就像点金石对于中世纪的炼金术士一样虚无缥缈、难以捉摸,尽管公共行政的研究者和实践者也像"炼金术士"一样地执着和努力,而造成这种困境的主要原因就是缺乏对"协调"的概念进行梳理和界定。因此,具体到中央政府部际协调的研究上来,必须首先对协调、中央政府部际协调的概念和相关理论进行分析研究。

一、关于协调的概念界定

什么是协调? 当我们参加了一场秩序井然的会议时,当我们欣赏了一场精彩绝伦的比赛时,或者当我们看到运行流畅的生产线时,我们就看到了良好的协调是如何运作的。但是,协调往往不是显而易见的,通常只是在缺乏协调的时候或者说协调不良的时候,我们才能更深刻地体会到协调的重要性。例如我们在飞机场排了几小时的队却不能登机,明明提前已经预订好的房间却被宾馆售出,或者我们就某一问题向政府咨询时却被相关部门"踢皮球",只有在这个时刻我们才会意识到协调是多么重要。我们对协调这种可遇而不可求的状态源于我们对协调的无知。

---

① Vernon Bogdanor. Chirstopher Hood. Joined – Up Government. Oxford University Press. 2005. p176.

（一）作为过程的协调

正如美国政治学家威尔达夫斯基所说的，如果我们不了解协调，不是因为没有（协调的）定义，相反如果我们不了解协调，那是因为定义太多而对于定义的认同太少。① 不同研究领域的学者从不同的角度对协调进行了界定，它包括计算机科学、社会学、政治科学、经济学、心理学、管理科学和系统理论等。政策科学研究者将协调视为各种决策之间相互调整的关系，任何将包括其他部门或个人在内的组织环境考虑其中的决策都可以称为协调的决策；经济学研究者则将协调视为由于资源的有限性，各参与者基于资源的相互依赖而自愿进行交换的行为；研究组织理论的学者认为协调是让部门之内或者之间的工作互相和谐以促成组织目标的结构；在系统科学中，协调是为实现系统总体演进的目标，两种或两种以上相互关联的系统或系统要素之间相互协作、配合得当、互为促进的一种良性循环态势及其控制过程；而政治学研究者更多地将协调视为一种干预，通过权威、制度化安排和控制来促使各参与者的行为协调一致，从而实现共同目标；等等。协调的定义过多导致关于协调的共识减少，但是通过对这些定义的梳理，我们也发现这些关于协调的定义中存在着一个关键因素和一个共识，这个关键因素就是相互依赖的关系，共识则是将协调视为一种过程或者行为。可以说，没有依赖就没有协调，而协调就是对这些相互依赖的关系进行管理的行为。②

1. 依赖关系

任何一个复杂的组织都是由不同的部分构成的，这些组成部分之间的关系就是相互依赖的关系。如上所述，协调是对各种组织活动之间的依赖关系进行管理的行为。因此，从这个角度出发，我们必须分析依赖关系的类型，并在此基础上对管理各种依赖关系的协调行为进行研究。

美国管理学家、组织学家詹姆斯·汤普森将相互依赖的关系分为以下三种类型：集合的、序列的和互惠的相互依赖关系。集合的相互依赖关系是指虽然组织由相互依赖的部分构成，但组织的每一个部分并不必然直接地依赖和支持其他的每一个部分。在这种情形下，每个部分都为整体提供了分散的贡献，同时被整体

① Ernest R. Alexander. How organizations act together: Interorganizational Coordination in theory and practice. Gordon and Breach Publishers. 1995. p3 .

② Thomas W. Malone, Kevin Crowston, The Interdisciplinary Study Of Coordination, ACM Computing Surveys, 1994, 26(1):87.

所支持。例如银行在各地的分支机构,它们之间的联系就是从共同的集合体(即总部)中分享各种资源,并且每一个分支机构的成功都有利于组织整体的成功,但各分支机构的工作是独立的。这种类型相互依赖的程度最低。

在序列的相互依赖关系中,部分之间的直接依赖可以准确定位,依赖的顺序也可以确定。我们称这种存在非对称性的相互依赖为序列的依赖。为了使第二部门的正确运行,第一部门就必须正确地完成其流程,这比集合依存性的水平更高,因为部门之间交换资源并依赖其他部门才能完成得更好。大型的利用装配线生产的组织,例如汽车行业等就属于这种类型的依赖关系,其依赖程度也高于集合的相互依赖关系。

第三种的相互依赖可以被称作互惠的,即指那种每个部门的产出都成为其他部门的投入的情形。在互惠的相互依赖情况下,每一个有关的部门都被另一个所渗透。显然,这里除了集合的成分,还有序列的成分。① 医院是这种依赖关系最好的例子,因为它为病人提供协调性的服务,病人在治疗时可能需要在 X 光、化验室、主治医生、注射室和药剂室之间奔走,因为主治医生需要根据 X 光片或者验血报告来确定病情,然后根据病情开出药方。部门 A 的产出是部门 B 的投入,而部门 B 的产出反过来是部门 A 的投入,这种互惠的关系相互依赖的程度最高。

2. 依赖关系与协调

因为协调是对这些相互依赖关系进行管理的行为过程,所以对依赖关系的分析允许我们对作为一种过程的各种协调行为进行更深入地研究,有利于我们对协调的理解。

表 1 -1:相互依赖的关系与作为过程的协调之间的关系图

协调\依赖关系	相互依赖的程度	对协调的需求程度	不同的协调类型	需要的协调过程
集合的依赖关系	低	低	基于标准化的协调	通过建立例行程序或者规则,限制每一个部门或者职位的行动

---

① 【美】詹姆斯·汤普森著,敬乂嘉译. 行动中的组织——行政理论的社会科学基础. 上海:上海人民出版社 2007 年,第 64 页.

续表

协调 依赖关系	相互依赖 的程度	对协调的 需求程度	不同的协 调类型	需要的协调过程
序列的 依赖关系	适中	适中	基于计划 的协调	通过建立一系列日程,对相互 依赖的各部门的行动加以治理
互惠的 依赖关系	高	高	基于相互 调整的协调	要求相互依赖的各部门在行 动过程中进行新信息的传递

从这个表中,我们可以看到:不同的依赖关系由于其相互依赖程度的高低对于协调的需求程度是不同的;根据对协调的需求程度的不同可以采取不同的协调类型,每一个协调类型所需要进行的协调行为也就是协调的过程是不同的。此外,不同的协调行为所适用的情形也是有所区别的。建立例行程序或规定的协调过程(即基于标准化的协调)适用的是相对稳定的、重复和数量有限的情况;建立一系列日程的协调过程(即基于计划的协调)并不要求基于标准化的协作所要求的高度稳定性和程序化,因而更适合于相对动态的情况,尤其当变动的任务环境冲击组织时;要求在行动中进行新信息的传递的协调过程(即基于相互调整的协调)在越是变化和不可预测的情况下,越能体现出重要性。

(二)作为结果的协调

协调的英文是 co‐ordination,由前缀 co‐、单词 ordin 和后缀‐ation 组成,其中 co‐表示联合、共同之意,ordin 是 order 的词根,包括命令、顺序、有条理等含义,‐ation 作为后缀构成名词表示"动作"、"状态"。因此,从词源学的角度看,协调不仅包括行为这种含义,也表示一种状态或者结果,可以被视为一个协调过程所达到的最终结果。而对于协调结果的描述是和两个关键词语分不开的,一个是重复或者冗余(redundancy),另一个是冲突(conflict)。

1. 重复或者冗余与协调

作为状态的协调往往是和重复或者冗余联系在一起描述的,例如协调是避免组织间的重复或者是减少冗余。重复或者冗余被视为与协调截然相反的一种状态。协调与效率一样备受推崇的原因在于实现协调意味着避免了坏事情:重复、重叠和冗余,而它们之所以不好是因为它们将本可以高效实现其他目标的资源浪费在了不必要的尝试上。但是,美国政治学家威尔达夫斯基在研究中也指出:"对复杂活动的协调需要冗余。让我们避免重复根本不能给我们有用的指导,它仅仅是一个失败的处方。"①特别是在行政机构中,重复或者重叠的出现并不必然是浪费和无效率的信号。相反,"冗余有助于公共行政中许多重要功能的发挥。它提供了安全因素,使行政机构可以对反常情况做出灵活及时的反应并为能够观察到冗余的人们提供创新的潜能。"②

"精简机构"、"合并类似职能"和"减少重复"确实是非常有吸引力的改革口号。但是,这些改革的结果可能只是剥夺了一个机构最需要的属性,这些属性允许打破规则,机构各组成部分也可以在不对作为整体的机构造成关键性伤害的情况下"负伤"运行。所以,即使是在冗余比较少的情况下,行政机构也可以将"精简机构"、"减少重复"等简易口号搁置一边,而是将关注的重点放到在不排斥机会的情况下缓解风险的原则上,这更具建设性价值。

对重复或者冗余的分析加深了我们对协调的理解。作为状态的协调并不必然是零重复或者零冗余(zero – redundancy),它只是两个或两个以上部门各自政策和规范的冗余重叠程度的最小化。与此同时,组织还可以利用重复或者冗余提高协调的水平,这种思想早在泰勒主义和科学管理中就已经复兴,例如泰勒通过他的"时间 – 动作"研究指出了工作的可辨识性和可重复性,认为将工作的每一个操作细节都进行具体规定并重复运作,有利于提高工作效率和整个工作的协调性。

2. 冲突与协调

如上所述,相互依赖的关系促进了协调的产生,但也导致了冲突的发生。不同的学者对"冲突"有不同的认识。巴基斯坦学者拉希姆认为冲突是社会实体内部或者社会实体之间出现的不相容、不调和或不一致的一种互动历程;③沃尔认为冲突是一种过程,在这个过程中,一方感知自己的利益受到另一方的反对或者消

---

① A. Wildavsky. If Planning is everything, Maybe it's nothing, Policy Science. 1973. p142.

② Martin Landau. Redundancy, Rationality, and the Problem of Duplication and Overlap. Public Administration Review, Vol. 29, No. 4. p356.

③ Rahim. The political economy of English education in Muslim Benga:l 1871 – 1892 [J]. Comparative Education Review, 1992(8). p 309.

极影响;①也有学者将冲突视为行为者之间存在的实际对立状态,如瑞文就认为冲突是由于实际的利益互不兼容性而产生的两个或者多个社会成员之间的紧张状态;②琼斯认为冲突是一个人被驱动去做两个或者两个以上互不兼容的反应时所处的状态。③ 尽管有很多学者从不同的角度给冲突下了不同的定义,但在一点上取得了共识:"只要有不相容的活动,就会有冲突。"④而只要有冲突,就会有协调的需要。冲突的水平越高对协调的需求就越大,相反,冲突的水平越低对协调的需求也就越小。

冲突存在的范围很广泛,小到个体心理冲突,大到国际冲突。而组织冲突特别是政府等公共组织冲突作为冲突存在的中观层面,主要是指公共组织内部和外部的某些关系难以协调而导致的两个或两个以上的主体,围绕行政职能、行政权力、行政决策等领域,基于对客体所期望结果或处置方式互不相容、互相排斥而引起的心理上、行为上的矛盾激化或对立、对抗的状态。而对冲突包括公共组织冲突进行管理的目标就是减少矛盾激化或者对立、对抗的状态,实现协调。美国管理学家福莱特从人际关系角度对冲突进行了研究,她认为不同的利益以及不同的利益之间的冲突在所难免,但是,既然冲突不可避免,就应该加以利用,正如小提琴利用琴弦的摩擦演奏出美妙动听的音乐一样。可惜的是,福莱特的思想在科学管理理论占主导的年代并未受到重视。随着社会的发展,学界对冲突认识的深化,逐渐认识到冲突不仅有阻止目标实现的破坏性作用,更重要的是,冲突具有维持组织边界、增强组织群体向心力的凝聚作用,通过冲突、矛盾和斗争,可以实现冲突双方或者多方的互动,从而消除分歧、统一认识,实现组织的协调。因此,作为状态的协调不仅仅是冲突程度的最低化状态,也是利用建设性冲突实现协调的一个过程。

(三)相关概念辨析

在过去的研究中,协作(cooperation)、协调(coordination)与合作(collaboration)三个词语经常在"一起工作的方式"这个广泛意义上被混合运用。例如,协作

① Wall. Conflict and its management[J]. Journa l of Management, 1995, 21(3). p515.
② Rain. Interdependence and Group problem - solving in theTriad[J]. Person lity Psycho logy, 1970(6). p78.
③ Jones. Social Attitude o f South Texas Primary Students[J]. Development Associates, 1976 (4). p41.
④ 【美】理查德·E. 沃尔顿著,李建国、陈忠华译. 冲突管理. 石家庄:河北科学技术出版社1992年,第38页.

往往包含协调,是指少数组织在没有达到一定程度的认同的情况下参与联合行动;协调也被作为协作的代名词或者按照协作进行定义。对于一些研究者而言,以上词语不加区分地应用问题不大,但是随着研究的深入和实践的发展,需要对这些相关词语进行明确的区分。例如,张康之教授就从社会治理模式的研究角度对协作与合作进行了辨异,认为随着人类社会由工业社会向后工业社会这个更高级历史阶段的发展,需要建立一个不同于工业社会的"分工—协作"治理模式的合作治理模式。因此,有必要对协作、合作以及协调进行一些理论梳理和辨异工作。

1. 协作

根据《现代汉语大词典》,协作是指"若干人或若干单位互相配合来完成任务"。① 从这个解释中,可以看出,协作是要在两个人或两个组织以上建立一种关系,而这种关系通常是短期的、非正式的并且大部分是自愿性的关系。在协作式的关系中,参与者愿意分享信息、空间等资源,但是不存在共同的努力目标,每一个机构都保持独立,保留各自的自主权和资源,也就是说,在这种关系中各参与者的协作行为都有各自的独立目标。因此,协作作为一种过程,参与者可以在不必然调整各自目标的情况下,将其他参与者考虑其中。由于协作涉及使用的资源比较少且主要涉及信息资源的共享,所以协作的特征可以被进一步地描述为风险比较低且由组织结构中较低层次的工作人员操作的策略性工作。协作关系中,各参与者之间的关系如下图所示:

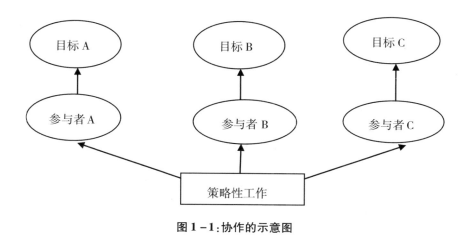

图1−1:协作的示意图

---

① 《现代汉语词典》. 商务印书馆2002年,第1392页.

2. 协调

从语义上讲,"协"和"调"同义,都具有和谐、统筹、均衡等富有理想色彩的哲学含义。"协调"即配合得当,尊重客观规律,强调事物间的联系,坚持对立统一,取中正立场,避免忽左忽右两个极端的理想状态。而从语用上讲,协调既是指一种状态,也指实现这种状态的过程。与协作相比,协调涉及各种机制的运用,以使系统各组成部分更加紧密和正式的联系在一起。为了实现战略性目标,协调不仅要求对信息进行分享,还需要各组成部门共同制订计划、共同决策和执行。因此,当出现对人员、任务和专门的干预进行调整和安排的需要时,协调就自然产生了,用来实现预先设定好的目标或者任务。在实践中,我们也发现,协调的行为强调了将相互依赖的各部分结合起来,形成一种秩序井然的关系,以产生整体效应。按照这种观点,协调并不依赖于各参与者的良好意愿或者对协议中的安排心甘情愿的赞同,而是包含一个目标或者一个任务的强制力的因素,以使体系中的各组成部分之间形成一种持久的关系。也就是说,协调意味着通过影响或者强迫参与者按照所需要的方式行动,以完成预期目标。如下图:

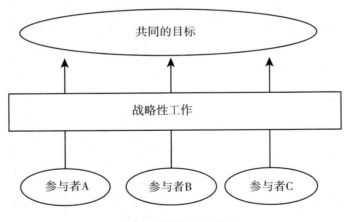

图1-2:协调的示意图

需要指出的是,虽然协调超越了协作的信息共享阶段,要求对资源进行集中运用并进行联合规划和联合行动,但是协调也要求更高程度的认同并要求参与者愿意放弃部分自主权。在这个过程中,参与者共同承担的风险随着他们共同利益的增加而提高,因此协调通常涉及高层级人员的参与,以完成更具战略性的任务。

3. 合作

　　虽然协作与协调在一定程度上存在差异,但是两者都产生于分工之上,是近代工业社会分工—协调(或协作)体系的重要组成部分。随着后工业化进程的启动,分工—协调(或协作)的社会体系开始受到了新近出现的"不确定性"和"复杂性"的冲击。同样,表现出分工—协调(或协作)特征的官僚制组织也越来越不适应社会治理的需要。特别是当社会自治力量迅速成长的时候,多元社会治理力量在社会治理过程中的作用也往往是无法纳入到分工—协作体系中来。这样一来,就需要有一种新型的社会整合模式出现。这种新型的社会整合模式将是一个合作的模式,它是不同于近代工业社会分工—协作模式的。①

　　合作是社会整合模式中最稳固和长久的类型,它要求在成员之间建立最牢固也是最紧密的关系。这种关系的形成需要整体规划并在各层次之间建立良好的沟通渠道,从而形成一种相互信任的文化。如果没有信任的话,肯定就没有合作。如果没有信任,在约束或利益操纵中所实现的共同行动只能造就协作行动,而不会产生合作机制。② 从历史的视野来看,合作是人类活动的目的,人类的其他活动都是合作的前提,是为了合作关系的形成和健全所做的历史性准备。通过对人类趋向合作的历史进程进行考察,人类从农业社会的互助到工业社会的协作和协调,都是后工业社会成熟的合作形态的胚芽发育过程。所以,我们也可以依次把互助看成合作的初级形态、把协作和协调看成合作的低级形态,不管是协作还是协调,都是走向合作的历史准备。在成功的合作关系中,各成员将自己视为整个体系的组成部分而不是独立机构,致力于共同任务或者目标的实现。协作、协调与合作的关系可以用下面这个图来表示:

图 1 - 3:协作、协调与合作的关系

　　早在原始社会,人类为了捕获大型猎物就在各个参与者之间进行了分工。尤

---

①　张康之."协作"与"合作"之辨异. 江海学刊 2006 年第 2 期,第 98 页.
②　同上,第 104 页.

其是到了工业社会,人类的这种分工达到了极致,18世纪亚当·斯密在《国富论》中就在制造大头针的过程中,注意到劳动分工这一现象:

"一个人抽取铁丝,另一个人把它弄直,第三个人把铁丝截断,第四个人把铁丝磨尖,第五个人把顶部磨平以备配上头。制造大头针的头又需要两三道不同的工序;安装大头针的头又是一门手艺了,大头针刷白也是如此;甚至连将大头针别到纸上也是一门独立的行业。"①大头针作为工场手工业最普通的行业,其内部分工极其细密,整个生产过程,从抽铁丝一直到刷白头和包装,共分为十八道工序,工人们"各专习一种特殊业务"、"受过相当训练",能熟练使用特殊器械。② 亚当·斯密指出,组织这样进行分工,其目的在于提高生产力。在大头针工厂中,如果十个人分工合作,每天每人平均可以生产大约四千八百枚大头针。如果他们单打独斗各做各的,可能每天每人的平均产量还不到二十枚。但是,由于存在着的各种相互依赖关系,分工越精细,产生摩擦和矛盾的概率就越大,冲突也就不可避免了。激烈的冲突导致组织乃至整个社会的碎片化趋向,为了应对这种趋向,在不同的历史阶段出现了不同的整合模式,例如农业社会的互助模式、工业社会的协作和协调模式以及后工业社会的合作模式,其中协作是这个整合连续体中的初级阶段,协调位于这个连续体的中间阶段,而合作则是整合连续体的最终阶段。由此可见,协调的需求起源于冲突的产生,但协调只是解决冲突的一种工具,其最终目标是实现合作。

二、中央政府内部行政协调

随着信息社会的到来,各种事务之间的相互依赖程度越来越高,复杂性程度也随着增长。美国未来学家阿尔文·托夫勒对这种信息社会的发展进行了预测,并在其《前瞻性的民主政治》一书中指出了信息社会可能带来的消极影响:"加快决策的压力猛烈地冲击着日渐增加的环境问题的复杂性和不熟悉,对此必须做出决策。""其结果是不堪承受的、决定性的超负荷。简单地说就是政治的未来震荡。"为了避免这种结果,托夫勒提出了两种解决办法,其中之一就是"设法进一步加强政府这个中心,不断增加越来越多的政治家、官僚、专家和计算机以竭力争取

---

① 【加】亨利·明茨伯格著,魏青江译. 卓有成效的组织. 北京:中国人民出版社,2007年.
② 【英】亚当·斯密. 国富论(上卷). 西安:陕西人民出版社2001年,第5页.

跑在迅速增加的复杂性的前面"。① 而中央政府作为国家政府体系中的最高行政机关,是"政府这个中心"的中心,因此提高中央政府做出决策的水平是应对这种复杂性的必然选择。而"协调是组织做出决定时所必不可少的,它贯穿于整个行政过程之中……几乎……与管理同义"。② 所以,加强中央政府内部行政协调的能力是提高中央政府这个组织决策水平的充分而有必要的条件之一。

（一）中央政府内部行政协调的概念

"对政府来讲,协调是一个基本的但日渐重要的问题。"③特别是对各国的中央政府而言,协调尤为重要。但是,一方面全球化的发展突出了各国中央政府的重要性,但由于国家利益的界定往往因时间、问题和政府部门的不同而迥异,导致一国中央政府在与外国政府打交道时难以保持团结一致,不仅不能代表国家在国际社会发出时代"强音",甚至不能用同一声音说话,严重损害了国家在国际上的影响力;从另一方面讲,由于新公共管理的改革浪潮,使得原本就不是"铁板一块"的中央政府体现出不断加速的分散化和异质性特征。因此,面对全球化和新公共管理改革的两大趋势,加强行政协调尤其是中央政府内部的行政协调应该是当务之急。

1. 行政协调

基于协调在公共行政理论与实践中的重要地位,公共行政学界的研究者始终绕不开对行政协调的研究,不管是传统公共行政学时期怀特、古利克、厄威克等人的行政协调思想,还是在新公共管理和后新公共管理时期,电子政府、协同政府以及整体政府等体现出来的协调思想。在我国,行政协调被视为行政管理的一个重要组成部分。不同的学者从不同的角度对行政协调进行了研究。王毓玳在《论行政协调》中认为行政协调是各级行政机关以及行政人员之间为达到共同的目标而协同一致的行动以及和谐融合的工作状态;④同样的题目,常桂祥则认为行政协调是行政执行的重要环节……行政协调是行政组织系统减小摩擦力的"润滑剂",是

---

① 【美】戴维·奥斯本、特德·盖布勒著,周敦仁等译. 改革政府——企业家精神如何改革着公共部门. 上海:上海译文出版社 2008 年,第 187 页.

② 【英】戴维·威尔逊、约翰·格林伍德著,汪淑钧译. 英国行政管理. 北京:商务印书馆 1991 年,第 41 页.

③ 【美】B. 盖伊·彼得斯著,吴爱明、夏宏图译. 政府未来的治理模式. 北京:中国人民大学出版社 2001 年 11 月第 1 版,第 141 页.

④ 王毓玳. 论行政协调. 地方政府管理 1992 年第 1 期,第 11 页.

增加凝聚力的"黏合剂",还是新的力量的"生长点";①李琪将行政协调放到整个社会系统中进行考虑,认为行政协调是公共行政管理系统在系统内部的各要素之间、系统与外部环境之间进行改善关系、调整行为,以期协同一致地实现行政目标的管理活动;②孙大敏也认为行政协调是行政系统调整自身与其外部环境之间的关系和调整行政系统内部的各种关系,使之分工合作、相互配合、协同一致,有效地实现行政目标的行为过程;③史瑞丽则将行政协调视为一种手段,是在行政运作过程中通过讨论、协商、调整的方式推行国家政务、体现国家意志的一种行之有效的手段;④以上的研究要么将行政协调视为一种活动,要么将行政协调视为一种状态,而方国雄则指出行政协调不仅是行政主体的一种基本的管理手段,也是一种反映行政活动、行政主客体间的一种和谐的关系状态;⑤在所有针对行政协调的研究中,卓越对行政协调的看法最有特色,他认为行政协调是行政活动中最具有艺术性的行政行为,行政协调也是一种公关性的行政行为。⑥ 综合以上对行政协调以及协调的研究,我们将行政协调视为既是一种过程,也是一种状态。作为过程的行政协调,是指政府为了解决日益复杂的社会问题,对行政组织内外各种相互依赖的关系采用各种方法进行管理的一种活动;而作为状态的行政协调,既是指政府与外部环境之间和谐共处的一种状态,也是指行政组织内部各组成部分之间分工协作、相互配合、协同一致,从而实现重复或者冲突最小化的状态。此外,值得注意的是,行政协调作为行政领导者的一项基本职能,也是领导艺术的重要内容。一个具有高超协调艺术的领导者不仅可以在组织内部建立起良好的人际关系,培养合作精神;也可以使组织在与外部环境的互动过程中加强协调,实现共赢。例如,周恩来同志的协调艺术就在外交活动上展现得淋漓尽致,他作为中华人民共和国的总理兼第一外交部部长,在长达二十六年之久的外交工作中进行了大量的、卓有成效的开创性工作,为我国赢得了极高的国际地位和威望。可以说,新中国的外交史,就是周恩来协调艺术的实践;新中国的外交成就,就是周恩来协

---

① 常桂祥. 论行政协调. 理论学刊 1998 年第 3 期,第 91 页.
② 李琪. 现代行政协调的模式与运行原则. 党政论坛 1996 年第 8 期,第 29 页.
③ 孙大敏. 论转型时期行政协调的特点和原则. 云南行政学院学报 1999 年第 4 期,第 58 页.
④ 史瑞丽. 行政协调刍议. 中国行政管理 2007 年第 6 期,第 89 页.
⑤ 方国雄. 现代社会需要强有力的行政协调. 中国行政管理 1996 年第 5 期,第 16 页.
⑥ 卓越. 行政协调论. 地方政府管理 1993 年第 5 期,第 31 页.

调艺术的结晶。① 可见,作为艺术的行政协调是指领导者运用自己的权力、威信和个人魅力,以及各种方法、技巧使领导者参与的各种活动中的各个因素、各种关系、各个环节、各个层次协调配合,从而使活动中的各种资源得到最有效的运用并朝向预期目标发展。

2. 中央政府行政协调

协调存在于整个政府体系的各个层次之中,中央政府的行政协调和地方政府的行政协调构成了整个政府的行政协调系统。根据中央与地方的关系,中央政府行政协调在层次和重要性等方面要高于地方政府行政协调,因此中央政府行政协调的研究和实践对地方政府行政协调的研究和实践有着重要的意义。中央政府行政协调不仅包括中央政府外部行政协调,也包括中央政府内部行政协调。中央政府外部的行政协调是指中央政府基于其在整个国家行政体系中的地位,对包括地方政府、私人组织以及非政府组织在内的整个国家的宏观公共事务进行的协调;从更广泛的意义上讲,中央政府外部行政协调还指与包括外国政府、国际组织在内的整个国际社会的协调。中央政府外部的行政协调与中央政府内部的行政协调是相互联系的,其中中央政府内部的行政协调是外部行政协调的基础和前提,内部良好的行政协调决定了中央政府对地方政府、私人组织、非政府组织乃至整个国际社会进行协调的能力,而外部行政协调的好坏也是内部行政协调状态的一种表现,所谓"弱国无外交"就是这个道理。如果一国政府各部门之间在与外国政府及其他国际组织打交道时难以保持团结一致,与外国人的谈判时,不同政府部门对国家利益的诠释难以一致,特别是对于一些脆弱国家而言,②国内包括行政领域在内的各领域"一盘散沙"的局面就会严重影响这些国家对内建立强有力的政府体系、对外维护国家主权的能力。

3. 中央政府内部的行政协调

二十世纪初以来,特别是第二次世界大战以后,世界各国几乎无一例外地被

---

① 曾昭富、李晓刚. 周恩来协调艺术刍议. 求实 1998 年第 4 期,第 15 页.

② 脆弱国家(the Fragile States)是指那些没有能力或者意愿为本国的人民提供最基本的人身安全、合法的政治机构、完善的经济管理和社会服务的国家。经合组织发展援助委员会(the OECD'Development Assistance Committee,简称 DAC)在 2003 年的高层会议上建立了脆弱国家组织(the Fragile States Group,简称 FSG)以帮助这些国家在政治、经济以及社会各领域取得进展。

一个"两难"问题所困扰:一方面,随着社会的进步和发展,政府职能日益扩张,政府结构日趋分化,以适应社会管理事务日益复杂化的需要。另一方面,随着政府职能的扩张和结构分化,政府内部的运作效率却反而降低,日益庞大的政府机构并没有能够有效地管理好日趋复杂化的社会事务,从而阻碍了社会的进步和发展。这个"两难"问题引起了各国政府和众多学者的关注和重视,他们提出了解决这一"两难"问题的许多思路和方法,加强中央政府内部的行政协调就是其中一个重要思路和方法。①

中央政府内部的行政协调,是指行政权力各主体(机构和人)在应用行政权力、制定和执行公共决策的过程中所进行的协作和相互关系的调节。② 中央政府内部行政协调主要包括两个内容和四个基本层次,两个内容是指中央政府部门内部的行政协调(简称部内协调)和中央政府部门之间的行政协调(简称部际协调);四个基本层次是指:一是行政决策机构和人员之间相互关系的协调;二是行政决策机构和人员与行政执行机构和人员之间相互关系的协调;三是行政执行机构和人员之间相互关系的协调;四是行政执行机构(各部委)内部各机构和人员之间相互关系的协调。③ 其中,中央政府内部的部际协调与部内协调也是相互联系甚至是相互转换的。某个部门内部的一些需要协调的工作可能因为部门结构的改变而重新分配给几个独立的部门,从而将部内协调转变为部际协调。例如,1952年国民经济初步恢复以后,我国的中央政府进行了机构调整。从重工业部中分设出第一机械工业部、第二机械工业部;从教育部中分设出高等教育部、体育运动委员会、扫盲工作委员会;把贸易部分设为商业部和对外贸易部;从财政部中分设出粮食部。而近些年来关于部际协调与部内协调之间的关系变动更多地体现在大部制改革上,特大部门的成立在某种程度上是为了把大量的工作转入到部门内部,以减轻部门之间协调的负担。例如,在2008年我国启动的大部制改革中,将人事部、劳动和社会保障部合并组建了新的人力资源和社会保障部,将部际协调转换为部内协调,这也是国外的中央政府普遍实行的部际协调方法。但是,部际协调通常会比部内协调能引起更多的问题:职责较多,人员较多,被协调的单位——政府的各部门——也常常依仗权势非难"令人反感的"协调者。所以,与部

---

① 施雪华. 中央政府内部行政协调的理论与方法. 政治学研究 1997 年第 2 期,第 67 页.
② 同上,第 68 页.
③ 同上,第 68 页.

内协调相比,对中央政府部际协调的研究和实践更具难度和挑战性。

(二)中央政府内部行政协调的重要性

协调在一切组织中都很重要,特别是在中央政府部门中尤为重要,这主要出于以下几个原因:

1. 规模与复杂性

在简单的组织结构中,协调往往比较容易。比如独木舟上的两名桨手,陶器作坊的几个陶工或者在两个人合开的商店里,双方可以互相监督,通过非正式的简单沟通实现对工作的协调。但是,在政府部门中,由于雇用人数多,职责不同,如果没有正式的协调方法,工作上不容易做到互相配合。特别是在涉及部际协调时,问题更多。不管任务分配的多么仔细、精密,还是会出现职责重叠的情况。实际上,由于中央政府的职能范围涉及广泛,一些最没有关联的部门有时也会发现它们有需要共同关注的问题。例如,在英国的撒切尔政府时期,为了是否参加1980年在莫斯科举行的奥林匹克运动会,环境事务部与外交和联邦事务部两个所关心的问题原本根本不相干的部门在工作上也产生了矛盾,需要进行协调,因为环境事务部主管文娱体育工作,认为体育无关政治,主张参加莫斯科奥运会,而外交和联邦事务部基于政治分歧主张联合抵制莫斯科奥运会。由于规模庞大、职能广泛,中央政府在很大程度上要依靠各种协调方法,否则,为数众多的政府部门及其所属单位在职能重叠点多得几乎数不清的情况下是无法做到行动一致的。

2. 公正与民主

对公正与民主的追求也使得中央政府机构本身需要协调。有效的协调可以使得中央政府各部门的组成部分和共同负责某项工作的几个部门能够更加公正地对待服务对象。[①] 而在民主方面,不管是实行地方分权制还是中央集权制的国家,中央政府内部的行政协调对于促进民主有很大的帮助。特别是对于像中国、法国这样有着中央集权传统的国家,中央政府权力过大或者过于集中阻碍了社会经济的发展,不符合现代社会民主化的潮流。要解决中央政府权力过分集中的主要方法有三个:一是将集中到中央的各种过多的权力下放给地方或社会,实行地方自治;二是将集中到中央的各种权力分散到立法、行政和司法机关,并使其互相

---

① 【英】戴维·威尔逊、约翰·格林伍德著,汪淑钧译. 英国行政管理. 北京:商务印书馆1991年,第42页.

制衡,从而避免任何一个部门权力过大,也就是实行美国的三权分立体制;三是在既不能下放权力或较少下放权力,又无强有力的立法和司法机关相制衡的情况下,就只有依靠行政民主这一"安全阀"了,即实行高度集权的行政权力内部的民主。这种制度也被称为行政集权民主制。法国行政学家夏尔·德伯熙在《行政科学》一书中指出:"现代行政机关自身权力的发展促使人们重新审视行政与民主之间的关系问题。"①要在实行中央集权制的国家中真正实现行政民主,只有通过中央政府内部的行政协调来实现。因为中央政府进行协调的过程就是共享信息、达成共识、协力合作的民主过程。

3. 领导体制

行政领导体制也对中央政府部门的协调有促进作用。不同国家的中央政府采取了不同的行政领导体制,例如英国的内阁集体负责制,"按照集体负责的惯例,大臣们不仅要为自己掌管的部门负责,而且要为所有其他部门的工作负责。虽然现在对这个惯例常常没有很明确的解释,但仍然要求各个部门具有一定的一致性,因而进一步增强了协调手段的重要性。"②1982 年,根据新时期政府工作的特点,我国宪法改革了政府领导体制,采取了行政首长负责制。所谓行政首长负责制,就是指国家各级行政首长在其所属行政机关中处于核心地位,享有最高和最后的决策权,并由各级行政首长就整个行政系统的所有决策和行为向权力机关负责的行政领导制度。新修订的宪法规定:"国务院实行总理负责制。各部、各委员会实行部长、主任负责制。"总理负责制是指国务院总理对他主管的工作负全部责任,并代表国务院对全国人大及其常委会负责。各部、各委员会实行部长、主任负责制。各部部长、各委员会主任领导本部门的工作。因此,如果中央政府(即国务院)中的各组成部门的工作不协调,总理就会感到要为部门间决定和行动的不一致向人大及常委会,最重要的是向社会大众进行解释;同样,如果中央政府各部委中的各个单位的工作不协调,部长(主任)也要为部门内部的矛盾和冲突负责。这种领导体制虽然还存在一定程度的弊端,但也激励了行政领导者更加注重部门之间或者本部门内部的协调问题,并采取各种协调手段加强政府的一体化进程。

---

① Charles Debbasch. Science Administrative, Paris, Dalloz1980. p62.

② 【英】戴维·威尔逊、约翰·格林伍德著,汪淑钧译. 英国行政管理. 北京:商务印书馆1991 年,第42 页.

4. 政治因素

公共部门的协调在本质上也是一个政治过程。协调中的这种政治性特别体现在了政策制定阶段,对政治上各种利益之间冲突的协调超过了政策执行阶段的理性考量。"如果不适当地偏袒某个服务对象或选民集团(如一些工会、租户),就有疏远其他人(如雇主、房东)的危险,所以大多数政府部门都试图保持一种平衡的工作计划。"①因此,政策方面尤其是政策制定上的协调在中央政府中很重要的原因既有行政方面的,也有政治方面的。

以上这些因素使得协调在中央政府部门中很重要,但问题也很多。中央政府机构不仅比其他组织规模大、职能多,而且缺乏一致的目标用来评价中央政府的各种行为。而在这方面,私人部门可以通过计算盈亏来评估企业行为并用来解决企业矛盾。正如西蒙与人合写的书中所说的,通常只是在战争时期才有压倒一切的目标(战胜),能迫使政府部门保持一致;所以,在正常情况下,目标的协调基本上要通过中央政府内部的途径来进行。②

(三)中央政府内部行政协调的原则

鉴于协调在中央政府部门中的重要性,在进行中央政府内部行政协调时,应注意遵循一定的原则。行政协调的原则就是进行行政协调所依据的法则或标准。通过对各国实践的研究,学者们对行政协调的原则进行了总结。尹光华认为在理顺部门关系中,应坚持整体效能、综合管理、责权统一的原则;③孙大敏认为在社会转型期,行政协调应遵循着眼全局、统筹兼顾,划分层级、分层运行以及灵活权变、动态协调的原则;④李琪认为现代行政协调在实际运行中应遵循统筹全局、分层运作和动态协调的原则;⑤黄延等从领导干部的角度出发,认为领导干部应遵循目标一致、合乎实际、统筹兼顾、求同存异和相互配合的原则;⑥而我国首位研究中央政府内部行政协调的学者施雪华认为,在进行中央政府内部行政协调时,各国政府

① 【英】戴维·威尔逊、约翰·格林伍德著,汪淑钧译. 英国行政管理. 北京:商务印书馆1991年,第43页.

② 同上,第43页.

③ 尹光华. 不断完善政府的协调机制——行政管理体制改革的重要内容. 中国行政管理1994年第1期,第41页.

④ 孙大敏. 论转型时期行政协调的特点与原则. 云南行政学院学报1999年第4期,第60页.

⑤ 李琪:现代行政协调的模式与运作原则. 党政干部论坛1996年第8期,第31页.

⑥ 黄延、李有芬. 论领导干部行政协调的原则. 中国行政管理1995年第6期,第23、第24页.

均比较注意遵循民主、效能、整体和权威四大原则。综合以上的研究,本研究认为中央政府内部行政协调应遵循以下几个原则:

1. 整体原则

法国学者夏尔·德伯熙在谈到国家与行政的关系时说:"行政任务从根本上讲,与国家的任务并没有多大差别。只有通过行政部门,国家才能履行其任务,因此,行政任务是国家任务的反映。"[1]但是,在完成行政任务的活动中,不同的行政部门常常因目标、任务、利益等方面的差异而导致矛盾和冲突。特别是对于中央政府而言,它的行政决策和执行与地方政府的不同,通常涉及整个国家和全体公民的整体利益,因此,中央政府在对不同行政部门的矛盾和冲突进行协调时,应该从组织的整体目标出发,尽量做到公正、合理,以整体原则作为中央政府内部行政协调的首要原则。由于在行政实践中,大量的行政任务往往不是由一个部门单独完成的,而是需要相互依赖的各部门相互配合、协调运转完成的,因此,整体原则还要求中央政府的行政协调在组织设置、人员配备、权能界定等诸方面,应重视在各部门、各种人员中树立全局观念,发扬团结协作的精神,充分调动各部门、各种人员的积极性和创造性,努力弘扬整体协作精神,激发出单个或少数部门和人员无法具备的巨大整体力量。但同时也要注意不能把整体利益过于绝对化,要合理地安排好局部的利益,使各部门和行政工作人员的正当需要也可以在实现整体利益的前提下得到适当的满足,从而调动政府各部门和各行政人员的积极性和创造性。

2. 效能原则

衡量政府内部行政协调成功与否,一个客观的标准是看政府的效能是降低了还是提高了。因为如果没有效能,政治意志的贯彻、行政民主的实现等等一切都是空谈。所以,政府内部行政协调的第二个原则自然是效能原则。[2] 在中央政府进行内部行政协调时,坚持效能原则要求注意以下几个问题:首先,是否要设置某个专门协调组织或者机构,协调什么事务,赋予这个组织或者机构什么样的行政级别,配备多少人员,赋予多大权力等,这些都要以是否有利于政府整体运作的效率和效能为标准。其次,协调本身主要在于理顺各方的权利和义务、权力和资源

---

① Charles Debbasch. Science Administrative, Paris, Dalloz1980. p46.
② 施雪华. 中央政府内部行政协调的理论与方法. 政治学研究 1997 年第 2 期,第 69 页.

之间的相互关系,但是不管如何理顺这些关系,关键要看协调的结果是否有利于调动各方的积极性和创造性,是否有利于整体配合和互补增益。再次,不管是设立还是取消某个协调组织或者机构,主要是看这种协调途径是"走捷径"还是"走弯路"、是否合法。如果这类协调组织或者机构在行使职能时可能走了不少"弯路",带来种种不便并导致了资源的浪费,则应当撤销或归并。不然,这类协调机构或者组织越多,所牵涉的政府的人力、物质资源就会越多,政府运作效能就会越低。如果这种协调组织或者机构的设置超出了行政权力范围的事务,那它就是不合法的,应当取消。因此,中央政府内部行政协调必须坚持效能原则,坚决摒弃那种认为协调组织和人员越多、权力越大,协调的效率和实际效果就越好的错误观念。协调组织及其权力和人员是否适度,要用是否能带来政府整体运作效能的提高为标准去衡量。

3. 动态原则

一劳永逸的协调是不存在的。尤其是在行政组织内部,由于行政主体自身活动的种种内容,诸如行政活动的方式与方法、行政执行工作的质量和数量、行政成本效益的对比度、组织行为和团体心理的向度和变数等方面始终处于不间断的嬗变状态之中,这就使得已经制定的决策、目标及其实际执行活动之间总会存在程度不同的差异,有时候甚至还会出现严重背离的情况。针对这种情况,需要行政领导者增强其进行协调的自觉意识,将与同级人员以及对下级人员的活动进行的协调作为一项重要任务来抓,使协调工作渗透于计划、组织、指挥、监督、控制等行政管理的诸环节之中。可以说,现代公共行政不仅时时刻刻在进行,而且经常会发生变化。因此,行政领导者要经常注意行政组织内部各组成部分之间及其与外部相关因素之间的变动,围绕既定的、统一的行政目标,对行政活动中出现的矛盾与问题进行适时地、不间断地协调。

三、中央政府部际协调

中央政府内部行政协调包括中央政府部门内部的行政协调(简称部内协调)和中央政府部门之间的行政协调(简称部际协调)。其中,随着全球化的发展和行政改革的不断深入,中央政府部际协调的重要性也日趋增加。

（一）中央政府部际协调的概念

1. 中央政府部际协调的定义

虽然协调是公共行政的一个永恒话题，但是关于协调的定义却是莫衷一是的，更不用说中央政府部际协调的定义了。基于之前对协调、行政协调以及中央政府内部行政协调相关概念的研究，本研究尝试从以下几个方面对中央政府部际协调进行定义：

（1）地点（Where）：顾名思义，中央政府部际协调发生在中央政府内部。作为国家最高行政机构，不同国家的中央政府根据本国的国情、政治制度有不同的规模和组成。按照政治制度划分，中央政府可以分为总统制的中央政府、内阁制的中央政府、委员会制的中央政府。美国是总统制的典型，其中央政府主要有两大部分构成：一是总统及总统办事机构，主要包括白宫办公厅和各委员会、局；二是内阁和联邦各部，如国务院（相当于中国的外交部）、国防部等十五个部门。英国是内阁制的典型：内阁是政府的核心，首相是内阁的领袖，内阁决定国内外一切重大政策，领导政府各部工作，掌握和操纵庞大的国家机器；内阁就是英国的中央政府，是全体大臣和副大臣的总称，主要由各部大臣、不管部大臣、各部政务次官、皇室的若干官员、下院执政党的督导员等一百多人组成。瑞士是委员会制的典型，联邦委员会是其最高国家行政机关，包括联邦外交部、联邦内政部、联邦司法警察部等七个部门组成，由七个联邦部门的部长也就是联邦委员会委员组成，其中联邦委员会主席（即联邦主席）和副主席由议会从七名委员中选出。而在我国，中央政府是指中华人民共和国国务院，即中央人民政府，是最高国家权力机关的执行机关，是最高国家行政机关。国务院包括办公厅、各组成部门（外交部等）、直属机构及办事机构等构成，由总理、副总理若干人、国务委员若干人、各部部长、各委员会主任、审计长、秘书长这些人员组成。

（2）参与者（Who）：中央政府部际协调的参与者主要包括协调机构及人员与被协调机构及人员。协调机构及人员是指中央政府内部本身具有协调职能的机构及人员，例如总统、总理或首相及相关协调机构（总统办公厅、内阁办公厅等）；被协调机构及人员是协调行为的主要参与者，主要是在水平方向处于同一行政级别的中央政府各部门：这些部门在美国是指国务院、国防部、财政部、司法部、农业部、劳工部、卫生和公共服务部、教育部、交通部、能源部、退伍军人事务部、商务部、住房和城市发展部、国土安全部等十五个部门，在英国是指国防部、内务部、不管部、贸易与工业部、财政部、外交与联邦事务部、就业与养老部、环境食品及农村事务部、卫生部、文化新闻及体育部、教育与技能部等十八个部门,在瑞士是指联邦外交部,内政部,司法警察部,国防、民防与体育部,财政部,国民经济部,交通、邮电和能源部这七个部门,而在我国是指 2013 年大部制改革之后确立的外交部、国防部、国家发展和改革委员会、教育部、科学技术部、工业和信息化部、国家民族事务委员会、公安部、国家安全局、监察部、民政部、司法部、财政部、人力资源和社会保障部、国土资源部、环境保护部、住房和城乡建设部、交通运输部、水利部、农业部、商务部、文化部、国家卫生和计划生育委员会、中国人民银行和审计署这二十五个部门和其他正部级级别的国务院直属机构。

(3)时间(When):"对于联邦政府而言,没有一种抱怨像'缺乏协调'一样频繁出现,也没有一种改革建议比'我们需要更多的协调'更加普遍。"①可以说,对协调的需求无时无刻不存在于整个政府的行政过程中。特别是进入二十一世纪以来,社会事务之间相互依赖的程度日益提高,社会问题的复杂性也随之增长,几乎已经不存在由单一政府部门就可以解决的问题。与此同时,由于行政改革的不断深入,新公共管理所提倡的分权、按照结果进行管理、建立单一目标组织等改革方法,一方面加强了政府部门的专业化水平,提高了行政效率;而另一方面则加速了政府的碎片化趋势,使得政府部门只能从一个狭隘的部门视角而不是整体的视角看待并解决日益棘手的社会问题,也就是说政府中的任一部门都不具有独立解决社会棘手问题的能力。因此,政府各组成部门之间必须跨越各部门的界线进行工作,而当跨越部门界线的行为发生之时,对协调的需求以及各种协调行为也就随之产生了。

综合以上的分析,本研究认为中央政府部际协调是指为了解决日益复杂的社会问题,中央政府内部处于水平方向的各部门及其行政人员在行使行政权力、制定和执行公共政策的过程中对彼此之间各种相互依赖的关系进行持续管理的行为过程。

---

① Pressman, J. L. and A. Wildavsky. Implementation, 2nd. ed. Berkeley: University of California Press. 1994. p133.

2. 中央政府部际协调的特征

不同于中央政府的部内协调,更不同于其他类型的行政协调(例如地方政府的协调等),中央政府部际协调具有以下几个特征:

(1)政治性

在所有的政府体制中,都存在着两种主要的或基本的政府功能,即国家意志的表达和国家意志的执行,这就是著名的政治—行政二分法。① 但是,随着行政实践的发展,公共行政理论的研究者发现政治与行政的完全分开是不可能的,特别是"二战"以后,行政国家②的兴起使得政府行政权力和活动范围迅速扩张,政府具有了制定同议会立法效力相当的行政命令权和制定同法院判决效力相近的行政裁判权,以执行国家意志为主要功能的政府机关被赋予了表达国家意志的职责,也就是说,在政府的行政过程中渗透了高强度的政治性。而中央政府对具体事项行使行政命令权和行政裁判权的过程,实际上是在中央政府核心部门(如内阁)的组织下由具体事项相关的政府部门参与的协调过程,因此,作为一种过程的中央政府部际协调在本质上具有较强的政治性。此外,从中央政府部际协调的影响上也可以看出,中央政府部际协调具有很强的政治性,因为"官僚……掌握着信息和政策议案,对所处理的事情有专业知识,有着对事务应该如何处理的部门思维,因此可以控制来自上面的首脑做出的决定……此外,在自己的职能范围之内,每个部门仍然处于最高位置……可以控制或影响自己的政治首脑"。③

中央政府部际协调的政治性不仅体现在政府官僚对政治首脑的影响方面,也体现在中央政府各部门与社会公众及其他利益集团之间的互动上:随着公民社会的发展、公民素质的提高,公众积极主动地要求参与政策制定和执行过程;其他利益集团为了维护自身的利益,也更加需要进入政治过程,影响政策的制定;面对这种情况,中央政府部际协调通过保持政府内部的一致性、整体性加强了与公众和利益集团的良性互动,避免了政府各部门被利益集团"俘虏"所造成的碎片化结

---

① 【美】古德诺. 政治与行政(中译本). 北京:华夏出版社1987年,第12－13页.

② "行政国家"作为一种学术研究的概念和理论最早是由美国行政学家沃尔多提出的. 行政国家首先是一种国家公共行政职能现象,其次是一种国家公共权力现象,同时也是一种公共事务管理现象.

③ 【美】B·盖伊·彼得斯著,聂璐、李姿姿译. 官僚政治(第五版). 中国人民大学出版社2006年,第22－23页.

果。公众、利益集团与政府之间的良性互动也是政府治理的重要目标。而"治理中的一个细微改变也将使得协调和组织间政治更加重要"。①

（2）权威性

对权威的研究,最经典的莫过于德国社会学家马克斯·韦伯。它认为权威有三个来源:合理、传统和魅力,合理建立在相信统治者的章程所规定的制度和指令权利的合法性之上,传统建立在一般的相信历来适用的传统的神圣性和由传统授命实施权威的统治者的合法性之上,魅力则建立在非凡的献身于一个人以及由他所默示和创立的制度的神圣性,或者英雄气概,或者楷模样板之上。② 传统和魅力是传统社会权威的主要来源,韦伯在合理—合法的基础之上构建了现代官僚制组织,认为等级权威是现代组织的基本要素和基本特征之一,任何等级化的组织如果没有等级权威,没有上下级之间的职责关系区别,就不会有领导和执行、命令和服从的从属关系的存在,组织就会无法运作。而政府是一种典型的官僚制组织,特别是中央政府为了维持其整体性和高效能,在政府内部必须有能够驾驭和控制协调各方的权力和权威,否则,协调就难以进行。"从某种意义上讲,政府行政协调关系的存在就是政府权威存在的象征和政府权威得以进入运作状态的一种体制安排。"③在政府内部,中央政府部际协调的权威性还体现在负责协调的政府首脑(首相、总理)或者机构(部际协调委员会等)必须是由国家最高权力机关(议会或人大)授权并接受其监督,以保证这些协调者在协调过程中的权威性。从另一方面讲,中央政府部际协调的权威性是指中央政府作为最高国家行政机关对于整个社会所具有的权威,正如法国著名政治学家迪韦尔热指出的那样,权威是基于掌握被社会价值所认同的合法权利的载体。④ 而包括中央政府在内的整个政府体系就是这样一个载体,为了维护其权威,必须加强中央政府部际协调。

---

① Pollitt, C. Management techniques for the public sector: pulpit and practice, in B. G. Peters and D. J. Savoie, Governance in a changing environment. Montreal: McGill/Queens University Press1995.

② 【德】马克斯·韦伯著,林荣远译.经济与社会(上卷).北京:商务印书馆 2006 年,第 241 页.

③ 施雪华.中央政府内部行政协调的理论与方法.政治学研究 1997 年第 2 期,第 70 页.

④ 【法】莫里斯·迪韦尔热著,杨祖功等译.政治社会学.北京:华夏出版社 1987 年,第 116 页.

（3）平等性

"现在将现代政府结构视为'多元组织'网络或者'松散耦合的'组织体系而不是命令和控制的等级体系，已经是一件司空见惯的事了。"[1]可见，在政府中除了以命令和服从为特征的垂直关系，还存在着由谈判、咨询、说服、妥协、协商、协作和认同等行为组成的横向关系。而这种横向关系最明显的一个特征就是网络中多元组织之间的平等性。中央政府部际协调作为中央政府内部处于水平方向的各部门及其行政人员参与的活动，一个最显著的特征也是参与部际协调活动的各部门及其行政人员之间的平等性，没有哪个部门在职权上"高于"任何其他部门并拥有其他部门没有的"特权"。这种平等性特征也为发展中央政府部际协调的方法提供了一个新的视角，部际协调不仅可以通过高一层级的领导或部门进行等级控制和干预等强制性方法来实现，也可以通过部门之间平等的讨论、协商和调节等自愿式方法进行。

（4）技术性

研究和解决行政协调问题，不仅要有正确的概念、范畴和理论指导，并且更重要的是要有科学、可靠的协调方法和技术。在现代行政管理中，从组织到人事、从决策到执行、从机关到财务，无不与行政技术有密切关系。[2] 协调作为行政管理的重要职能也概莫能外，与方法和技术有着密切的关系。特别是当人类社会发展到二十一世纪的信息时代，包括协调技术在内的行政技术手段更加地丰富。信息技术的发展使中央政府部际协调超越了时间和空间的限制，不但大大提高了协调的效率，而且降低了协调的成本。

（二）中央政府部际协调的类型

根据不同的标准，中央政府部际协调可以被划分为多种类型，这些类型有助于加深我们对中央政府部际协调的理解和认识。

1. 根据协调的目标，可以将中央政府部际协调分为预防性协调和战略性协调

预防性协调主要是防止（或者解决）政策间的矛盾；战略性协调则比较注意把各个政策性的决定和总的目标联系起来，从这个意义上说，就要和计划工作紧密配合。虽然计划工作不需要中央政府部门的协调——一个人制订自己的行动计

---

① Davis, G. Executive Coordination Mechanisms in P Weller et al. (eds.) The Hollow Crown. 1997. p133.

② 张国庆主编. 行政管理学概论(第二版). 北京:北京大学出版社 2000 年,第 340 页.

划时可以不涉及别人,但是,因为各种决策常常涉及中央政府内部的几个组成部分,协调通常是有效的计划工作的组成部分。战略性协调可能只涉及一个组织的几个机构,也可能涉及整个组织(如共同的计划)。它也一定会涉及发展计划(或是短期的,或是长期的),这时协调者就会涉及许多种任务:预测、预算、确定目标等。但是,战略性协调对政府行政管理非常重要;如果不能协调,决策工作就容易逐渐地脱离总目标。

2. 根据协调的方法,可以将中央政府部际协调划分为程序性协调和结构性协调

程序性协调是指政府在政策制定和执行的整个过程中,根据不同阶段的工作性质和任务要求,选择不同的协调方法和技术(包括结构协调方法)并对这些方法进行合理排序,从而实现政府各组成部门行政行为的协调一致;结构性协调是指通过对政府组织结构进行设置和调整,使政府各组成部门在政策制定和执行方面实现相互协调。就前者来说,协调者通常会为了效率和一致性而寻求共同的行政程序和方法。对比起来,结构性协调则要设法使各组成单位及其行政人员一致行动,以有效地执行政策。因此,这种协调要涉及职能与财力的分配。

3. 根据协调的依据,可以将中央政府部际协调分为正式的协调和非正式的协调

正式的中央政府部际协调是指协调机构或者协调者基于法律、法规授予的职权、根据法定的程序对政府各部门的行为进行的协调;非正式的中央政府部际协调与之相反,协调机构或者协调者并不一定具有法律、法规授予的协调职权,其协调地位可能是由于突发状况被赋予的,其进行协调的程序也是没有先例可循的。例如,民政部并不是"天生的"协调者,但是面对百年不遇的洪水、地震等自然灾害,具有组织协调和救灾职责的民政部必然成为灾后救助的主要协调者,权宜随机地采取超乎常规的协调措施与方法,调节原有的工作节奏与速度,协调各部门与人员的应急性行为反应,迅速地适应突发工作的要求,灵活、机动、及时地处理好紧急性的工作。

4. 根据协调发生的时间序列,可以将中央政府部际协调分为政策制定阶段的协调和政策执行阶段的协调

政策制定阶段的协调是指从政策层面产生清晰、一致且有广泛共识的政策与施政优先项目,将各方不同的需求聚集在一起并朝向同一方向发展的协调。在政

策制定阶段,需要采取两个步骤实现协调:一是构建共同的战略,意味着进入这一阶段的参与者需要就政策进行讨价还价;二是政府机构中的各参与者进行合作,以将共同的战略付诸行动。可见,在政策制定阶段,协调主要强调的是民主价值。

执行阶段的协调是指在共同的战略也就是共同的目标确定以后,促使所有的参与者向同一方向共同努力。政策执行阶段的协调主要强调了效率问题。

5. 根据参与者对协调的态度,可以将中央政府部际协调分为积极的协调和消极的协调

美国政治学家贝恩特认为政策协调有以下五个目标:①避免或者至少最小化重复和重叠;②避免政策不一致;③冲突最小化,不管是在行政层次还是在政治层次;④追求一致和团结;⑤以整体政府的视野,摒除经常出现的狭隘的部门视角。① 前三个目标与后两个目标有本质的不同,以实现前三个目标为目的的协调就是消极协调,这也是政府中最常见的一种协调,通常与更普遍的"效率"目标有关,意味着参与者(例如中央政府中的两个部委)在决策中并不完全独立,被迫考虑其他部门对本部门行为的消极反应甚至是抵制。消极协调的目标是确保中央政府的任一部委出台的任一新政策都不影响其他部委的政策的实施或者利益的实现。

以实现后两个目标为目的的协调就是积极的协调。与消极协调相比,积极协调能更进一步地促进政策协调尤其是政策制定阶段的协调,因为政策协调不仅是各让一步、避免冲突的效率问题,更应该是通力合作以提供更加一致性的服务的问题。在积极协调中,中央政府努力探索和制定可以使所有参与部委的利益都有所提高的共同战略。

6. 根据协调的程度,可以将中央政府部际协调程度从最低到最高分为九种。这种划分方法最早是美国政治学家梅特卡夫研究出来用以评估欧盟各国之间协调水平的工具,本研究认为也可以应用到对中央政府各部委之间横向协调水平的评估上来。

(1)独立决策:这一水平上协调的最大特征是中央政府各部门维持了较强的自主性,在自己的领域或者权限范围内独立运行。

(2)部门间信息交换:个别部门仍然是自行决策,但是事前会与其他部门沟通

---

① Painter. Central agencies and the cooridination principle. Australian Journal of Public Administration. 1981. p265.

并分享信息,以使其他参与部门彼此了解对方的意图和想法,但是无法提供机制或者渠道让其他部门能影响主要部门的决策。

（3）向其他部门咨询。在政策规划中,经过咨询与反馈,提供双向意见交换与沟通,也就是筛选并定位出合适的政策议题。

（4）在部门间避免政策分歧。通过说明、理清纷争与分歧的程度来平衡不同部门间的观点,也就是消极协调。

（5）在部门间寻求共识。在解决政策分歧的过程中,认识到相互依赖的关系以及存在的共同利益,实现共识、互补,创造共同目标,也就是积极协调。

（6）对政策分歧进行仲裁。当部间的分歧不能在横向协调过程（第二到第五阶段）被消除时,需要第三方进行仲裁或者设定一些限制、界限进行约束。

（7）为一些部门的工作设定条件与限制,特别是共同进度以及共同的评估指标。

（8）建立共同的优先施政项目。在相关部门之间确定共同准备的优先施政项目,为每个部门提出明确的工作方向,为部门、部门之间的政策规划提供统合一致的架构。

（9）建立全面的部际战略。这是最高层次的协调,也是在实践中最难以实现。[①]

中央政府部门间不同程度的协调不是截然分开而是相互依赖、按次序从低到高进行排列的,按照这个逻辑,建立一个完善的、可靠的协调体系取决于不同层次协调能力的培养。例如,协调失败可能归咎于权限划分的模棱两可（第一层次的协调）,也可以归咎于信息不足（第二层次的协调）或者缺乏沟通（第三层次的协调）。所以,这些协调失败完全可以通过充足的信息和有效的沟通而避免。但是,在面对中央政府各部门较严重的冲突时,以上这些层次的协调对于成功地达到政策共识都是不可或缺的。

此外,不管是对中央政府部际协调进行积极与消极的划分,还是对其进行程度上的划分,都是不带有任何感情的划分,没有褒贬之意。因为消极协调和较低层次的协调并不是无意义的、需要被抛弃的协调形式,而是实现积极协调和较高

---

① Metcalfe. International Policy Co - ordination and Public Management Reform. International Review of Administrative Sciences. 1994. pp271 - 290.

层次协调的必经阶段。所以,从协调状态的好坏对中央政府部际协调进行划分,还可以将其分为有序的部际协调和无序的部际协调。有序的部际协调是这样一种状态,中央政府为了实现共同目标,各组成部门之间相互协作、相互配合、相互促进而形成的一种良性循环态势;无序的部际协调是指中央政府各组成部门为了维护部门利益,各自为政甚至相互竞争的一种混乱状态,在这种状态下,"当部长们感到精疲力竭时(因为官僚们不服从他们的指挥或者因为政府计划难以塑造的强硬世界),他们很可能(将这些)归咎于不充分的协调。"①部长们面对这种协调不足但又茫然无措的尴尬处境正是无序的部际协调后果在实践中最真切的反映,应尽可能地避免。

四、中央政府部际协调的理论支撑

公共行政学作为一门独立的学科始于美国政治学家、曾连任两届总统职务的伍德罗·威尔逊在 1887 年发表的一篇著名论文——《行政学之研究》。经过一百多年的发展,公共行政学按照库恩的范式②概念,可以被分为以下三个阶段:传统公共行政阶段、新公共管理阶段以及后新公共管理阶段。不同阶段的学者从不同的角度对公共行政的理论进行了研究,丰富和发展了公共行政学的内容。在这些理论研究中,虽然没有针对中央政府部际协调的专门研究,但是我们可以从中提炼出一些关于协调的理论,以支撑我们对中央政府部际协调的研究。此外,政治学中关于利益冲突的理论也为分析中央政府部门间关系提供了重要的理论支撑。

(一)传统公共行政学中的协调理论

传统公共行政理论是公共行政作为一门学科提出、形成与确立阶段出现的理论。这一时期的代表人物主要有:行政学的创始人威尔逊、对政治与行政的分离理论做了进一步发挥的美国行政学家古德诺;被誉为"管理过程学派"的奠基人并提出了一般管理理论的法国行政管理学家法约尔;现代官僚制理论的创始人德国社会学家韦伯,还有美国第一本行政学教科书《行政学导论》的作者怀特等。传统

---

① Glyn Davis. Carving Out Policy Space for State Government in a Federation: The Role of coordination. The Journal of Federalism (Fall 1998). p150.

② "范式就是一种公认的模型或模式"……"采用这个术语是想说明,在科学实际活动中某些被公认的范例——为某种科学研究传统的出现提供了模型"载于托马斯·库恩著,李宝恒等译. 科学革命的结构. 上海译文出版社 1980 年,第 8 页、第 19 页.

公共行政理论是公共行政学整个理论大厦建设的基石,公共行政领域的任何研究都是建筑在这个基石之上的,因此,深入发掘传统公共行政理论中的协调思想是构建中央政府部际协调理论的前提,可以从宏观、中观以及微观这三个不同层次对传统公共行政理论中关于中央政府部际协调的理论进行分析和总结。

1. 中央政府部际协调的宏观理论

(1)协调中的政治性

由于出版了《政治与行政》一书,古德诺被视为政治与行政二分法的提出者。实际上,二分法最早是由威尔逊明确提出来的,古德诺只是在威尔逊的基础上对其进行了详细的描述,他对二分法最大的贡献在于对政治与行政关系的进一步阐释:政治与行政的完全分开是不可能的,只能相对地分开,关键是采取某种方式在政治与行政之间取得协调。古德诺认为可以通过三种方式实现协调:一是行政的适度集权化;二是政治对行政的适度控制;三是政党。其中,第二种方式和第三种方式蕴含的协调思想对中央政府部际协调有一定的启示。

古德诺认为政治对行政的适度控制是实现协调的主要途径,这种控制既可以通过法定制度达到,例如英国的议会内阁制,内阁向议会负责的体制在加强内阁责任的基础上实现了政治对行政的控制;也可以通过法外调节来实现,例如美国的政党制度,"要使政府协调地运转,就必须找到某种使国家意志的表达和执行协调一致的办法……这种办法在政府体制内部不可能找到。所以,必须到政府以外的一些法外的制度中去寻找。事实上,可以在政党中找到它。"[1]政党通过挑选、表达和执行国家意志机关的成员来实现对行政的控制。政党的这种控制也就是协调功能的发挥正如古德诺所说:"如果不是对政党本身的统一性和党员对党的忠诚,我们的政府早就会被一群组织涣散、各行其是、无法无天的官员所充斥。"[2]而中央政府作为国家最高行政机关,其人员构成特别是一些高级官员的构成或者是由国家最高立法机关或者是由政党选拔任命的,通过对最高立法机关负责或者对党派的忠诚,促进最高行政机关也就是中央政府内部和谐一致地行动并高效地执行国家意志。古德诺关于政治与行政的协调分析对中央政府部际协调研究有一定的启示,即不管中央政府部际协调是作为一个政策制定的过程,还是一个政策

---

① 【美】古德诺. 政治与行政. 北京:华夏出版社1987年,第57页.
② 【美】古德诺. 政治与行政. 北京:华夏出版社1987年,第58页.

执行的过程,都不可避免地受到立法机关或者政党的影响,具有很强的政治性,为中央政府部际协调体系的构建奠定了理论上的基础。

(2)协调的原则

法国管理学家亨利·法约尔通过对管理过程的研究创立了第一个有关行政管理的理论。[①] 法约尔也是第一个将协调与管理联系起来进行研究的学者,他认为管理就是实行计划、组织、指挥、协调和控制,其中协调就是连接、联合、调和所有的活动及力量。[②] 作为管理的要素之一,管理的一般原则也是协调的一般原则,例如,劳动分工、统一指挥、统一领导、个人利益服从整体利益、集中、人员的团结等十四项原则。其中,统一指挥是针对双重指挥而言的,"两个部门的领导人对同一方面的工作下命令,各自都认为这工作应属于自己管,这就形成了双重指挥……双重指挥经常是冲突的根源。"[③]因此,为了解决冲突,管理也就是协调必须坚持统一指挥的原则。与统一指挥(一个下属人员只能听从一个领导人的命令)不同,统一领导原则表示:对于力求达到同一目的的全部活动,只能有一个领导人和一项计划,这是统一行动、协调力量和一致努力的必要条件。[④] 此外,整体利益、人员的团结也是协调的重要原则。

法约尔的协调原则既涉及心理、行为问题,也涉及结构问题。而美国的行政管理理论则倾向于关注组织结构。最全面展现协调原则的论述可以在美国管理学家穆尼和赖利的研究中找到。穆尼和赖利认为有三条普遍的组织原则:协调、等级和功能原则。其中,最重要也是第一位的原则是协调原则,它意味着"有秩序地安排团体力量,以便在对一个共同目标的追求中能有统一的行动"。协调是包含所有的组织原则的一个广泛的原则。协调本身的原则或者基础是权威或者"最高的协调权力"。[⑤] 由于协调包含有一个目的或者目标的意思,组织的每一个成员必须了解这一共同目的,穆尼和赖利把这叫作教义或者"目标的规定"。

---

① 【美】丹尼尔·A. 雷恩著,孙耀君、李柱流、王永逊译. 管理思想的演变. 北京:中国社会科学出版社 1986 年,第 229 页.
② 【法】H. 法约尔著,周安华、林宗锦等译. 工业管理与一般管理. 北京:中国社会科学出版社 1982 年,第 5 页.
③ 同上,第 24 页.
④ 同上,第 29 页.
⑤ James David Mooney, Alan Campbell Reiley. Onward industry:the principles of organization and their significance to modern industry, New York:Harper and Brothers. 1931. pxv.

管理学家福莱特是这一时期的另类,不仅仅因为她是在管理领域取得杰出成就的一名女性,更重要的是她在科学管理理论主导的时代开创性地从人际关系的角度来审视组织。福莱特认为组织的首要任务就是协调,即把聚集起来的个人转变为一个工作单位,控制和权威实际上源于正确的协调而不是相反(即协调源于控制和权威)。为了达到协调,福莱特提出了四条基本原则:第一,协调是涉及某种情境下所有因素的"交叉联系";第二,通过相关责任人的直接接触实现协调;第三,协调应在早期阶段进行;第四,协调是一个连续的过程。① 值得指出的是,福莱特也是最早注意到横向协调重要性的研究者,她认为,在组织中,信息的沟通和权威的行使不仅应该以纵向垂直的方式进行,而且还应该以横向水平的方式开展,"横向"的联系与由命令构成的"纵向"指挥链对于实现协调具有同等的重要性。

2. 中央政府部际协调的中观理论

中观理论(Theories of the Middle Range)是美国社会学家罗伯特·金·默顿提倡的一种研究思路。他认为:"中观理论的意义在于架通抽象理论研究与具体经验分析之间的桥梁,是一种介于抽象的统一性理论与具体经验性描述之间的理论。"② 而应用到公共行政学的研究上来,中观理论主要是对组织理论的研究,这既可以避免宏观理论的抽象和空乏,也可以避免微观理论的太过具体和琐碎。具体到中央政府部际协调的理论研究上,中观理论研究的主要是传统公共行政阶段中的组织理论所隐含的协调思想。

组织理论中对协调的关注始于对组织中劳动分工的研究,分工与协调的关系同集权与分权一样,是公共组织理论研究中一组永恒不变的悖论。劳动分工属于自然规律。它表现在动物界,生物越是完善,越具有担负不同功能的高度分化的器官;表现在人类社会中,社会组织越是重要,职能和机构的关系就越是紧密。而在公共组织的研究中,对政府内部分工(也可称为专门化)的研究可以追溯到现代组织理论之父马克斯·韦伯那里,他认为现代组织的合理性是通过把工作分解成专门的行政职能、把每一种职能分配给一个专门的机构、对每一个机构的权力范围设定清晰的界限等来实现的;此外,传统公共行政创始阶段的学者法约尔、怀特

---

① Mary Parker Follett. "The Process of Control," in Luther Gulick and L. Urwick. , Papers in the Science of Administration . New York: Columbia University Press, 1937. p161.

② 【美】罗伯特·金·默顿著,唐少杰、齐心译 . 社会理论和社会结构 . 南京:译林出版社 2006 年 .

等都将分工作为行政组织理论的基本原则。而在分工的基础上,最早对分工与协调的关系进行研究的学者当属美国行政学家古利克。

古利克认为组织可以按照以下几种标准进行划分:①按功能划分,即将性质相同或相似的工作归类组成一个组织单位,由该单位全权负责处理这一类行政事务。按功能划分组建单位,有利于权力统一、责任明确、提高效率、评判政绩、培养专才,但如果处理不当,也可能对内造成协调困难、妨碍综合优势和培养行政通才,对外增加社会负担。②按程序划分,即按工作程序或设备技术标准组建单位。其优点是有利于充分利用现代科学知识与技术,促使有效的技术合作;缺点是也可能造成技术官僚倾向,例如,重视技术轻视政策,崇拜手段漠视法律,淡化公共行政的社会公益目的等。③按地域划分,即按自然、社会和历史条件划分行政区域,在此基础上组建行政单位,辖区一切行政事务均由其掌理。这种划分权力集中有利于照顾地方利益和反映地方意见并形成综合优势,但处理不当也可能出现地方本位主义或"地方诸侯"现象,妨碍国家的整体进步和发展。④按人或物划分,即以管辖对象——人或物为划分标准组建行政单位。这种职能划分的好处是对象明确、职责清楚,因而有利于各行政单位不受干扰、全力以赴,但这种划分方法也可以被称作"小人国的管理办法",例如,若设立老人医院、学生医院、失业人员医院等,则造成工作上的大量重复。很明显,当前包括中央政府在内的大型组织都是按照第一种标准进行划分的,这种功能分工为组织完成复杂的工作任务提供了组织结构上的保证,但一旦把复杂的任务分配给多个单位和个人,协调他们之间的工作就成为组织的一项必要活动。"分工越细,混乱的危险就越大,从而就更需要全面的监督和协调。"①古利克认为,这种现实规定了组织理论的本质。如其所说,"组织理论必须处理企业的分工单元面临的结构协调问题。所以,在决定如何组织一项活动时不同时考虑如何分工是不可能的。分工是组织的基础,事实上,分工也正是组织的理由。"②按照这种观点,组织结构也许应该被理解为劳动分工和在分工的各部分之间达成协调的方式的总和,因此,各部门间的协调问题也只能通过组织结构的设计来解决。

组织结构设计的困难在于在如何分工和如何协调工作之间进行平衡,以达到

---

① 　L. Gulick , "Notes on the Theory of Organization ," in Luther Gulick and L. Urwick. , Papers in the Science of Administration . New York:Columbia University Press , 1937. p6.

② 　同上 . p7.

最大的好处。为了实现这种平衡,古利克认为在组织结构设计的过程中应该遵循以下几种原则:①控制幅度原则。根据这条原则,向一个上级报告的人数应该控制在该人能够在有限的时间和精力内有效监督的范围之中。然而,古利克发现并不存在一个适合所有上下级关系的正确的控制幅度,最佳控制幅度必定会依据监督者的能力、工作的性质、组织的规模和权威的等级而有所不同。②统一指挥原则。如法约尔所说,这个原则表明每个工人应该只能从一个上级接受命令。③同质性原则。这一原则表明,分到同一组织单元的工作应当在性质上尽可能相同。古利克认为,如果一个组织单元分配到的工作在性质、技术或者目的上不同质,"就会遇到冲突和无效率的危险。"①④直线—参谋原则。分工中有一方面是有助于实现纵向和横向的协调,那就是直线—参谋原则,这项原则是指建立一个参谋机构为履行职责的直线权力部门提供咨询和建议。它们的作用就是在一线管理者做出决策前告知他们应该知道的事情,根据这些信息向他们提出建议,监督实施的细节。为了不与统一指挥原则相抵触,参谋机构不应被授予对一线单位下命令的权力,只有沟通上下级之间的关系并监督下级的职责。例如,英国的内阁办公厅就是按照直线—参谋原则建设起来的,不仅是首相的"眼睛和耳朵"更被作为首相的"手和脚"用来协调首相和各部门之间的关系。

3. 中央政府部际协调的微观理论

与体制(组织结构设置、职责权限划分)相比较,机制不是体制本身,而是使各种体制得以进入运行状态并发挥特定功能的方式、方法、工具、技术的总称。而中央政府部际协调的微观理论就是针对中央政府部际协调机制,也就是部际协调的具体方式、方法、工具以及技术进行的研究,是建立在中央政府部际协调的中观理论研究基础之上的。

加拿大管理学家亨利·明茨伯格非常认同古利克关于分工与协调关系的研究,认为"组织结构涉及两个基本要求:一方面要把某个人类活动拆分成不同的任务;另一方面又要将各项任务协调整合起来,以便实现最终目标"。② 可见,明茨伯格与古利克一样,都认为组织结构的设计问题实际上就是平衡分工与协调的问

---

① L. Gulick, "Notes on the Theory of Organization," in Luther Gulick and L. Urwick. , Papers in the Science of Administration . New York:Columbia University Press, 1937. p6, p10.

② 【加】亨利·明茨伯格著,魏青江等译. 卓有成效的组织. 北京:中国人民大学出版社2007年,第 5 页.

题:随着组织规模的扩大,组织结构的分工就越细,而"事实证明,协调是一件更复杂的事情,有各种不同的方式。我们可以把这些方式称为'协调机制'"。① 在此基础上,明茨伯格从组织结构涉及的角度对协调机制进行了研究,可以通过下图来表示:

表1－2:组织结构与协调机制的关系

	主要特征	主要组成	协调机制
简单结构	技术结构规模很小;支持人员很少;劳动分工不很严格,单位间的差异化很小	战略高层	直接监督
机械式官僚结构	工作高度水平和垂直专业化、常规化;运作程序非常规范化;规章制度和正式沟通贯穿于整个组织	技术结构	工作流程的标准化(简称工作标准化)
专业式官僚结构	工作高度的水平专业化;运作程序的规范化程度比较低;受到专业人士的控制	运营核心	员工技能的标准化(简称技能标准化)
事业部制结构	在事业部和总部之间存在一定程度的水平和垂直专业化;运作程序的规范化程度很高;事业部拥有较高的自主权,总部负责事后结果的绩效评估	中间线	工作输出的标准化
变形虫结构	行为的规范化程度低;工作高度的水平专业化;灵活性比较强	支持人员	相互调节

---

① 【加】亨利·明茨伯格著,魏青江等译. 卓有成效的组织. 北京:中国人民大学出版社2007年,第5页.

　　组织由五个部分组成:战略高层、技术结构、运营核心、中间线和支持人员。在组织的基层是操作者、专业技术人员,他们进行最基本的工作,形成了运营核心(operating core)。在最简单的组织中,操作者基本上是自给自足的,他们之间通过相互调节进行协调,这类组织除了运营核心之外,并不需要太多别的东西。但随着组织的成长,操作者之间的分工变得复杂起来,逐渐有了直接监督的必要。组织中需要一个全职的管理者,雄踞在"战略高层"(strategic apex)的位置上。随着组织进一步的复杂化,它会需要更多的管理者,不光有操作者的管理者,还要有管理者的管理者。于是组织中形成了一条中间线(middle line),在运营核心和战略高层之间划分出权力等级。随着组织进一步的复杂化,组织可能会逐渐采用标准化的方式来协调工作。制定标准的责任落在了分析者身上,这些分析者构成了权力等级之外的所谓技术结构(technostructure)。最后,随着组织的发展,还会出现一些不同性质的职能部门,他们的任务是为组织提供间接的服务,包括法律顾问等,这些人员和部分组织成为支持人员(support staff)。可以看出,组织结构的发展轨迹与协调机制的选择之间是重合的。但是,需要指出的是,"并不是说任何组织只能依靠一种协调机制,恰恰相反,大多数组织都会混用所有的五种协调机制。至少,不管是否运用标准化,一定程度的直接监督和相互调节总是必不可少的。"①

　　明茨伯格总结出来的这些协调机制并不是由他最早提出来的,每一种机制都有着深刻的实践和理论根源。例如,直接监督的方法来源自法约尔、古利克和厄威克等人诸如统一指挥、等级链以及控制幅度这些原则,工作标准化可以追溯到科学管理之父泰勒对操作(生铁冶炼工和挖煤工等的工作)程序化的研究,而人际关系学派对非正式结构的研究是相互调节机制的理论起源。明茨伯格真正的创新之处在于其对于第六种组织结构及协调机制——也就是使命式结构及道德规范标准化的研究。与传统的官僚结构不同,使命式结构非常松散,无须传统官僚结构的各种控制,主要是通过组织道德规范的力量满足大多数协调工作的需要。在这六种协调机制中,直接监督一般来说最适合职位较低、教育程度较低的员工,工作标准化一般来说最适合非常常规化的工作,产出标准化则仅仅在产出可以被观察和测量的时候才有效。而政府机构的工作一般都是很复杂的,由受过专业

---

　　① 【加】亨利·明茨伯格著,魏青江等译. 卓有成效的组织,北京:中国人民大学出版社2007
　　年,第5页.

培训的员工来操作,涉及的产出通常也是不可观察或者难以测量的,尤其是中央政府组织结构的复杂性使其不能在以上出现的所有组织结构中对号入座。因此,中央政府部际协调不可避免地要依靠一种恰当的组合,既有相互的调节、直接监督,又有工作、产出、技能以及道德规范的标准化。

美国管理学家卡斯特和罗森茨韦克也从组织结构与设计的角度对协调方法进行了研究,他们认为组织结构设计首要关注的问题是部门化,"传统管理理论中的一个基本概念是将工作划分成各种专业化的任务,然后把这些专业化的任务组成不同的部门。带有劳动分工性质的部门化很受重视。"①在组织结构设计中,第二个应该注意的问题就是活动的协调。"垂直的和水平的差异化都会给组织带来控制、交往联系和协调的问题。沿着两轴的各个子单位,是一些与邻近单位以及整个组织在垂直和水平因素上都有差异的核子。差别愈大,控制、协调和交往联系的潜在的困难也就愈大。"②为了解决这种协调上的困难,卡斯特和罗森茨韦克重申了利塔沃提出的三种方法:指示型、自愿型和促进型。在第一种指示型协调,即等级式协调中,各种各样的活动都置于一个中心权力之下,从而使它们统一起来。在简单的组织中,这种协调形式是有效的。然而,在复杂的组织中,等级式协调就比较困难。第二种类型的协调是通过自愿的方式进行的。很多这类协调工作可以依靠组织中个人或群体自愿地寻找办法来使自己的活动与组织其他成员相结合的意愿和能力来进行。自愿式协调要求个人对组织的目标有充分地了解,占有足够的、有关具体的、需要协调的工作的情报,具有她或他自愿做某些工作的激励因素。而在复杂的组织中,各种不同活动的一体化问题促进了多种协调手段的发展。这些新的协调手段称为促进型的。其中较为重要的一种是"连接销"结构形式。以往多数组织在协调时,只重视垂直的等级关系,很少注意水平关系,即相同层次的部门、单位和个人之间活动的一体化。"连接销"的方法能够解决这一问题。这种方法在水平方向上,以两个分离小组的成员的身份而在两个小组之间起协调员的作用。③

通过在传统公共行政理论中深入挖掘与中央政府部际协调相关的宏观、中观

---

① 【美】弗莱蒙特·E. 卡斯特、詹姆斯·E. 罗森茨韦克著,傅严、李柱流等译. 组织与管理——系统方法与权变方法(第四版). 中国社会科学出版社 2000 年,第 290 页.

② 同上,第 300 页.

③ 朱国云著. 组织理论的历史与流派. 南京:南京大学出版社 1997 年,第 303 页.

以及微观理论,我们发现,这一阶段中央政府部际协调的理论是围绕组织理论建构起来的,这是因为"组织理论为公共管理者每天面临的问题提供了答案,这些问题包括如何协调并控制工作",①也反映了公共行政理论与公共组织理论的发展轨迹是重合的,特别是在中央政府部际协调的研究中,两种理论完美地结合在一起,共同奠定了本文研究的理论基础。

(二)政治学中的利益理论

政治学理论中关于利益的理论为本研究深入地分析中央政府部门间关系尤其是部门间冲突产生的原因提供了一个有力的工具。

1. 利益与利益关系

"利益"是中西方思想史上的古老课题。② 中国古代著名史学家司马迁在《史记·货殖列传》中曾经说过:"天下熙熙,皆为利来;天下攘攘,皆为利往。"十八世纪法国启蒙思想家霍尔巴赫明确指出:"利益就是人的行动的唯一动力。"但是,受到唯心史观或者形而上学思想方法的阻碍,他们并没有完全科学地揭示利益的形成和本质。按照马克思主义的论述,人的利益的形成是一个从人的需要到人的劳动再到社会关系的逻辑过程,"不管是个人意义上的利益,还是群体意义和人类意义上的利益,个人基本需要以及个人基本需要的运动都是它们在自然、逻辑和历史意义上的必要条件。然而,个人基本需要仅仅是利益形成的必要条件,生产行为、社会交往、意识活动以及社会分工这些实践形式使个人的基本需要发展成为利益。"③由此可见,个人基本需要是个人利益、集体利益和社会利益形成的根本原因,而个人基本需要的实现、任何利益的形成是在社会中通过特定的社会关系和社会途径才能完成的,从而构成了利益自我实现要求与社会实现途径之间的基本矛盾。在这一矛盾的影响下,不同的人们结成了特定的相互作用关系,换言之,这一矛盾使社会利益关系的形成和发展成为必要和可能。而人们在利益关系中形成的共同利益和利益矛盾,则是人类社会全部政治关系和政治生活的基础。通过上面的分析,我们可以得出中央政府各部门之间的关系、中央政府与地方政府之间的关系以及中央政府与外部其他社会组织之间关系的本质实际上都是利益关

① 【美】乔纳森·R. 汤普金斯著,夏镇平译. 公共管理学说史——组织理论与公共管理. 上海:上海译文出版社 2010 年,第 7 页.

② 王浦劬主编. 政治学基础. 北京:北京大学出版社 1995 年,第 50 页.

③ 高鹏程著. 政治利益分析. 北京:社会科学文献出版社 2009 年,第 62 - 63 页.

系。从这一视角出发,通过研究中央政府各部门利益形成的过程,分析中央政府各部门之间的关系,可以更深刻地把握中央政府部门间关系发展、变化的根本原因。

2. 共同利益与利益矛盾

受到利益内在基本矛盾的影响,人们在利益关系中形成了共同利益和利益矛盾。其中,共同利益是指在同一社会关系,尤其是经济关系和经济地位基础上形成的,是处于同一社会关系和社会地位中的人们的各自利益的相同部分。与1995年的版本不同,王浦劬教授在第2版的《政治学基础》中对共同利益的基本特性进行了重新归纳,其中按照对共同利益的公共性和非市场实现性的分析,为本研究各国中央政府应该是一个国家公共利益的最高执行者和代表者的假设提供了理论依据。而利益矛盾是利益关系的另一个侧面,指的是不同利益主体的利益之间以及它们与共同利益之间的差异而形成的矛盾的一面。它可以分为横向利益矛盾与纵向利益矛盾。对于政府间关系而言,横向利益矛盾可以用于中央政府部门间关系以及地方政府间关系的研究,纵向利益矛盾可以用于中央政府与地方政府等府际关系的研究中去。按照政治学理论对横向利益矛盾发生的基本条件的分析,中央政府部门间关系产生矛盾的原因有两个:一是同一利益关系中的两个利益主体之间存在的差异,即中央政府内部各部门作为利益主体所存在的差异,这种差异有自然差异和社会差异两种,我们将其统称为客观原因;二是同一利益关系中的两个利益主体对同一利益客体都有要求,即中央政府部门内部各部门对有限的资源的共同需要,这是利益矛盾产生的主观原因。

按照对矛盾产生原因的分析,可以采取不同的解决方法进行协调,由客观原因造成的中央政府部门间矛盾可以看作一种技术冲突,它可以在中央政府中通过加强自上而下的权威等级控制来加以化解;而对于由主观原因产生的矛盾就比较难以解决,因为按照政治学理论,在实际生活中,两个利益主体对于同一利益客体都有两种形式的表现:一种形式是某一利益主体对另一利益主体的既有利益的要求,这实际上是一种利益剥夺;另一种形式是两个利益主体对于某种双方均未获得的利益都有利益要求,这往往表现为一种利益竞取。① 这两种形式的利益矛盾一般会演化为激烈地利益冲突,对于这种中央政府部门间冲突的协调难以通过官

---

① 王浦劬等著. 政治学基础(第二版). 北京:北京大学出版社2006年,第59页.

僚制的等级权威来实现,只有通过不断重新调整利益分配方式或者对组成部门的利益追求加以方向性矫正和限制,才能实现。

3. 个人利益与利益冲突

政治利益分析中的利益主体最终只能指向具体个人。即是说,只有具体个人才能成为真正的、最终的政治利益主体。任何由具体个人所构成的集体,不管这些集体是按照什么自然属性和社会属性抽象出来的,也不管这些集体是按照利益要素的哪一方面抽象出来的,这些集体都需要最终归于具体个人。① 随着市场经济的发展和私有制的确立,具体个人之间的利益关系模式更多地体现为一种对抗性利益关系,所谓对抗性利益关系是指不同的具体个人由于主体本身或特定的行为、对象、环境和后果的差异性而不能同时获取同一利益的关系。② 这种个人利益之间的对抗性利益关系在中央政府中主要有两种表现形式:一是部门间利益关系的对抗性带来的冲突,也就是部门间冲突;二是部门利益与中央政府所代表的公共利益之间的冲突。按照政治利益分析方法,这两种利益冲突的表现形式都可以归咎为中央政府中具体工作的行政人员的个人利益和他作为公共利益代理人之间的矛盾上,这也是各国政府公共行政人员都普遍面对的伦理困境。

美国学者库珀(Terry L. Cooper)在《行政伦理学:实现行政责任的途径》一书中从行政责任二元化即主观责任和客观责任分化的角度出发,认为面临冲突性的责任是公共行政人员伦理困境的最典型方式,其中,利益冲突是指"我们个人自己的个人利益与我们作为一个公共官员的义务之间产生了冲突。这种冲突包括角色冲突和各种权力资源之间的紧张关系;但这些冲突中较典型的是为我们提供了滥用公务谋取私利的机会"。③ 利益冲突表现为公共角色与私人利益之间的冲突,客观责任与个人利益之间的冲突,包括七种情形:贿赂、权力兜售、信息兜售、财政交易、馈赠与消遣、组织外就业、未来就业和处理亲戚问题。利益冲突背后的伦理问题产生于作为公共利益代理人的受托关系与公民对公共决策公正性的信任之间的矛盾,以及个人主义思潮对公共行政领域的渗透。从总体上看,库珀从责任角度来解释利益冲突根源厘清了利益冲突与角色冲突之间的关系,并把利益冲突

---

① 高鹏程著. 政治利益分析. 北京:社会科学文献出版社 2009 年,第 189 页.

② 同上,第 192 页.

③ 【美】库珀著,张秀琴译. 行政伦理学:实现行政责任的途径. 北京:中国人民大学出版社 2001 年,第 105 - 106 页.

范围扩展至公共利益与私人利益、组织利益与个人利益、下级利益与上级利益之间的矛盾,对于我们从伦理学的角度出发,研究实现中央政府部际协调的方法,具有重要的启示意义。

(三)整体性治理理论

整体性治理理论是由英国行政学家佩里·希克斯针对二十世纪八十年代以来英国新公共管理改革所造成的碎片化提出来的,他认为,在功能性组织的原则下,政府的碎片化状态会造成了以下结果:①转嫁问题:一个机构将问题和成本强加给另一个机构;②相互冲突的方案:两个或者两个以上的机构存在着相互冲突的政策目标或者尽管这些机构有相同的目标,但是他们的处理方案可能相互抵消;③重复:这导致服务的浪费和服务提供者的挫败感;④相互冲突的目标:不同的服务目标会导致严重的冲突;⑤由于机构间沟通的失败导致不同机构或者专业提出的实施方案之间缺乏适当的排列组合或者没有连续性;⑥在对需求做出反应时各自为政;⑦公众难以获得应有的服务或者对获得的服务感到困惑,常常不知道到哪里去获得恰当的服务;⑧由于对棘手问题产生的原因缺乏全面的思考,只关注于已有的专家干预策略,这导致提供服务时的缺漏或者缝隙。①

面对这些问题,希克斯从整体性治理涉及的多元而复杂活动以及这些活动涉及的三个层面展开了论述。这些多元而复杂的活动包括政策、规章、服务和监督。而这些活动的整体性运作要求在政府组织三个层面上取得一种一贯性:第一,治理层级的整合。例如全球与国家层级的整合、中央与地方机构的整合;第二,治理功能的整合,主要指机构内部的功能整合,例如中央政府内部各机构的整合;第三,公私部门的整合,指整合既可以在公共部门中进行,也可以通过服务外包、民营化等实现与非政府组织和私人部门的合作。针对这些不同层面的整合与政府类型之间的关系,希克斯提出了一个由目标和手段两个维度构成的分析框架,每个维度又分为相互冲突、相互一致、相互增强三个层次。不同维度和层次的组合构成了以下五种不同类型的政府组织:

---

① Perri 6. Diana Leat. Kimberly Seltzer and Gerry Stoker. Towards Holistic Governance:The New Reform Agenda. [C], Basingstoke:Palgrave2002. pp37 – 39.

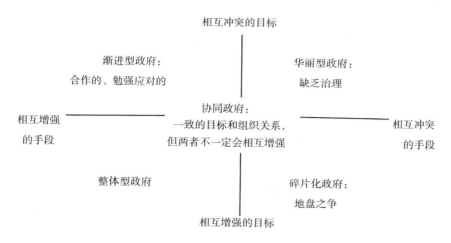

图1-4：目标与手段的关系

（资料来源：Perri 6. Diana Leat. Kimberly Seltzer and Gerry Stoker. Towards Holistic Govern-ance：The New Reform Agenda.［C］, Basingstoke：Palgrave2002. p31. ）

希克斯认为华丽型政府和渐进型政府是令人无法接受和难以容忍的,需要予以抛弃。而整体型政府并不是否定组织结构的分工和功能上的专业化,它所针对并试图取代的是碎片化政府,这种类型的政府,各组成部门目标一致,但在实现目标的手段方面缺乏共识,从而导致相互之间竞争地盘和势力范围。因此,希克斯重点对包含了协调和整合概念的协同政府和整体政府进行了区分,他认为两者的区别在于目标和手段之间的兼容程度,协同政府意味着不同公共部门在目标和手段上不存在冲突,整体政府则代表了一个更高的层次,要求目标和手段之间要相互增强。对于中央政府内部各部委这个层面而言,建设协同政府就是需要中央政府内部各部委之间通过采取相互一致的手段实现具有内在一致性的目标,而建设整体政府就是需要中央政府内部各部委不仅要采取相互一致的手段,这些手段之间还应该相互增强,以期在实现共同目标的同时促进更高目标的产生。

不管是整体政府还是协同政府,都是以协调和整合的概念为核心的,为了加深对两种类型政府的认识有必要对这两种概念进行定义和区分。希克斯认为,协调是指树立有关联合和整体运作、联合的信息系统、机构间对话、计划过程和决策的观念,而整合关注的是通过建立共同的组织结构和合并在一起的专业实践来执行或贯彻这些观念的实际行动。这些核心概念之间的关系可以通过下表以及具

体的例子来说明:

表1-3:定义核心词语

活动 手段和目标之间的关系	协调 信息 认知 决策	整合 执行 贯彻实施 实际行动
协同型政府	协同型协调	协同型整合
互相一致的目标,互相一致的手段,以及一致支持目标的手段	最一般的层次——e. g. 在不同领域工作的两个机构在如何限制负的外部性上达成一致协议	e. g. 联合工作,但主要强调防止负外部性和关键的任务规划之间的冲突
整体政府	整体协调	整体整合
相互增强的手段,相互增强的目标,以相互增强的方式支持目标的手段	认识到相互参与的必要性,但尚未确定具体的行动	整体治理的最高层次,制订无缝隙的方案

(资料来源:Perri 6. Diana Leat. Kimberly Seltzer and Gerry Stoker. Towards Holistic Governance: The New Reform Agenda. [C], Basingstoke: Palgrave2002. p34.)

在阐述了整体性治理的概念框架和目标后,希克斯认为整体政府应该做到以下几个方面:①政策层次的整合:政府所有的机关在政策制定的阶段,对特定的政策目标和结果都有某种程度的共识和认同感;②中央政府用于创新并扩大授权:对政府整合工作必须有创新的勇气,要能不断地尝试;③谨慎运用整体性预算:整体性预算可以解决政府各组成部门之间不合作的问题;但是这种预算对整合工作不见得必要或者有效;④负责监督的人员必须重塑新的价值:有责任进行监督的人员包含监察机关、政治人物、管制人员、监察委员等。监察机关的职权应顺应民意,为产生有效能的政府服务而施加监督的压力并促进产生联合参与的风气;政治人物也应该紧盯政府整合工作的进度;⑤中央与地方政府都应该传播新知识:中央与地方政府都应以建立学习型组织为目标,传播有关政府整合的新知识;⑥政府应该更新信息科技系统;⑦人事制度改革:构建整体政府所需要的薪酬、培训等配套机制的革新;⑧政治人物要勇于处理整合工作面临的困境:例如要克服在构建信息系统时,可能与个人隐私权的保护发生的冲突。①

　　自二十世纪末以来,在整体性治理理论的指导下,英国的协同政府(joined - up government)、新西兰的整体政府(the whole - of - government)、美国的合作政府(collaboration government)或加拿大的横向政府(horizontal government)等改革实践都在不同程度上反映了整体性治理的特征。这些理论和改革实践的出现并未说明协调是公共行政中的一种新现象或者是一种后现代的词语,相反,它们再次说明了协调是公共行政的一个永恒。"不管是被称为'协同'、'整体'、'协调'还是'整合',一直都是国家公共行政的主要目标。"②正如英国行政学家胡德所说,"'协同政府'和'整体政府'的口号只是为公共行政研究中古老的协调法则提供了新的标签。"③但是,作为一种理论,它是公共行政学理论范式演进中对中央政府部际协调研究来讲,最全面也是最直接的理论依据。④

①　彭锦鹏. 全观型治理:理论与制度化策略. 政治科学论丛(台湾)2005 年,第 67 - 68 页.

②　Perri 6. Diana Leat. Kimberly Seltzer and Gerry Stoker. Towards Holistic Governance:The New Reform Agenda. [C],Basingstoke:Palgrave2002. p9.

③　Christopher Hood . The idea of Joined - Up Government: A Historical Perspective. In V. Bogdanor (ed.) , Joined - Up Government[C]. London:Oxford University Press2005.

④　Tom Christensen. and Per Lægreid. NPM and beyond—leadership, culture, and demography. Leading the Future of the Public Sector: The Third Transatlantic Dialogue. University of Delaware, Newark, Delaware, USA. 2007,p24.

第二章

中央政府部际协调的困境及其原因

部门间关系是政府间关系的重要内容,因此,按照政府间关系的研究路径对中央政府各部门之间的关系进行分析,我们发现部门间关系出现了很多问题——冲突、竞争与消极配合等,这是当前各国中央政府各组成部门在协作过程中普遍出现的问题,带来了很多消极影响。而协调是作为一系列解决这些问题的办法被提出来的,但是通过更仔细地研究发现,协调本身就是难以应付的、有时候甚至是不可逾越的障碍。① 这是因为协调本身陷入了一种进退两难的困境之中,使协调不仅不能作为一系列问题的解决方法有效地发挥其工具价值,甚至沦为问题解决过程中的一个巨大的障碍。也就是说,作为一种过程的中央政府协调各部门之间的关系、解决部门间冲突、竞争或消极配合等问题的时候陷入了种种困境之中,这些困境使中央政府部际协调过程中的参与者们(不仅有协调者还有被协调者)进退维谷、左右为难。中央政府部际协调所面对的这些困境是由多方面的原因造成的,既有社会大环境等方面的客观原因,也有国家法律、法规等层面的制度原因,更有协调参与者(中央政府各部委及其行政人员)的思维、意识和价值观等方面的主观原因。通过对这些原因的分析,不仅可以加深了我们对中央政府部际协调所面临的困境的认识,也有利于加深我们对这些困境给予整个政府体系的内部运作以及整个社会带来的消极影响的认识,从而提高整个社会特别是中央政府对部际协调重要性的认识,并为分析中西方国家为了应对这些困境在加强中央政府部际协调方面所做的实践努力奠定了基础。

---

① Jack Hayward and Vincent Wright. Governing from the Centre: Core Executive Coordination in France. London: Oxford University Press. 2002. p12.

一、中央政府部际协调的重要性——以部门间关系的分析为视角

政府部门间关系主要是指组成政府的各个部门在行使行政权力,履行行政职能中所形成的关系。[①] 从形式上分析,政府部门间关系可以分为同级政府横向层面上的部门间关系(如国务院外交部和安全部之间的关系)和上下级政府纵向层面上的部门间关系(如国务院财政部和省财政厅、地市财政局之间的关系)。本研究中的部门间关系主要是指中央政府内部在横向层面上、处于同等级别的各职能部门在行使行政权力、履行政府职能过程中形成的关系。

当前学界普遍将部门间关系归为政府间关系的一个重要内容。林尚立教授认为,政府间的横向关系虽然主要指地方政府间的关系,但由于我国传统的政府间关系模式是以条块关系为基础的,所以横向关系有时也包括政府内部各部门间的关系。[②] 谢庆奎教授直接将部门间关系包括在政府间关系之中,他认为府际关系(即政府间关系)是指"政府之间的关系,它包括中央政府与地方政府之间、地方政府之间、政府部门之间、各地区政府之间的关系"。[③] 当然,也有学者认为部门间关系不属于政府间关系的一种,例如陈振明教授就认为,政府间关系是指中央政府与各级地方政府之间的纵横交错的网络关系。"政府部门是构成各级政府的机构,是次于'政府'的行政主体,当然不应该是'政府间关系'的应有之义。"[④]但是,本研究认为,政府部门尤其是中央政府各部门之间的关系应该是政府间关系的一个重要内容,首先从行政权限上来讲,中央政府各部门代表国家最高行政机关行使行政权,是与省、自治区、直辖市平行的第二层级行政机构,尤其是外交部在国际舞台上还要代表国家维护国家主权、安全和利益,因此中央政府各部门间的横向关系的重要性不亚于地方政府间横向关系;其次,就我国而言,按照中央政府与地方政府的条块关系,地方一级政府各部门对应着中央政府各部门,在业务上接受中央政府部门的指导,甚至国务院的一些直属机构对地方实行垂直管理,例如税务、工商、质检等,所以,中央政府部门间关系的互动不仅影响了地方政府各部门的关系,也加深了对中央与地方纵向关系的认识和理解。总之,政府部门间关

① 高轩、朱满良.我国政府部门间关系的探讨.四川行政学院学报2010年第1期,第5页.

② 林尚立.国内政府间关系.杭州:浙江人民出版社,1998年.

③ 谢庆奎.中国政府的府际关系研究.北京大学学报(哲学社会科学版)2000年第1期.

④ 陈振明.公共管理学.北京:中国人民大学出版社,2003年.

系尤其是中央政府部门间关系不仅是政府间关系的重要组成部分,而且是亟需从理论和实践上加以重视的政府间关系。

中央政府部际协调是对中央政府各部门之间相互依赖的关系进行管理的过程,因此,按照政府间关系也包括部门间关系的研究路径对当前各国中央政府各部门之间存在的基本关系类型及其存在的问题进行分析,加深了我们对中央政府部际协调重要性和紧迫性的认识和理解。

(一)中央政府部门间关系存在的问题

有学者认为同级政府横向层面上的部门间关系主要包括以下四种类型:合作,它是指各个职能部门联合起来,相互配合,共同参与行政事务的管理(例如部委联合通知);竞争,是指政府各职能部门之间为了能够获得更多的组织资源,如资金、编制等而互相博弈;冲突,各职能部门之间的权责边界模糊不清,或者仅从本部门利益出发导致对同一行政事务的看法不一致,在工作中缺乏配合协调;监督与制约,它是指虽然各个职能部门之间是一种互不隶属、相互平等的关系,但由于职能部门其性质的原因,某些部门能够在其职能范围内对其他部门进行监督与制约。① 具体到中央政府各部门之间的关系上,合作只是中央政府部门间关系的理想型,是中央政府部际协调的目标,例如部委联合通报也只是形式上的合作,既是之前协调的结果也需要后续协调的跟进,可以说联合通报只是更多协调需求的开始;而监督与制约也只是协调的一种手段和方法。部门间冲突、竞争的关系已成常态,最普遍的情况也是中央政府各部门如同"鸽笼"一般,部门之间的壁垒使得各部门"各扫门前雪",对合作持消极态度等,这些都是当前各国中央政府部门间关系普遍存在的问题。

1. 部门间关系之冲突

部门间冲突已经成为部门间关系存在的最主要的问题,带来的危害也最大。长期以来,中央政府各部门之间相互争夺管辖权、重复管理、做出相互矛盾的决定,在政府的行政运作过程中广泛地存在着,主要表现在以下几个方面:

(1)冲突范围的普遍化。任何大型公共组织中的一个职能部门都有可能与其他职能部门存在着相互联系和职能交叉的问题,尤其是到了后现代社会,不管是在政治、经济、文化还是其他各种社会事务上,已经不存在由一个部门就可以单独

---

① 高轩、朱满良. 我国政府部门间关系的探讨. 四川行政学院学报 2010 年第 1 期,第 5 页.

解决的问题,因此,部门之间的冲突可能涉及所有社会事务领域。据不完全统计,在 2008 年新一轮的机构改革之前,国务院各部门之间有八十多项职责存在交叉,仅建设部门就与发改委、交通部门、水利部门、铁道部门、国土部门等二十四个部门之间存在着职责交叉。①

(2)冲突表现的公开化。中央政府各部门之间的冲突本来是官僚制组织内部的分工协作问题,是内在于政府体系中的事情,从行政法的角度来讲是内部行政主体间问题,理应通过理顺各政府部门之间的关系予以解决。所谓“家丑不可外扬”,政府各部门对外应保持一个团结一致的形象,增强公众对政府的信心,尤其是在全球化的今天,中央政府内部的一致更代表了一种国际形象。但是,从公共行政的实践中表现出来的部门冲突来看,这种部门间的冲突已经被公开化了。例如,2011 年国家发改委价格监督检查与反垄断局副局长在央视采访中透露正在对中国电信和中国联通涉嫌价格垄断进行调查,随后,工信部就在其下属报纸《人民邮电报》上进行激烈反击,央视与《人民邮电报》之间的“口水战”使中央政府部门间的冲突彻底公开化。此外,文化部和新闻出版总署在网络游戏管理权上互不相让,财政部与教育部、卫生部等在财政拨款上不断角力。这些矛盾冲突的公开化被百姓们戏称为“神仙打仗”。

(3)冲突内容的法律化。基于管理日趋复杂的社会事务的需要,各国中央政府各部门都被赋予了大量的行政规章制定权,例如美国,除《行政程序法》、《情报自由法》等基本行政法律外,其他大部分的行政规章是由政府机关依据议会授权或依据其职权制定。总统、州长及内阁各组成部门都设有专门的法律工作班子,聘请有专门的法律顾问,负责起草这些行政法规。在我国,国务院各部委和省、自治区、直辖市人民政府以及省会市人民政府、经国务院批准的较大的市政府也都拥有规章制定权。不管是美国还是中国,这种部门间、部门与地方政府之间的分散立法导致法条之间相互矛盾的现象时常出现,使得部门规章之间、部门规章与地方政府规章之间对同一问题的规定可能会有所不同。当中央政府某些部门因同一问题发生冲突时,“冲突双方往往都振振有词,都是在依法行政。”②政府各部

---

① 李军鹏著.建立和完善社会主义公共行政体制.北京:国家行政学院出版社 2008 年,第 156－167 页.

② 金国坤著.行政权限冲突解决机制研究:部门协调的法制化路径探寻.北京:北京大学出版社 2010 年,第 8 页.

门都将本部门规章作为解决问题法律依据,依法行政变成了依法"打架"。

(4)冲突主体的个人化。美国学者狄尔·S. 莱特在考察美国联邦制中各级和各类政府之间关系时指出:"真正决定政府各部门之间关系的,实际上是打着办公室招牌工作的人们。因此我们有必要明确指出'政府之间关系'这一概念,主要是指人际关系和人的行为。"①同样,部门之间的冲突也更多地表现为"打着办公室招牌工作的人们"之间的冲突,而各部门行政人员尤其是行政首长之间的关系反过来也会影响部门之间的关系,如果行政首长之间私交甚好则有利于部门之间的交流和沟通。虽然中央政府各部门行政人员尤其是行政首长之间良好的非正式关系消弭部门分歧有一定的作用,但是个人行为的不确定性也导致部门间冲突更加地难以管理。

(5)冲突产生的必然性。基于部门间工作性质的差异,中央政府某些部门之间冲突的产生是不可避免的,所以这些部门几乎总是处于冲突之中。例如,外交部门主张对外开放、与更多国家建立外交关系是其存在价值的最优表现,而国防部门基于国家安全政策,则更倾向于对外封锁一些信息,这从两个部门行政首长行事风格的差别上就可见一斑,外交部部长常常是开朗大方、极具个人魅力的,而国防部长往往是沉稳内敛、沉默寡言的。还有,对外贸易部门向来主张自由贸易,因为大幅提高国家进出口贸易是其目标,与其相反,工业部和农业部则更愿意实行贸易保护,因为贸易开放可能会对本国工业、农业的发展带来冲击。在所有国家中央政府的组成中,有一个部门是持续不断地与其他各部发生交道,也就是冲突的,这个部门就是财政部门。英国的一个财政大臣曾说过:"财政部的乐趣在于做一只爬在网中间的蜘蛛,它是一只小小的蜘蛛,监视着无数大大的苍蝇,而其他白厅各部也总是处处留神财政部,就像阿拉伯人注意着以色列人一样。"②可见,这种必不可免的冲突是内在于政府组织之中的,难以克服,但是这种冲突的长期性将浪费政府的资源、提高政府运作的成本,因此,需要对中央政府的这些部门进行协调以尽可能地降低这种冲突产生的概率。

2. 部门间关系之竞争

部门间竞争与部门间冲突不同。按照经济学的相关理论进行分析,部门间冲

---

① 【美】R·J. 斯蒂尔曼. 公共行政学. 北京:中国社会科学出版社 1988 年,第 253 页.
② 【英】安东尼·桑普森著,唐雪葆、邓俊秉等译. 最新英国剖析. 北京:中国社会科学出版社 1988 年,第 225 页.

突是一种帕累托最优,是指如果不减少政府任一部门福利,就不可能增加另外一个部门的福利,所以政府中的每个部门都"拼命"地保护自己的地盘。而部门间竞争更多的是一种帕累托改进,它是指在不减少政府任一部门的福利时,通过改变现有的资源配置而提高另外一个部门的福利。可见,相较于政府部门间冲突,良性的部门间竞争更有可能实现双赢。但是,基于公共选择理论中的经济人假设,政府各部门及其行政人员为了追求本部门利益的最大化,往往会围绕有限的公共资源(例如预算等)展开各种竞争,如果不加以协调和管理,政府各部门也将"拼命"地抢夺地盘,导致部门之间的竞争趋于恶化,并最终演化为激烈的部门冲突。

中央政府部门间竞争是各部门在保护本部门势力范围的基础上扩大自己权力并争夺更多资源的行为。凡是能够增加本部门利益的事务,各部门都"争着管"、"抢着管",拼命扩大自己职权,从而造成部门间的恶性竞争。部门间竞争的一个典型体现是对立法主导权的竞争,因为获得立法主导权就相当于获取了法案执行权,随之而来的就是与执行权相配套的机构设置权和财权,从而达到了扩大部门利益的目标。早在1987年当时的国务院法制局就成立了《反垄断法》起草小组,但是《反垄断法》直至2008年,也就是二十一年后才正式出台,"难产"的原因是多方面的,但是商务部、国家发改委和国家工商总局三部委在这部重要法律背后进行的角力,是这部被视为市场经济重要指标的法律难以出台的原因之一。2005年,三部委先后宣布将推动《反垄断法》出台列入本部门重点工作,介入到《反垄断法》的起草工作中来,这些部门积极参与法律起草工作的背后是对立法主导权的青睐,为了获取法律出台后的执行权,进而获得相应的机构设置权和财权。2008年8月,《反垄断法》尘埃落定、正式实施,法律的执行权也花落三家,由国家发改委、商务部和国家工商总局三部委共同执行,但是三部委之间的竞争并未因为法律的出台而告一段落,更激烈的竞争才刚刚开始,三部委竞相出台了反垄断法的配套法规,力争反垄断法执行中的主执法地位。显然,这种分工执法体制仍未跳出部门利益之争的"窠臼",在利益面前必然一哄而上,竞争加剧,无利可图时则踪影不见,形成监管空白。最重要的是,多头监管导致执法相对人面对法律感到困惑、无所适从。

3. 部门间关系之消极配合。英国学者克罗斯曼通过对内阁运作过程的研究指出,主管大臣经常会遇到"大量的……暗中抵制"。① 而这种经常性的、大量的"暗中抵制"使得消极配合成为中央政府部门间关系的一种常态。部门间关系的消极配合也可以用经济学中的经典理论"囚徒困境"来分析,是部门间关系的一种"囚徒的困惑"。"囚徒困境"最初是由普林斯顿大学的塔克教授提出来的,具体如下:

两个囚徒被警察抓住后分别关押,警方知道他们有罪,但是苦于缺乏充足的证据。警察给他们的政策是"坦白从宽,抗拒从严"。每个囚徒面临的两个策略选择"沉默"(合作)和"坦白"(背叛)。如果一方"坦白",而另外一方"沉默",则坦白方将被释放,而沉默方将被判重刑10年;如果双方均"坦白",则每人将被判刑8年;如果双方均"沉默",警方因为没有足够的证据而只能给他们轻微的象征性惩戒,判刑半年。②

囚徒的困境反映了这样一个问题,就是个人(部门)的理性的选择与集体理性之间的矛盾。如果两个人都沉默,两人最多各判刑半年,显然比都坦白各判刑八年要好。但是这个最佳选择往往不会出现,因为它满足不了个人理性的需求。换个角度而言,即使两个囚徒在被警察抓住之前建立了攻守同盟,打死也不说,这个同盟也会失败,因为在被分开的情况下(信息不明),两个人都不知道彼此是否会产生动摇,因而也没有积极性去遵守协定。囚徒困境广泛地存在于自然科学和社会科学领域,在包括中央政府在内的整个政府体系中,也存在着囚徒困境。政府内部相互独立的各个部门都不愿意主动地当其他部门特别是同级部门的配角,或者积极地配合其他部门做好属于他们职权范围内的事,因为这样除了增加本部门工作量之外,得不到任何属本部门工作的成效。

总之,与部门间冲突、部门间竞争的公开化不同,部门间的消极配合更多的是一种隐秘的关系和"暗地里的斗争",是冲突的另一种表现形式。之所以把部门间关系中的消极配合单独列出来分析,是因为消极配合往往是打着协调与合作的"幌子"展开的,只有当它产生难以挽回的后果时才会引起重视,因此,其潜在的危害性更大;而部门间冲突与竞争通过将部门间关系存在的问题公开化,更容易引起领导者和社会重视,有利于问题的尽快解决,避免部门间的关系更进一步地恶

---

① ［英］戴维·威尔逊等著. 汪淑钧译. 英国行政管理［M］. 北京:商务印书馆. 1991年.
② 高鸿业. 微观经济学(第三版). 北京:中国人民大学出版社2004年,第9页.

化。实际上,这种消极配合已经成为各国中央政府部门间进行互动的一个常态,是中央政府各部门都面对的一种"囚徒困惑":参与协调或者合作的部门更多的是采取一种"各扫门前雪"的态度,尤其是当部际协调中的主导部门是处于同等级别的部门时,负责配合的部门的态度往往是消极的、被动的,对需要配合的工作采取一种消极配合甚至不配合的行为,最终导致中央政府整体效率的降低。

此外,随着社会的进步和发展,产生了很多复杂化的问题,诸如环境保护、食品安全、公共危机管理等。这些复杂问题的解决一般需要涉及几个部门的职能权限和管辖范围,每个单一的部门都很难进行有效的管理。这些问题的出现也给部门间关系带来了挑战,导致政府各部门面对这些问题都避之不及、相互推诿从而产生了政府管理上的空白。

(二)中央政府部门间关系存在的问题所带来的危害

中央政府各部门之间的冲突、竞争与消极配合不仅给包括中央政府在内的整个政府体系带来了消极影响,更严重的是给整个社会的公共利益尤其是国家利益带来了损害。

1. 降低了中央政府的行政效率

英国管理学家邓肯曾说过:"如果说人们把一个词与管理联系得最为紧密的话,那么这个词就是效率。"①效率对于包括中央政府在内的整个政府体系的管理来讲也具有重要的价值,可以说,效率是中央政府行政管理的核心,是各国中央政府都孜孜以求的目标。但是,影响中央政府效率的因素是多种多样的,包括外部环境因素(例如社会事务的复杂性等)和内部组织因素。基于本文的研究目标,下面将从中央政府内部组织因素来分析其对中央政府行政效率的影响。

从部门间关系的角度来讲,中央政府各部门之间的冲突、竞争和消极配合降低了中央政府的行政效率,包括中央政府的决策与执行效率,尤其是中央政府的决策效率。中央政府的决策主要是针对重要社会事项制定相关法律、法规的过程。对于各国中央政府而言,根据宪法和法律,规定行政措施,制定行政法规等都

---

① W. Jack Duncan, Great Ideas in Management: Lessons from the Founders and Foundations of Managerial Practice. Oxford: Jossey – Bass Publishers, 1990, p27.

是其主要职能,①甚至中央政府各组成部门也具有一定的规章制定权(例如我国《宪法》第 90 条规定"各部、各委员会根据法律和国务院的行政法规、决定、命令,在本部门的权限内,发布命令、指示和规章"),即使没有规章制定权,中央政府的各项法规、措施也是由相关部门提交制定行政法规的申请并以其提交的草案为基础制定的。但是,由于社会事务的复杂性,针对同一问题可能会有不同的部门基于本部门视角提出不同的法律草案,每个部门都希望自己提出的草案可以得到中央政府的认可,从而获得法律实施后的执法主导权。于是,中央政府各部门就围绕法律、法规的制定展开了博弈,由于中央政府需要在对各个不同草案进行选择时考虑平衡各方利益,从而导致一些可以维护、增进公共利益的重要法律、法规迟迟不能出台(例如《反垄断法》等)。此外,中央政府的决策还包括对一些不符合社会发展潮流的法律、法规的取消或者调整,这个决策的过程也常常因为部门利益的介入而变得迟缓,一些对公共利益有消极影响的政策(例如外企"超国民待遇"以及医疗市场化改革等)迟迟难以取消或者调整。

中央政府行政效率的降低最主要的是体现在中央政府各部门执行效率的下降方面。因为中央政府不仅具有制定关于社会重大事项的行政立法权,更重要的是其作为最高国家行政机关所具有的最高执行权,再好的法律、法规和政策如果得不到有效实施也形同虚设。而中央政府的这种执行权是由中央政府各部门来具体实施的,需要各部门调动本部门的专业知识、资金和人力等资源相互协作、共同配合,以高效地贯彻执行国家的各项法律、法规和相关政策。但是,由于中央政府各部门之间冲突、竞争或者消极配合,导致各部门在执行过程中效率的降低,既增加了行政成本,又使得政府的整体目标难以实现。

2. 损害了中央政府的权威

有学者认为政府权威是指"政府合法的政治权力的影响力及其对影响力的服从与认同。它有两层含义:一是政府权威依赖于政府合法的政治权力;二是该政治权力具有一定的影响力,社会成员对由此产生的影响力的主观服从与价值认

---

① 在美国、英国、德国,行政机关制定立法性规则或者法规命令需要得到权力机关(议会、人大等)的明确授权,行政机关通常不享有立法职权,称为授权立法;法国中央政府可以根据职权直接行使立法权,称为职权立法。不管是授权立法还是职权立法,中央政府都具有一定的立法权。

同"。① 也就是说,政府权威来自两个方面:行政主体的行为和社会成员的认同。而中央政府及其组成部门作为行政主体的行为不仅严重损害了中央政府的权威,最重要的是导致社会成员对中央政府的认同度下降。

政府的权威来源于权力的合法性,这种合法性意味着政府拥有和行使权力的强制性和正当性。中央政府及其组成部门强制权的一个重要体现是其所具有的审批权(例如特许和垄断经营权等),由于缺乏必要的监督,中央政府及其组成部门的这种审批权在实际运行过程中必然引起寻租行为盛行,导致行政腐败;此外,在中央政府各部门寻租或者寻求部门利益的时候,由于资源的有限性和权力范围的某些重合必然会导致冲突,使得社会成员对中央政府为人民谋利益而行使权力的公共性和正当性产生了质疑,从而大大降低了中央政府的权威。

3. 影响了中央政府管理突发事件的能力

当今社会是一个风险社会,各种不确定性因素(例如恐怖袭击、地震等)导致各类突发事件的时有发生。有效处置这些突发事件已经成为各国政府和人民长期面临的共同课题。由于现代化进程的加快、对资源开发利用的加深、网络通信的普遍运用、人员交往和贸易的增多等因素的影响,经济、社会和自然界都已进入一个各类突发事件发生概率更大、破坏力更大、影响力更大的阶段。② 特别是一些突发事件及其影响已经超越了国界和行政区域,因此,加强中央政府管理突发事件的能力,不仅可以在国内维护中央政府的权威,还可以在国际上树立国家的形象。但是,各部门之间的冲突、竞争或者消极配合严重损害了中央政府管理突发事件的能力,主要包括恐怖袭击的预防能力、自然灾害的应对能力等。例如,在美国,负责国家安全与情报收集的机构有三个:隶属司法部的美国联邦调查局(简称FBI)负责调查具体的犯罪,美国国防部负责防范并打击一切可能危害到美国国家安全的军事活动,而中央情报局(简称 CIA)是美国最大的情报机构,负责协调美国政府的整个情报系统。在大部分时间里,这三个机构各司其职、相安无事,但是由于在职能上多有交叉,这三个机构之间的摩擦、矛盾也时有发生。9·11 恐怖袭击发生之后,美国国内陷入一片恐慌之中,这些专司国家安全与情报收集的机构也成了众矢之的。一些分析者认为 FBI 对信息的垄断,并以此维持其在运行中与

---

① 徐国亮. 政府权威研究. 济南:山东大学出版社 2006 年,第 2 页.

② 马凯. 加强国际交流合作提高应对突发事件的能力. 行政管理改革 2010 年第 8 期,第 5 页.

其他联邦组织甚至司法部的独立性,是预防恐怖袭击发生失败的主要原因。四年后,同样也是在美国,卡特里娜飓风再次挑战了美国中央政府应对突发事件的能力,国土安全部、政府卫生和人类服务部以及国防部之间在横向上合作的缺乏,与联邦、州以及地方政府之间纵向合作的缺乏交织在一起,导致美国政府在救灾过程中行动迟缓,"整个政府系统,政府的各个层级之间都没有很好的协调,以至于在灾难之初就被飓风击得粉碎。"①

4. 影响了国家在国际上的形象

随着全球化的发展,一些国际性组织发挥了越来越重要的作用。对于一个现代化国家,国际性组织是宝贵的且必须善加利用的一种国际资源,为国家塑造负责任、有能力的国际形象提供了一个重要平台。而中央政府尤其是外交部是代表国家参与国际组织各项活动的主体,其一言一行都事关国家在国际上的形象。但是,由于中央政府各部门之间的冲突或者竞争导致中央政府不能作为一个整体来代表国家的形象,甚至各部门之间的冲突在外国反而表现得更加明显。例如,英国学者就发现,由于中央政府内部的冲突,使得英国政府各部在国外的使馆都各自有其代表——工党专员、商务专员、武官——执行各自的政策,在比勒陀利亚,②贸易代表鼓励英国出口,而外交官则可能劝阻。不只是英国,欧盟的总部布鲁塞尔也变成了制造混乱的最大场所,各成员国的竞争部门在这里进行着各自错综复杂的斗争。这些斗争不仅严重影响了国家在国际上的形象,更重要的是使得国家难以在国际社会上维护本国的利益,因为"如果没有良好的政府,精心构想和巧妙执行的外交政策即使有丰富的物质和人力资源,也势必徒劳无功"。③

5. 增大了国家风险

国家风险涉及一个国家的政治、社会、法律、宗教、经济、金融、外债等多个层面,可以分为政治与社会风险、经济与金融风险、自然灾害与突发事件风险,具体表现为战争、恐怖行动、内乱、政变、冲突、人畜疾病流行、地震以及其他自然灾害

---

① Bush. George W. 2005. Address to the Nation, September 15. www. whitehouse. gov /news /releases /2005 /09 /20050915 – 8. Htm.

② 比勒陀利亚(Pretoria),又名茨瓦内、茨瓦尼或茨瓦纳,是位于南非豪登省(Gauteng)北部的城市,亦是南非的行政首都.

③ 【美】汉斯·摩根索著,徐昕、郝望、李保平译. 国家间政治——权力斗争与和平. 北京:北京大学出版社 2006 年,第 181 页.

等。面对这些风险,各国政府都加强了对风险的应对和管理。特别是由于风险的全球化,中央政府在风险的应对和管理起着关键性的作用,而各部门之间的冲突、竞争或者消极配合不仅导致中央政府管理突发事件也就是风险的能力下降,甚至还增大了国家面对的各种风险。

(1)增大了国家的经济风险

中央政府部门之间的冲突、竞争或者消极配合等关系增大了国家经济风险。2011年7月,关于铁道部欠债两万亿的报道引发了社会对我国经济健康发展的担忧。众所周知,在铁路、公路等基础设施建设上的投资是促进我国经济增长的一大动力,铁道部的负债运营导致一些在建项目暂停,银行也提高了对铁道部的贷款利息等。作为中央政府的一个重要组成部门,铁道部的负债运行不仅不利于正常的预算管理和预算执行、诱发一些违规行为的发生,更严重的是极大地降低了政府的信誉、损害了中央政府的整体权威,为我国经济在十二五时期的增长埋下了隐患。造成铁道部负债运行的原因有很多,一方面是与铁道部长期举债经营、盲目投资有关;另一方面则与铁路运输行业盈利空间日益缩小但铁路货物运价总体水平偏低有关,而铁路运价的管制属于国家发改委的职权范围。也就是,铁道部与国家发改委之间缺乏协调配合是导致铁道部负债运行的原因之一。如果铁道部能在国家发改委上调钢材和水泥等铁道建设所需材料的价格时,与其及时沟通铁路建设成本上涨、铁路运输盈利空间缩小的问题,也许会缓解铁道部负债运行的状况。

(2)增大了国家的政治风险

中央政府部门之间的冲突、竞争或者消极配合等关系增大了国家的政治风险。2008年,全球粮价飙升,人们陷入粮食恐慌之中,粮食安全成为各国普遍关注的政治问题。目前来看,尽管中国的粮食供求基本平衡,暂时不存在所谓的粮食危机。但是,对于中国来讲,考虑到人口和气候因素,粮食安全问题将是一个长期性的问题,如果像苏联和当代的日本、韩国一样仅靠依赖进口来缓解国内粮食供给压力,不仅在经济上存在风险,还可能威胁到一国独立自主的内外政策和国际地位,具有很大的政治风险。"民以食为天",中国的中央政府应大力支持农业发展,实现粮食产量的平稳增长以预防可能出现的粮食危机。但是,在当前的中央政府运作过程中,农业部关于加强第一产业发展的政策却受到各方利益的掣肘。例如,2010年,农业部发文指出当年农产品价格整体上涨趋势明显并预测价格未来仍将高位运行,与此同时,包括工信部在内的其他两个部委却正在联合行动遏制物价上涨,尤以农产品为代表的消费品价格首当其冲。特别是工信部将物价上涨可能带来的通货膨胀归咎于农产品价格的上涨,主张对农产品价格进行行政干预。本研究认为,从国家的整体利益来看,粮食问题是关系到国计民生的重大战略问题,应该在不违背市场规律的情况下实现农产品价格的稳定上升,以促进第一产业的发展,避免粮食危机的产生,从而预防粮食安全问题可能带来的政治风险。

从政府间关系(即部门间关系)的角度对中央政府各部门之间的关系进行分析,发现其存在着冲突、竞争或者消极配合等问题。正是由于这些部门在处理某一社会事务时与其他部门发生的冲突、竞争或者消极配合的关系,导致中央政府的行政效率下降、权威有所降低、管理突发事件的能力受到损害,并增大了国家在国内和国际社会上的各种风险。为此,必须加大对中央政府各部门之间关系的协调,促进各部门在运作过程中的相互协作、积极配合,尽可能地减少冲突、竞争和消极配合的现象,从而避免这些现象带来的种种危害。因此,加强中央政府部际协调,在中央政府各部门之间建立稳固的合作关系,不仅可以提高中央政府的行政效率、维护中央政府的权威、提升中央政府管理突发事件的能力,更重要的是可以预防国家可能面对的各种风险,防患于未然。但是,中央政府部际协调在实际的运作过程中也面领着很多的困境,不仅使协调不能发挥出应有的效果,甚至沦为实现部门间协调配合难以逾越的障碍。

二、中央政府部际协调的困境

"困境"是指一种进退两难的矛盾状态。对"困境"最著名的研究是博弈论中的"囚徒困境"(prisoners' dilemma),为分析人类活动中两个及以上的人选择合作或者不合作行为的原因提供了一个独特的经济学视角。同样,困境也可以用到对中央政府部际协调所面对的困境的研究上来。

(一)政治困境

在第一章中,我们曾经分析过,中央政府部际协调最明显的特征之一就是具有很强的政治性,主要体现在政府的政策制定和执行过程中政治和行政之间的互动上。但这种互动更多的是一种非良性的互动,尤其是政治方面对协调中央政府各组成部门之间的关系时所持有的消极、被动态度和政治机构在实现中央政府部际协调过程中所具有的不可替代的作用之间的矛盾,形成了中央政府部际协调主要面对的政治困境。

古德诺因其对政治与行政二分法的详细阐述而闻名,但是他对于公共行政学最大的贡献是,提出政治与行政的截然分开是不可能的,关键是要在两者之间实现协调一致。"为了在国家意志的表达与执行之间求得这种协调,就必须或者牺牲掉国家意志的表达机构的独立性,或者牺牲掉国家意志执行机构的独立性。要么执行机构必须服从表达机构,要么表达机构必须经常受执行机构的控制。"①古德诺认为,表达机构对执行机构的适度控制应该是实现协调的基本途径之一,而表达机构对执行机构的适度控制不仅是实现政治与行政之间协调的基本途径,也是实现执行机构内部协调的主要方法。因此,古德诺对英、美两个国家控制方法进行分析的路径,也为分析政治机构在实现中央政府部际协调中的作用和方法提供了指导。政治机构通过以下两种途径影响中央政府内部各组成部门之间的协调的:一是通过议会进行协调。在英国,这是通过内阁对议会负责的制度实现的,即内阁(中央政府)全体成员团结一致地面对议会并向议会负责的制度。根据这种制度,大臣们也就是各部门的行政首长不仅要为自己掌管的部门负责,而且要为所有其他部门的工作负责,从而保证了各部门之间具有了一定的一致性,实现了中央政府的部际协调。二是通过政党体制进行协调。在美国,受到三权分立体制的影响,这种政治机构对执行机构内部运作过程进行的协调不可能在体制内找到,只能在体制外也就是通过政党体制实现的:政党通过参加总统(政府首脑)选举并成功当选,从而实现政治对行政的控制。而内阁成员和行政机构的高级官员都是由总统任命经参议员批准的,只对总统负责,因此,按照这种责任关系,内阁成员和行政机构的高级官员应该效忠于总统,各行政机构之间协调、合作、相互支持,以忠实地贯彻和执行总统的纲领和指示。总之,议会或者政党作为国家意志的表达机构都具有强烈的政治意愿加强对执行机构的控制和协调,以促使其准确无误地执行国家的意志。而这种强烈的政治意愿是协调的一个有效工具。② 也就是说,议会和政党强烈的政治意愿是实现中央政府部际协调的有效工具,具有其他机构和制度都不可替代的作用。这种作用在政府组织结构的改革方面体现得

---

① 【美】F. J. 古德诺著,王元译. 政治与行政. 北京:华夏出版社1987年,第14页.

② B. Guy Peters and Donald J. Savoie. Managing Incoherence:The Coordination and Empowerment Conundrum. Public Administration Review. Vol. 56, No. 3, May – Jun. , 1996. p287.

尤为明显,从最广泛的意义上讲,政府结构的改变都是政治驱动的,①包括实现部际协调的组织结构改革同样也受到了政治方面的驱动。例如中国中央政府即国务院进行的大部制改革,就是按照之前党的十七大报告关于实行大部门体制改革的要求展开的。特别是到了二十一世纪,政府面临的许多核心问题都是一系列的政治问题,解决这些问题都需要政治上的领导。

　　从理论和实践上看,政治机构在中央政府部际协调中都起着重要的作用。但是,在中央政府部际协调的实际运作过程中,政治方面对协调中央政府各组成部门之间的关系时的意愿并不强烈,甚至是消极和被动的,因为"协调看似简单,但往往因政治因素的介入而变得极其困难。积极投入协调的组织,可能会因此失去了舞台、预算、特权,严重者甚至自身难保"。② 这与政治因素在中央政府部际协调中不可替代的作用背道而驰,形成了中央政府部际协调面对的主要政治困境,使得被协调者(中央政府各部门的行政首长)进退维谷,因为各部门正常运作所需要的资金都来自于政治上的拨款。例如,澳大利亚的昆士兰州政府③所实行的 GSD 项目作为加强政府各机构之间协调的措施虽然取得了很大的成绩并得到了来自政府和社会各界的热情支持和认可,但是最终被废除。该项目政府执行小组的大部分成员认为缺乏来自高层的政治支持是项目难以继续运行的首要原因,主要体现在项目运行所需要的资金预算得不到议会的批准。④ 对协调的政治意愿不强烈是由多方面的原因造成的:首先是政治方面主要指政治首脑对中央政府部际协调的认识不到位。"横向协调被理所当然地认为是部委内部官僚们应该履行的职

① Rober Gregory. "New Public Management and the Ghost of Max Weber" in Tom Christensen. and Per Lægreid Transcending New Public Management:the transformation of public sector reforms ,. Ashgate Publishing, Ltd2007. p223.

② Vernon. Bogdanor . Chirstopher Hood. Perri 6 , Joined – Up Government[C]. London: Oxford University Press2005. p91.

③ 澳大利亚实行联邦制,州政府不是由中央政府建立的,每一个州都拥有独立的立法、司法和行政权。因此,州政府构建协调机制的实践经验也可以应用到中央政府对构建部际协调机制的考量中。

④ Keast Robyn and Brown Kerry . The Government Service Delivery Project:A Case Study of Push and Pull of Central Government Coordination. PublicManagement Review. [J]Vol(4)2002. 23.

责,所以在政治上完全缺乏对横向协调的兴趣。"① 协调经常被视为是一种自然而然发生的事情,特别是在中央政府之中,各部门部长被认为是向议会或者政府首脑负责,并忠实执行其纲领和政策的。但是,在实际运行中,由于受到日益强大的利益集团的影响,各部门的部长并不是以贯彻执行议会或者政府首脑的命令、从而满足选民或者顾客需要为其行为的第一准则的,而是以满足利益集团的需要为首要行为准则。例如,运输部的真正顾客不是驾驶员和公交乘客,而是公路营造商和公共交通。住房和城市发展部的真正顾客不是贫穷的城市居民,而是房地产开发商。② 社会上各种利益的多元化导致部门的分裂,使得政府各部门之间除非有外部因素的介入很难取得协调一致。

其次,对协调的政治意愿不强烈是由于受到选举和任期制度的影响。特别是在西方国家存在着政务官和事务官之分,政务官是指通过不同的选举制度而产生的国家元首、政府首脑、行政首长(各部部长),以及经各种政治性任命而任职的内阁成员或其他政府组成人员,实行任期制;事务官则泛指除政务官之外的政府行政人员,一般是通过竞争性考试被择优录用的,其任职不受竞选结果的影响,具有一定的稳定性和长期性。因此相较于事务官,政务官更注重短期的、具有立竿见影效果的政策的制定和执行,以不影响其在下一个选举周期的成功当选或者继续获得政治上的任命。所有的研究发现,各种服务之间的协调和整合不仅必要而且非常有价值,但这些研究也发现,在结果出现之前,协调和整合必须持续几年的时间。③ 同时,协调的效果也不明显。根据英国学者克里斯托弗·福斯特对自己在内阁的亲身工作经历的回忆,他认为"在我个人的片面的记忆之中,协同合作通常是艰难的或者不太令人满意的"。④ 所以,政务官特别是政府首脑不仅对部际协调的政治意愿不强烈,甚至采取消极、被动的态度。对他们来讲,最简单的政治回应

---

① Thurid Hustedt and Jan Tiessen . Central Government Coordination in Denmark, Germany and Sweden – An Institutional Policy Perspective ［C］. Potsdam . Universit ätsverlag Press, 2006. p51.

② 【美】戴维·奥斯本、特德·盖布勒著,周敦仁等译. 改革政府——企业家精神如何改革着公共部门. 上海:上海译文出版社 2006 年,第 120 页.

③ Perri 6. Diana Leat. Kimberly Seltzer and Gerry Stoker. Towards Holistic Governance:The New Reform Agenda. ［C］, Basingstoke:Palgrave2002. p63.

④ Vernon. Bogdanor . Chirstopher Hood. Perri 6 , Joined – Up Government［C］. London:Oxford University Press2005. p120.

是什么都不做并将问题留给下一届政府。①

　　政治机构在中央政府部际协调中的重要性与政治机构尤其是政治人物对部际协调的意愿下降形成了中央政府部际协调面对的主要政治困境,也使中央政府部际协调陷入了一个怪圈:为了更好地执行政治机构所表达的国家意志,中央政府各部门之间必须实现相互配合、协调一致,而政治机构却很少关注政府内部的运作尤其是部门之间的协调过程,不但没有给予应有的支持甚至成为协调的一种障碍。

　　(二)经济困境

　　"协调一致"不仅面对着选举时代出现的分裂威胁所带来的政治约束,还面临着要组织一个大而复杂的机构去合理运用稀缺公共资源的需求所产生的经济压力。② 也就是说,中央政府各部门必须通过协调配合才能合理地运用有限的公共资源并实现资源效益的最大化。这就要求参加部际协调的各部门将本部门的资源部分甚至全部资源贡献到共同事项的解决上来,通过对中央政府各部门贡献的资源进行优化组合以发挥其最大价值。但是,在实践中,"公共机构对于合作事业的贡献表现为人员(通常是被派往跨部门团队中工作)、设施、信息或设备,但几乎从不涉及金钱。"③在没有议会或者内阁相关财政部门专项拨款的情况下,中央政府部际协调中的资金缺乏导致其陷入经济困境之中难以自拔。

　　中央政府部际协调面临的经济困境主要包括以下两个内容:

　　首先,中央政府部际协调是一个非常耗时和耗费资源的活动。如前所述,中央政府作为一个大而复杂的公共组织是按照功能原则进行分工的,韦伯将这种专业化分工视为其理想官僚制模型中最显著的特征,这种专业分工原则提高了政府各部门的职业化水平和效率,一度成为公共行政学领域不可动摇的"行政谚语"。这个"谚语"也是著名管理学家西蒙的主要批判对象,对实践中简单地按照韦伯的分工和专业化原则设置组织提出质疑并对此问题进行了较为深入的理论思考。

① B. Guy Peters and Donald J. Savoie. Managing Incoherence:The Coordination and Empowerment Conundrum. Public Administration Review. Vol. 56, No. 3, May – Jun., 1996. p283.

② Michael Di Francesco. Process not Outcomes in New Public Management? 'Policy Coherence' in Australian Government. The Drawing Board:An Australian Review of Public Affairs. March 2001 Volume 1, Number 3. p105.

③ 【美】尤金·巴达赫著,周志忍、张弦译. 跨部门合作——管理"巧匠"的理论与实践. 北京:北京大学出版社 2011 年,第 137 页.

西蒙认为,按照专业化分工原则对一个组织的任何划分(子系统)都会产生程度不同的外部性。① 这种外部性是由于忽略了各个不同部门之间相互依赖性而形成的,也就是部门之间的协调问题。而这种协调问题的解决是需要大量成本的,远大于专业化分工所带来的收益水平。加拿大对这种协调问题进行管理的一项重要研究指出,对部门间的协调问题的管理只有在深思熟虑并对所涉及的成本进行估算后才能启动。② 而这些成本即使不涉及具体的金钱数额、人员、设施信息和设备等都可以转化换算为资金。此外,政府各部门有它们自己的工作规则、文化和语言——所有这些都是他们运作的一部分。而横向部门间的协调工作需要各部门重新认识新的程序、文化和语言,这也给协调问题的解决增加了沉重的成本压力。③ 总之,解决中央政府各部门间的协调问题所涉及的成本可能是巨大的。

其次,对于实现中央政府部际协调的一个关键的问题是,当部长的热情衰退时,如何维持对协调的激励呢? 对这个问题的回答依赖于协调带来的收益有多少。④ 但是,与解决协调问题所需要的资金投入也就是成本相比,从短期来看,中央政府部际协调带来的收益却不是很明显。特别是在西方政治制度的影响下,政治的时间跨度要求快速见效的结果,导致政府各部门部长不太愿意将过多资源投入到协同战略中,即使他们亲身经历并体会到了部门之间的对立甚至冲突对于政府工作带来的不利影响,"因为不管是竖井心理(silo mentality)导致的消极结果还是联合工作带来的积极回报都不大。"⑤ 不管是物质上的还是政治上的收益,协调的收益都应该超过每个层级的政府成本,中央的或地方的政府。但事实正相反,从成本—收益的角度进行分析,中央政府部际协调获得的收益可能远远少于其所涉及的成本投入。

---

① 杨冠琼、吕丽、蔡芸. 政府部门结构的影响因素与最优决定条件. 中国行政管理 2008 年第 7 期,第 24 页.

② Tom Christensen. Anne Lise Fimreite and Per Lægreid . Reform of the employment and welfare administrations——the challenges of co – ordinating diverse public organizations. International Review of Administrative Sciences September 2007 vol. 73. p405.

③ V. Bogdanor (ed.) , Joined – Up Government [C]. London:Oxford University Press2005, p108.

④ 同上第 108 – 109.

⑤ 同上. 第 146.

(三)文化困境

个体主义与整体主义之间的对立是困扰文化理论研究的一大难题:按照《简明不列颠百科全书》中对"个体主义"(individulism)的解释,是指一种政治和社会哲学,高度重视个体自由,广泛强调自我支配、自我控制、不受外来约束的个体或自我;①而整体主义(holism)与之相反,强调以整体为中心,整体重于个体,在价值取向上也坚持以整体价值的实现为中心,个体没有独立存在的价值,个体作为整体的部分依附于整体,且无条件的服从整体。个体主义与整体主义的对立也反映在强调中央政府整体价值的文化与强调政府各部门甚至部门内部的部门(例如中央部内设的司局)的价值的文化之间的对立上,这种对立形成了中央政府部际协调面对的文化困境。

如果说新公共管理是新自由主义和个体主义指导下形成的理论范式,那么后新公共管理在某种意义上讲就是整体主义在公共行政学研究中的回归,核心内容之一就是强调政府中共同文化也就是整体文化的创建。整体主义将中央政府视为一个整体,认为整体先于个体并决定个体,这是整体主义方法的基本假设和出发点。也就是说,整体主义文化假设中央政府各组成部门及其行政人员共存于一个被广泛认同的整体之中,以共同的价值观作为其行动的准则,并自愿接受中央政府这个整体的指导并服从其命令和指挥。这与法国社会学家迪尔凯姆的观点相符合,他认为以劳动分工为基础的社会组织产生了一个明显的团结形式(他称之为"有机团结")或者是为了避免冲突、重叠或重复的潜在问题而产生了关于共同目的的意识(他称之为"自发共识"),不管是"有机团结"还是"自发共识"都是整体主义文化在包括中央政府在内的社会组织中的体现。

与整体主义文化相反,美国政治学家阿尔蒙德采取个体主义方法对政治文化进行了研究,他认为:"'政治文化'一词表示的是特殊的政治取向,即对政治系统和系统各个部分的态度,以及对系统中自我角色的态度。"②即政治文化是个体的而不是整体的,按照阿尔蒙德政治文化的定义去理解,中央政府没有整体文化,如果有,也只能是中央政府各部门及其行政人员的政治态度趋向统计的加总,也就是说中央政府的整体文化是政府各部门及其行政人员的价值观的结合。在现实

---

①　罗国杰. 罗国杰自选集. 北京:中国人民大学出版社 2007 年,第 307 页.

②　【美】加布里埃尔·阿尔蒙德、西德尼·维伯著,徐湘林等译. 公民文化. 北京:华夏出版社 1989 年,第 14 页.

中,当前各国中央政府的各部门及其行政人员也确实在各自的专业领域范围内形成了具有本部门特色的思维和行为模式以及价值观,因为中央政府各部门都被赋予了行政立法权,是具有一定独立性地位的单个行政主体。按照个体主义方法,更进一步地讲,中央政府各部门相对于其内部行政人员而言,也是一个整体,其部门文化的形成也是由行政人员个体的思维模式和价值观所组成。中央政府各部门的大多数行政人员作为行政行为的具体实施者,基于个人的专业知识在共同的工作领域和长期的共同工作过程中形成的共有的行为模式和价值观念。

综上所述,从两种方法论的角度出发来构建中央政府整体文化路径是截然相反的:按照整体主义方法,中央政府整体文化的构建强调共同目标的实现,排斥部门文化,更加拒绝个体文化;而按照个体主义方法,中央政府整体文化的构建需要从作为单个行政主体的部门文化甚至部门内部行政人员的个体文化的培养入手,因为所谓的整体是不存在的,整体文化的实质是部门文化或者说是个体文化的构成。显然,两种路径都具有整体主义和个体主义所固有的缺陷。个体主义的致命缺憾在于,它片面夸大了个体的行为能力,忽视了中央政府作为一个严密的组织结构所具有的结构性因素诸如制度、规范等对行政人员个体行为能力的约束与限制,具有浓厚的唯意志论色彩,简化了对中央政府及其所面对的社会问题的复杂性的认识。而整体主义的致命缺陷在于它过度强调了制度和规范对中央政府各部门及其行政人员的约束性,忽视了行政人员的认知、行为能力以及创造能力。

(四)技术困境

目前为止,理论界最著名的困境分析是博弈论中对"囚徒困境"(prisoner dilemma)的分析。通过对囚徒选择合作还是背叛行为的分析,得出结论:囚徒们虽然彼此合作,坚不吐实,可为全体带来最佳利益(无罪开释),但在资讯不明的情况下,因为背叛同伙可为自己带来利益(缩短刑期),也因为同伙把自己招出来可为他带来利益,因此,彼此背叛虽违反最佳共同利益,反而是自己最大利益所在。而破解囚徒困境的关键在于改变资讯不明的状况,实现信息的交流和共享。对囚徒困境的分析也可以应用到对中央政府部际协调面对的困境的分析中,部门之间交流和沟通的缺乏是中央政府部际协调难以实现的主要原因,而通过加强部门之间的交流以实现信息的共享是实现中央政府部际协调的主要途径。正如美国未来学家奈斯比特预言的一样,"未来的机构将以网络组织为模式建立自己的管理系统。这些系统将设计成为能够提供横向及平行,甚至多向重叠的联系。"①网络等信息技术使人们更多地关注于组织内部机构之间横向及平行的关系,为改变包括中央政府在内的大型组织中"纵强横弱"②的现象提供了有力的工具。目前,各国中央政府都开始了整体化、联结式电子政府的建设,不仅依托网络实现了政府和服务对象(公民)的互动,也在政府内部实现跨机构、跨层级(中央政府各部委之间、中央与地方政府之间)的交流和协作。特别是基于政府内部横向机构之间的相互依赖性,通过信息技术对其进行业务流程重组,实现政府内部各部门之间的联系和沟通,不仅实现了部门间信息的共享,还大大减少了部门之间的重复建设,节约了彼此的交易成本,提升了政府的行政效率和行政力量,从而为服务对象提供更好的整合信息和服务。但是,奈斯比特也告诫人类"不要忘记科技的两面性",信息技术的迅猛发展也可能使中央政府部际协调陷入技术困境的"漩涡"之中,难以自拔。所谓技术困境,指中央政府各部门在进行协调的技术活动中所处的两难境地。主要表现在以下几个方面:

1. 技术效应困境

技术效应困境是指技术的正效应与负效应如影随形,同步发生。人们在享受技术正效应的同时,必须忍受技术负效应的折磨。尽管技术的负效应可能小于正效应,一些人过多地享用了技术的正效应,而另一些人可能过多地分担了技术的负效应,但是技术负效应总是存在的,直接或间接地影响着人类。③ 与传统政府部门间沟通会产生大量纸质或其他载体文件一样,实现部门间信息共享的电子政府也会产生大量的电子档案和电子文件,由于这些电子文件和档案因为没有纸质文件的成本限制和在部门间传递的空间、时间限制,它的产生将呈现出几何式增长态势,大量的电子文件和档案不仅不会提高部门间交流的效率,还会因"信息过剩"导致效率的降低。这种技术效应困境已经出现在了私人企业中,英国路透社下属的一家公司曾对1300名欧洲各国的企业经理进行调查,有百分之四十以上的被调查者承认,由于每天要处理的信息超过他们的分析和处理能力,他们的决

---

① 【美】约翰·奈斯比特著,梅艳译. 大趋势——改变我们生活的十个新方向. 中国社会科学出版社1984年,第203页.

② 所谓"纵强"就是部门系统内部机构纵向的系统建设比较好,"横弱"就是政府部门横向的互联互通普遍存在障碍,或者即使互联也不互通.

③ 王伯鲁. 技术困境及其超越问题探析. 自然辩证法研究2010年第2期,第36页.

策效率已经受到影响。用韦伯的话讲,用来将组织内部各部门从复杂的沟通活动中解脱出来的信息技术反而成为阻碍效率、禁锢各部门的"铁笼"。政府各部门陷入对各种电子文件和档案的分析处理中,而忽略了部门间沟通的真正目标。

2. 技术风险困境

"技术丰富了我们的生活,同时也带来了风险——特别是那些未知的风险。这是一个令人不安的利弊共存的问题。"①电子政府一般由外部网和内部网两个部分组成,外部网主要用于政府与外部服务对象的沟通及信息的发布和采集,内部网主要用于政府内部各部门之间的信息交换。通常来说,技术系统越复杂、功能越强大,技术风险也就越大。由于政务活动不同于商务活动,它关系到政府部门乃至整个国家的利益安全。因此。中央政府作为一个庞大的公共组织,其电子政府建设所需要的技术系统也非常复杂,特别是在实现内部网的互联互通以后,因各部门电子政府建设的水平参差不齐,一个部门因维护不当引起的病毒感染或许会导致整个中央政府电子系统的崩溃。总之,中央政府各部门网络的互联互通在使各部门信息的交流更加频繁畅通的同时,也使整个政府面对的技术风险成倍增长。

三、中央政府部际协调困境形成的原因

一方面,从部门间关系存在的问题进行分析,中央政府各部门之间的冲突和竞争及其带来的危害,急需中央政府加强对各部门之间的关系进行协调,中央政府部际协调具有消减或缓和冲突、提高行政效率等重要作用;但另一方面,从中央政府部际协调本身所面对的各种困境来讲,当前各国中央政府在对各部门之间的关系进行协调时普遍出现了一些问题,使协调难以发挥出应有的作用甚至沦为中央政府内部运转的一大障碍。这是当前各国中央政府在协调部门间关系时都普遍面临的一大难题。中央政府部际协调面对的困境之所以难以超越,是因为造成部门间关系问题以及协调困境的原因是复杂的,既有部门主义和组织(部门)文化等主观原因,还有政治、法律法规等方面的制度原因,更重要的是,社会棘手问题增多、部门之间差异等客观原因的存在是协调问题内在于中央政府之中难以解决

---

① 【美】H. W. 刘易斯著. 杨建、缪建兴译. 技术与风险. 北京:中国对外翻译出版公司1994年,第4页.

的根本原因。

(一)客观原因

随着社会的发展,社会棘手问题逐渐增多,其复杂性程度远远超过韦伯所处工业社会出现的各种问题。社会棘手问题内在的复杂性和相互依赖性挑战了现代官僚制专业化和部门化的组织结构,要求组织内部各部门不仅要熟知本部门的专业知识,还要对其他部门的知识有所了解,以进行跨部门的协作。但是,由于政府部门之间差异的存在和对效率的追求,专业化和部门化的分工也是不可避免的。社会棘手问题的发展与专业化分工之间的矛盾构成了部门间冲突的客观原因也是根本原因。

1. 社会棘手问题增多

中央政府部际协调作为公共行政研究的主要内容,其目的主要是消减或缓和中央政府组织内部的冲突,以联合起来解决共同面对的社会问题。但是,近年来,不管是在中国还是在西方国家,中央政府消减内部冲突、进行部际协调的各种体制(机构设置等)和机制(方式、方法和技术)等都收效甚微,社会公众、专家学者甚至政府官员都对政府部门之间相互扯皮和摩擦现象进行了公开的批评,尤其是当涉及重大社会问题的"政府失灵"的时候,社会各界往往会把责任归咎于政府组织内部难以做到协调一致上。中央政府实现内部协调一致、以解决社会问题的能力遭到普遍质疑。如何理解这种在世界范围内都普遍存在的协调困境?为了理解这些问题,我们必须首先理解当代的社会问题也就是棘手问题(wicked problem)到底具有哪些与传统社会问题不同的特征和性质?是什么原因导致政府传统的协调方法难以解决这些日益增多的棘手问题?

在当代社会,政府官员和其他大型公共组织的管理者都面对着大量难以解决的问题,即使使用当前我们最复杂的分析工具也很难找到解决的方法。尤其是在过去几十年,全世界的政府面临的这一系列问题逐渐增多,包括政治和全球经济的变化,恐怖袭击、生物安全的威胁,公民日益增长的需求等,这些社会问题因具有不同于以往社会问题的特征,而被统称为社会棘手问题。它具有以下特征:①对于社会棘手问题没有明确的表述;实际上,在"问题"究竟是什么原因造成的,还存在着普遍的分歧;②因为对问题没有明确的定义,所以提出的解决方法也是无限制的。于是,这些问题所涉及的利益相关者们竞相提出一些可以相互替代或者彼此冲突的解决方法,但是这些棘手问题不存在可列举的或者可穷尽的解决方法,也不存在设计良好的、可行的计划实施方案,甚至由于问题结构的逻辑冲突,根本就找不到解决方法。③解决棘手问题的过程是复杂的,因为一些限制因素经常发生改变,例如资源和政治分歧等。④棘手问题的解决方法不存在正确与错误之分,只存在更好或者更坏之分,判断棘手问题解决方法的有效性的标准,严格地依赖于利益相关者的主观判断或者评价。⑤既不存在即时的也不存在最后的关于解决棘手问题的绩效的检验方法。⑥每个棘手问题都具有多种因果性解释,每种解释都内在地决定了问题的性质与解决方法。总之,棘手问题与简单问题不同,因为简单问题在问题的定义以及解决方法上面可以很轻松地达成一致;棘手问题与复杂问题也不同,因为虽然在复杂问题的解决方法上存在分歧,但是对于问题的认识是一致的。所以,棘手问题给传统的线性问题解决方法——也就是确定问题、收集和分析数据、制定解决方案并实施的传统方法——提出了挑战,尤其是在面对一系列的棘手问题时,这种传统方法已经失效。但是更糟糕的是,(面对棘手问题)现在还没有出现可以替代的解决方法。①

棘手问题分布广泛,不仅发生在国内(例如教育、医疗、食品安全等问题)还发生在国际社会上(例如 IS 全球恐怖主义、叙利亚难民危机等),因此相较于地方政府,棘手问题给中央政府带来了更大的挑战。主要表现在以下几个方面:首先,棘手问题对中央政府传统的组织划分方法带来了挑战。众所周知,中央政府作为一个大型公共组织是按照功能进行划分的,每个部门都有各自的职责范围。但是,由于缺乏对棘手问题的定义,因此很难将棘手问题划分给某一个部门,棘手问题的解决往往需要跨部门的联合行动。例如,环境保护问题不仅仅是政府环保部门的问题,也需要政府农业部门、工业部门等多部门的配合。由于棘手问题产生的原因有很多,每个棘手问题都具有多种因果性解释,属于同一类国家权力的任务不可能绝对地赋予该种国家权力的行使机构,所以职能上的交叉和人事方面的重合是不可避免的。其次,棘手问题对中央政府各部门传统的解决问题方法带来了挑战。"棘手问题的例子有社会排斥、毒品、酗酒和犯罪——问题似乎深深地植根于社会,且与传统的部门解决方法极不相容。"②这是因为由于棘手问题的不确定

---

① Nancy Roberts. Wicked Problems And Network Approaches To Resolution, International Public Management Review. Volume1. Issue1. 2000,p2.

② Vernon. Bogdanor . Chirstopher Hood. Perri 6 , Joined – Up Government[C]. London:Oxford University Press2005. p6.

性或者它的产生原因的不确定性或者对于解决问题方法难以达成一致,导致棘手问题的解决方法是不容易找到的,就算找到也是很难理解的。之所以难以理解,是因为这些解决方法所包含的知识肯定会超过任一部门基于本部门知识所能理解的范围,反过来,政府部门如果想按照传统的方法——部门单独决策——来解决棘手问题也是不可能的。

社会棘手问题挑战了官僚制理论中的专门化分工原则及其指导下建立的"鸽笼式"组织结构。政府部门的划分不可能像鸽笼一样界限分明,因为"机构无法垄断领域,领域的界限并不清晰"。① 美国行政学家詹姆斯·W. 费斯勒和唐纳德·F. 凯特尔认为,把一个商业公司看作边界清晰的组织系统很容易,但在公共部门将遇到困难。当然,有人能形式主义地简单断定农业部是具有精确边界的独特系统,政府内外的其他一切事物仅仅是农业部的环境。不过,相比于公司所要求的,法律、政治和组织实体赋予农业部自治权小得多,边界更不清晰。农业部是行政机关的一部分,许多重要决策需要其他部、总统和中央机构的合作。② 虽然社会棘手问题排斥对政府内部组织结构按照专业化进行分工,但是目前为止还未出现一个可以替代官僚制组织的其他组织模型,并且由于政府部门之间存在的差异,专门化分工仍然是当前大型组织的首要原则。

2. 政府部门之间的差异

政府官僚机构并非单一的、铁板一块的,各个部门都是可以用一组固定的特征进行描述的实体。政府各个部门之间的差异是客观存在的,造成这些差异的主要原因有以下几种:

(1)政治环境的差异

政府各部门及其行政首长对于本部门的战略计划、目标设定和规则制定方面只有有限的决策权和控制权,这种控制的程度究竟如何取决于这些部门所面临的政治环境。而一个政府机构所面临的政治环境主要有以下四种情况:第一种情况是占主导地位的利益集团支持它的目标;第二种情况是占主导地位的利益集团反对它的目标;第三种情况是两个或者更多互相敌对的利益集团围绕着它的目标展开冲突;第四种情况是不存在重要的利益集团。在(政府各部门的)工作人员确定

---

① 【美】詹姆斯·W. 费斯勒、唐纳德·F. 凯特尔,陈振明、朱芳芳译. 行政过程中的政治——公共行政学新论. 北京:中国人民大学出版社2002 年,第60 页.
② 同上. 第58 - 60 页.

任务时,他们所面临的不同环境对他们会产生不同的影响作用。[1] 例如,受第一种政治环境的影响,政府机构每天要与单一的、组织化的集团打交道,政府部门及其行政首长的选择受利益集团的影响比较大,是政府机构变成仅为某一利益集团服务的客户机构,例如英国学者桑普森就观察到,农业、渔业和粮食部与称霸奈茨布里奇的全国农民联盟有包罗一切的爱憎关系,贸易和工业部在威斯敏斯特的阴森可怕的大楼后面与公司经理搞起了联盟。[2] 在这种情况下,政府部门及其行政首长对本部门决策进行控制的有效程度通常比较低。此外,类似美国森林管理局这样的机构则必须同好几个力图影响该机构目标和计划的相互竞争的利益集团打交道,虽说这会降低它们的自主性和决策的时间性,但是,只要相互竞争的利益集团在权力和影响力方面达到平衡,政府部门及其行政首长还是能够达到相当程度的有效控制。在这种情况下,利益集团的压力通常会给决策设定界限,只给政府部门及其行政首长留下较小程度的自由去规定机构的使命、决定哪种是符合立法者的意图和职业规范的最佳方法。

　　总之,高度政治化并且高度敌意的环境限制了政府部门及其行政首长究竟能够做什么以及能够期望达到什么样的结果。由于他们的选择受到有权力的利益相关者的限制,相比处于更加平和环境中的政府部门及其行政首长而言,政府部门在规定自己的任务、创造大家共识的使命感、用直接和有效的方式追求战略目标等方面具有更少的自由。不同政治环境中所包含的利益关系决定了政府部门及其行政首长不同的思维模式和行为方式,造成了政府各部门之间的差异。

　　(2)技术上的差别

　　政府机构进行组织、管理的方式是否用常规的、可预见的方式工作,这一切部分有赖于他们运作过程中所使用的技术手段。这里所指的技术广义上指的是组织执行其任务时所采用的工具系统和技术。美国社会学家詹姆斯·D.汤普森创造了一种能够按照组织的核心技术进行分类的体系。[3] 其中,长久连接的技术涉

---

① 【美】詹姆斯·Q. 威尔逊,孙艳等译. 官僚机构:政府机构的作为及其原因. 北京:生活·读书·新知三联书店 2006 年,第 101 - 102 页.

② 【英】安东尼·桑普森著,唐雪葆、邓俊秉等译. 最新英国剖析. 北京:中国社会科学出版社 1988 年,第 210 页.

③ 【美】詹姆斯·D. 汤普森著,敬乂嘉译. 行动中的组织——行政理论的社会科学基础. 北京:上海人民出版社 2007 年,第 15 - 18 页.

及连续操作的、相对常规的任务,在政府部门中,这种类型的技术发生在必须处理的文字工作或者对常规情况进行的调查的工作中,例如审计部门审计税收报表等,公安部门进行刑事侦查等。中介技术把人联系在一起,以便满足他们各自的需要。例如就业保障部门的工作就是要在应聘和招聘的人之间建立一种联系,与长久连接技术相比,这种工作技术较少常规性,因为它把各种在时间和空间方面各不相同的服务对象安排在一起,因此,这种组织需要一种不仅仅限于运作程序的标准方法。而精密技术涉及用无法标准化的方法改变一种产品或者一个人,因为组织中工作人员的行动必须根据不断的评估和反馈来决定。

　　虽然汤普森的分类对于区分不同的政府机构仅仅跨出了一小步,但这种分类确实提出了技术如何影响到目标的设定、人的管理以及工作的结构。在现实生活中,不同的政府部门不仅采取不同的技术来处理本部门工作,甚至针对同一种问题也采用了不同的技术来处理。例如,英国学者马丁·罗吉和克里斯托弗·胡德在对社区凶猛宠物狗的研究中指出,对宠物狗的前期管理是内政部(the Home Office)的职责,后期的处理则是环境、食物和农村事务部的职责(the Department of the Enviroment,Food and Rural Affairs),这两个部门按照不同的法律依据并采取不同的技术方法来处理同一问题,势必会产生一些矛盾和摩擦。总之,技术上的差异不仅造成政府部门在目标设定等方面的差异,在处理同一问题时,还将导致部门之间的冲突。

　　此外,当代社会是一个信息社会,政府部门之间技术上的差别还表现在各部门应用电子信息技术方面所存在的差异,这种差异阻碍了部门间信息技术的联结或者整合。电子政府开始推行以来,世界各国和地区大部分将建设的重点集中于前台的网络服务上(例如网上审批和电子监察系统等),而忽略了后台的整合,许多部门都具有自己的、非一体化的 IT 系统,这导致大部分公务员不能通过 e - mail 与其他部门的同事联系。① 换句话说,政府各部门的电子政府建设尚处于一种各自为营的状态,建设水平参差不齐,政府部门之间在信息技术建设水平上的参差不齐是由多方面的原因造成的:一方面,从部门自身来讲,政府部门内部行政首长的重视程度以及内部行政人员计算机应用能力等方面的差异造成了部门信息技

---

　　①　Dennis Kavanagh. David Richards. Departmentalism and Joined – up government:Back to the Future? Praliamentary Affairs. 2001. (54),p9.

术建设水平的高低;另一方面,从部门间关系来讲,一些政府部门基于部门利益的考虑,通常以隐私为由阻碍信息分享并利用信息技术在部门之间人为地构建起了一堵堵信息"防火墙",从而加剧了部门之间在信息技术方面的差别。不管是何种原因,政府各部门在应用信息技术方面的差别不仅不能实现跨部门的整合,反而还会形成新的"信息鸿沟",使得政府各部门的计算机系统难以实现兼容并建立起整体性的电子政府系统,从而阻碍了政府各部门之间的联合行动,为社会提供高质量的、无缝隙的前台网络服务更是无从谈起。

(3)产出和结果的差别

美国学者詹姆斯·Q. 威尔逊根据政府机构的产出(直接的产品)和结果(最终结果)是否具体、能够观察,将政府部门分为四种类型:①产出和结果都能看到的部门,被称为生产型组织,例如税务部门的职员和审计师的活动(产出)可以被看到,而且可以用征收的税收量来衡量他们的工作(结果);产出可以看到,成果不能看到的部门,被称为程序型组织,例如卫生部门的活动(出台企业职工健康条例)可以被轻易看到,但是企业是否严格执行条例并且条例是否取得显著成效却很难被看到,更难以测量(因为有些企业生产排放出来的有毒物质对职工的损害可能要几年甚至几十年后才能显现出来);与程序型组织相反,工艺型组织的成果可以看到,但产出很难观察,例如司法部负责查处腐败分子,但查处的具体活动却很难看到;最后一种类型是解决型组织,它的产出和成果都不能被看到,例如外交部门中外交官的一些活动(例如,在外国政府与他们的对等官员进行私人会谈)不能被看到,许多工作成果(例如,国外对该国国家利益观点的变化以及国外对该国采取的行动在态度上的变化)也不能轻易地判断。人们普遍认为政府部门的管理者有责任制定清楚的目标和绩效标准、衡量产出和结果、让部门中的工作人员对结果负责,根据威尔逊的分析可以看到,一个政府部门是否可以建立起完善的绩效评估制度和行政问责制度,关键还是取决于该部门的产出和结果是否可以被观察到并被较准确的测量。

不管是受政治环境、技术还是产出和结果上差别的影响,政府各部门之间的差异都是客观存在的,每一个部门根据本部门所处环境、所具有的技术和本部门

---

① 【美】詹姆斯·Q. 威尔逊,孙艳等译. 官僚机构:政府机构的作为及其原因. 北京:生活·读书·新知三联书店 2006 年,第 212－225 页.

活动的性质,制定不同的规章、制度并选择不同的工作方法。这与当代社会学巨擘马克斯·韦伯的官僚制理论是相符合的,强调各部门的高度专业化也就是各部门之间的差异,以适应社会事务多样化、复杂化的要求。政府部门间这种差异存在的客观必然性是导致部门间冲突、竞争或者消极配合的客观原因,例如政府各部门基于职能发展出不同的专业术语(财政部的经济术语、卫生部的医疗术语),这些术语在政府内部构建了一个语言上的"巴别塔",①政府各部门及其行政人员因使用不同的术语而难以交流和沟通,从而为部门间冲突埋下了"隐患"。

政府部门之间的差别使政府内部不同的部门或者单位从不同的角度思考同一问题,用美国学者格雷厄姆·阿里森的话讲,"立场决定观点"(where you stand depends on where you sit),即部门看法的差异是不可避免的——某个部门的人与其他部门的同事看待事物的看法有所差别,这是因为他们的部门有不同的目标和做事方法,因为他们按照不同的方式思考和行动,而这些又是由于政治环境、技术和产出结果上的差异所决定的。例如,1996年美国的斯科特报告就曾指出,针对可能用于军事用途的商品的出口许可证的批准,不同的部门有不同的反应。正如克里斯托弗·福斯特指出的,英国贸易工业部认为只要有赢利的可能就应该颁发执照,因为他们的部门目标就是增加英国的出口额;外交部为了避免在国际上处于尴尬地位,有极其复杂的目标,它通常反对授予许可证;而国防部则不得不考虑授予许可证后可能导致的潜在的军事威胁。

总之,社会棘手问题增多使政府部门之间的职能交叉和重复不可避免,而科学设置机构、合理配置权限只能缓解部门间冲突,减少部门间冲突发生的概率,不能从根本上消除部门间冲突。同时,政府部门间差异存在的客观性也使得部门间冲突的发生不可避免。冲突的这种不可避免和难以根除使中央政府部际协调陷入了一个存在价值方面的困境,一方面冲突的不可避免及其带来的危害需要对部门间关系进行协调,但是,从另一方面讲,冲突的难以根除更多的是使协调沦为一种无用功。协调是否有价值? 答案是肯定的,虽然政府各部门间的冲突不可避免且难以根除,但是可以通过对部门间关系的协调尽可能地发挥冲突的积极作用,

---

① 据《圣经·创世记》第11章记载,是当时人类联合起来兴建,希望能通往天堂的高塔,称为巴别塔。为了阻止人类的计划,上帝让人类说不同的语言,使人类相互之间不能沟通,计划因此失败,人类自此各散东西。现在,巴别塔用来比喻使用不同的语言进行交流带来的困难.

因为"积极的冲突如果在没有利益因素的情况下,如果协调得好,就可以加强相关部门之间的合作"。[①]

（二）制度原因

美国学者爱德华兹·戴明认为,大多数组织只有15%的问题是由其有关的工作人员和管理人员引起的。其余85%的问题的根源在于这些人工作所涉及的范围更广泛的制度。[②] 中央政府作为一个规模庞大的公共组织,其大部分问题,当然也包括部门间关系所出现的问题(冲突、竞争或者消极配合)以及协调困境的出现都和制度因素有着密切的关系。

1. 政治制度

中央政府部际协调在本质上是政治性的,因为各国中央政府无论是决策还是执行阶段的协调活动,都受到了本国政治制度的影响。而在西方国家的政治制度中,最重要的内容就是政党制度与利益集团,它们以不同方式对中央政府的部际协调施加了影响,主要体现在以下几个方面:一是利益集团直接参与政府机构的活动导致的冲突和竞争。前面曾经分析过,按照不同的政治环境可以对政府机构进行划分,每一种政治环境的特征都是由利益集团是否参与决定的,政府机构的行为受利益集团的影响。美国学者古德赛尔也赞同这种观点,他认为政府中的官僚制组织都是外部利益集团的代表:在现代社会,官僚制组织的任务范围非常广泛,每一个利益群体都有相对应的政府机构作为代表,无论是农民、工人、科学团体、退伍军人、石油公司、学校教师,还是地产商人。现在,几乎所有的社会事务都能在政府机构中找到其行政代言人。按照古德赛尔的观点,每一个机构都代表着外部某一群体的利益,而碎片化的利益群体使得政府机构的碎片化日益加剧,整个政治体制方面的主要领域的政治冲突演变成了不同政府机构之间激烈的冲突。这种激烈的部门间竞争或者冲突使得协调需求变得更加迫切。二是政党制度对中央政府部际协调带来的消极影响。在西方国家,按照政治与行政二分法,通常将政府机构的工作人员分为政务官和事务官。事务官实行常任制,在政治上保持中立态度,具有一定的稳定性;而政务官通常指的是中央政府的内阁成员以及其

---

① 金国坤. 行政权限冲突解决机制研究:部门协调的法制化路径探寻. 北京:北京大学出版社2010年,第173页.

② 【美】戴维·奥斯本、特德·盖布勒著,周敦仁等译. 改革政府——企业家精神如何改革着公共部门. 上海:上海译文出版社2006年,第113页.

他得到政府任命的人员,他们一般随所属政党在政治选举中的胜负而共同进退,实行的是任期制;而且一旦政党首脑或者政府首脑因议会的不信任案而辞职或者被弹劾,内阁也将被解散。打一个比喻,政务官更像是中国政府中的"临时工",虽然这种临时性可以增加政府的灵活性、避免组织的僵化,但这种临时性对于公民而言,恐怕会比平庸的永久性雇员带来更多的麻烦,因为公民将不得不面对缺乏奉献精神和其他公共价值观的政府雇员。① 而这种奉献精神和公共价值观(合作等)的生成则是实现中央政府部际协调所必不可少的前提条件。换句话说,西方政党选举制度不利于在中央政府内阁成员(包括各部部长)之间培养相互信任以及合作等协调一致的活动所必需的精神和价值观。

2. 财政制度

中央政府部门间财政关系是部门间关系在经济方面的反映,是指中央政府内部财政部门与其他职能部门之间在财政性资金上的分配关系,其实质是物质利益的分配关系,是财政性资金分配与使用的权力在中央政府各部门之间的划分。由于这种财政性资金主要是通过规范的税收形式筹集收入的,具有一定的有限性,因此中央政府各部门之间围绕有限的资金展开了无限的冲突和竞争,主要体现在政府的预算过程中。美国学者威尔达夫斯基将预算称为通过政治途径来分配财政性资金的一种努力,他说道:"如果政治是一场为在决策过程中能占上风的斗争,那么预算就是这场斗争结果的记录。"②并且由于政府受到利益集团的影响,"如果把各种组织看成是各种政治联盟,那么预算就是它们为互相冲突的目标争执不休、大搞私下交易、你追我赶地为各自的利益奋斗的场合。"③部门间财政关系的冲突或竞争因为资源的有限性以及官僚机构对预算的最大化追求而变得不可避免。对于公共财政的学生来讲,政府各部门努力保护他们的预算更是一个公理。④ 但是,不同的财政制度尤其是预算的申请、审核、审批过程中的规定对于部门间财政关系的协调和规范具有一定的影响和作用。例如,目前各国政府预算的

---

① 【美】B. 盖伊·彼得斯著,吴爱明、夏宏图译. 政府未来的治理模式. 北京:中国人民大学出版社 2003 年,第 12 页.

② 【美】阿伦·威尔达夫斯基. 邓淑莲译. 预算过程中的新政治学. 上海:上海财经大学2006 年.

③ 竺乾威主编. 公共行政理论. 上海:复旦大学出版社 2008 年,第 222 页.

④ Vernon. Bogdanor. Christopher Hood. Perri 6,Joined – Up Government[C]. London:Oxford University Press2005. p143.

申请一般都是采取部门预算的办法,根据国际经验,它是政府各部门编制的、经财政部门审核后提交议会审议通过的反映部门所有收入和支出的预算。部门预算实施后,各部门进行预算编制的时间将大为提前和延长,预算编制也会细化到部门中各个具体的项目,这也将大大提高预算的准确性和科学性;此外,部门预算一经核准后在执行过程中一般不得进行调整,必须严格执行,这些举措无疑将有利于提高部门间财政关系的稳定性。总之,部门预算方法有利于反映政府各部门使用政府财力的规模和具体用途;更有利于政府财政部门尤其是立法机关加强对政府部门的预算也就是收入和支出的管理,确保财政性资金可以更好地用之于民。所以,部门预算作为全面反映政府职能部门收入和支出的计划,通过科学界定部门职责、规范预算收支科目和细化预算编制,在一定程度上遏制了政府内在的规模扩张以及追求最大化预算的冲动,从而缓解了部门间财政关系的冲突或者竞争。但是,部门预算的实施也使得政府各部门更多地关注于本部门的预算,尤其对预算的减少特别地敏感,导致政府各部门在遇到涉及跨部门的协调或者合作活动时,持有一种消极配合的态度更不愿意贡献资金,就是因为"在未来的预算周期它会被从贡献机构的预算中永久剔除"。① 特别是当政府部门受到外部利益集团的影响时,"部门预算官员成为他所代表的事业的倡导者或特殊辩护人⋯⋯在这种情况下,部门预算官员将尽可能地为获得尽可能多的资金进行最有力和最有效的斗争。他们在争取资金的战斗中没有歉意,当形势需要时,甚至偶尔会变得张牙舞爪。"②可见,预算对于实现中央政府的部际协调来讲是一把双刃剑,如何在发挥财政制度缓解部门间关系冲突或者竞争的整合作用的同时抑制其不利于部门间协调或者合作的消极因素,将是各国中央政府的行政首长面临的一大挑战。

3. 行政法律制度

法律作为一种规范和约束是制度的重要内容。从行政法律制度研究中央政府部门间关系及其协调的困境,实际上就是从行政法的角度对中央政府内部各种行政权力的授予、行使和运作以及对这些过程进行监督的法律规范进行研究。行政法大致由三部分组成:第一部分是关于行政权的授予和组织行政机关的法律,

---

① 【美】尤金·巴达赫著,周志忍、张弦译. 跨部门合作——管理"巧匠"的理论与实践. 北京:北京大学出版社 2011 年,第 137 页.

② 【美】阿伦·威尔达夫斯基、内奥米·凯顿著,邓淑莲、魏陆译. 预算过程中的新政治学(第四版). 上海:上海财经大学出版 2006 年,第 59 页.

由行政组织法、行政编制法和公务员法等法律组成;第二部分是关于行政权的行使和运作的法律,这部分法律数量最多,内容最为庞杂,被称为行政行为法;第三部分是对行政机关的组织、行政权的行使和运作进行监督的法律,统称为行政监督法。如行政监察法、审计法、行政复议法、行政诉讼法、行政赔偿法等。① 这些行政法律构成了一个完整的制度体系,为包括中央政府在内的各级政府的正常运作提供了依据,英国内阁秘书曾提醒希望设立强大的内阁办公室以加强部际协调的议员们,"我认为,非常重要之处在于认清在我们所生活的不成文宪法体制中,行政权被授予政府各部。议会通过的法律,把实施职责、法定权力,授予国务大臣,而非首相。"②正是这种法律制度造成了各部拥有比较大的自主权以及"各部各自为政"的现状,这是行政体制改革例如设立强大的协调机构所难以逾越的制度障碍和协调问题难以解决的客观原因。另外,行政法律、法规的不完善也是导致政府在行使行政权的过程中出现各种问题的制度原因。"立法者似乎越来越没有能力为行政部门制订精确的行政事务计划了。"③实际上,行政立法上的冲突是普遍存在的,正如有的学者所言:"法律规范之间的冲突在一定意义上讲,是不可避免的。"④而这种立法上的冲突,客观上为政府部门之间的冲突埋下了祸根,使得部门之间的协调变得更加困难。

(1)中央政府同一层级的行政法律规章对同一事项确定的主管机关不一致

同一层级主要是指中央政府这一级的法律、法规和规章将同一行政事务的管辖权授予了不同的行政机关,造成这些机关在执法过程中管辖权交叉重叠,从而导致部门间冲突。如果说不同法律、法规和规章之间对同一事务的管辖权授予不同的机关,可以根据上位法优于下位法的原则确定主管机关,但是如果是同一位阶的法律、法规和规章之间出现了立法权限冲突时,则无法确定主管机关。例如,食品安全问题之所以事故频发,就是因为质量监督部门、卫生部门、工商部门等部门依照本部门的法规,各自为政,行使执法的权力,从而导致部门间的冲突。

---

① 应松年. 我国的行政法律制度,人民日报网络版. 资料来源:www. people. com. cn/zgrdxw/
zhuanti/fzjz/jz12. html.

② 【英】特伦斯·丹提斯、阿兰·佩兹著,刘刚、江菁、轲翀译. 宪制中的行政机关——结构、自治与内部控制. 北京:高等教育出版社2006年,第57页.

③ 【德】埃贝哈德·施密特·阿斯曼著,于安等译. 德国行政法读本. 北京:高等教育出版社2006年,第126页.

④ 李龙著. 良法论. 武汉:武汉大学出版社2001年,第274页.

（2）中央政府同一法律规范将同一行政事务授予几个部门主管

同一法律、法规和规章将同一事务的管辖权同时授予几个行政机关，也没有规定以那个部门为主导、由那些部门负责配合，在行政执法过程中就会导致冲突。例如，我国的《反垄断法》出台后，由商务部（反垄断局）、国家发改委（价格监督检查司）和国家工商总局（反垄断与不正当竞争执法局）共同执法，但法律并未规定由谁主导和由谁配合的问题，在这种情况下，不仅会导致部门间冲突，还为部门间消极配合的行为提供了借口。

（3）中央政府的部门立法导致了各部门争权夺利的法律化

英国思想家洛克曾经指出："如果立法权和执行权同时属于一个机关或一些人，就必然会给这些人造成方便条件，使他有可能攫取权力，从而在制定和执行法律时，使法律适合于他们自己的私人利益。"①原因很简单，"如果政府可以自由地界定自己的权威，那么它们就不会有积极性来制约权威的运作，进而言之，掌握政府权力的人就有积极性去运用这种特权来牟取私利，并损害那些反对他们的人。"②按照洛克的思路，在政府机构中的决策权应该和执行权分开，因为从某种程度上讲，决策是利益的划分，执行是利益的实现。决策与执行高度集中于一个部门，容易巩固"部门职责利益化"，容易造成部门之间的扯皮打架，容易使决策部门与执行部门彼此干扰。因此，中央政府作为国家最高行政机关应该行使决策权也就是立法权，执行权下放或者外包给其他机构，在英国中央政府通过签订协议将执行权交给执行机构，实行远距离管理（at arm' length）。通过决策权与执行权适当分开，有助于中央政府各部门突出自己的功能优势，集中精力制定政策以及研究起草相关法律法规，从而实现政令的统一与决策的公平；而根据组织性质与相对管理优势来确定行政执行组织，可以提高执行效率。如果将立法权与执行权都统一于中央政府，不仅会降低其行政执法的效率，最重要的是会导致中央政府各部门千方百计的争取立法权和法律执行权，从而获得相应的机构设置权和财权，尽可能地扩大本部门的利益，而部门立法则给中央政府各部门的这种争权夺利的行为披上了一层合法的"外衣"。

人们经常所说的"部门分割"，其实并不完全是因为部门间正常专业分工的必

---

① 【英】洛克著,叶启芳等译. 政府论（下篇）. 北京:商务印书馆 1997 年,第 89 页.

② 【美】文森特·奥斯特罗姆著,毛寿龙译. 复合共和制的政治理论. 北京:生活·读书·新知三联书店 1999 年,第 57 页.

然结果,而是决策与执行高度合一的结果。决策与执行高度合一是部门行政的特点,即在横向上把行政权力分配给各个职能部门,在部门职责范围内,决策与执行高度合一,自我封闭。在这种状况下,需要高度统一的计划与高度集中的权力,特别是有效的行政协调才能克服部门间摩擦。如果部门间摩擦的力度大于行政协调的力度,整个行政管理体制就很难运作协调。①

4. 绩效管理制度

构建完善的绩效管理制度是新公共管理改革的核心内容。根据美国国家绩效衡量小组的定义,绩效管理是指利用绩效信息协助设定统一的绩效目标,进行资源配置与优先顺序的安排,以告知管理者维持或改变既定目标计划,并且报告成功符合目标的管理过程。可见,绩效管理是目标管理在现代社会的完善与发展,它认为传统的目标管理过于关注数量,忽视了质量和成本等关键效果的实现,更重要的是严格的目标管理制度还会导致组织内部的冲突。因为"每个部门过分地把精力集中于达到自己的目标,而忽视影响其他部门或影响使顾客满意的最终目标"。② 所以,绩效管理制度强调用服务质量、成本和质量的实际水平(引入顾客满意度来衡量)作为政府管理的目标,是更具综合性、更全面的目标管理制度。但是,在实践中,政府绩效管理主要是沿着层级制的垂直维度强调了自上而下的绩效考评,忽视了对水平维度各部门及其工作人员的联合行动的绩效进行测量,从而导致政府部门只关注于本部门的绩效,政府部门中的每个管理人员也只为达到他或她自己的绩效而担心,而不是去解决影响顾客满意的根本问题。这可以解释为什么在一般情况下一再强调各个部门应围绕一个共同问题加强合作都不起作用,因为这类话语(协作或者配合)与部门绩效的实现相抵触。每一个涉及许多政府部门的行动,不但不被看作相互丰富和合作的机会,反而被看作引发冲突和竞争的新领域。几乎没有人愿意去冒险追求与自己明确的目标无关的重大的新机遇。③ 所谓成也萧何败也萧何,绩效管理既是政府部门间冲突产生的原因,也是消弭冲突、实现整体绩效的主要方法。面对这种困境,解决方法是很复杂的,需要

---

① 宋世明.试论从"部门行政"向"公共行政"的转型.上海行政学院学报2002年第4期,第14页.

② 【美】戴维·奥斯本、特德·盖布勒著,周敦仁等译.改革政府——企业家精神如何改革着公共部门.上海:上海译文出版社2006年,第112页.

③ 同上,第112页.

结合其他各种制度来继续加强并发挥绩效管理制度实现政府部门间协调的作用。例如,政府内部的激励机制和问责制度等。美国学者奥斯本和盖布勒针对这种困境提出的一种解决方法就是,奖励集体而不是奖励个人,或者除了奖励个人之外,还奖励集体。① 通过这种集体奖励方法鼓励政府各部门及其行政人员更多的关注整体绩效的实现。而问责制度则是和各国政府的领导体制联系在一起对政府内部的运作施加影响的,为研究如何加强政府内部的协调运作提供了新的视角和思路。

(三)主观原因(部门利益)

导致中央政府部门间冲突或者竞争并使部门间协调陷入困境的原因有很多,不仅有社会棘手问题增多等客观原因以及政治等方面的制度原因,中央政府各部门对部门利益的维护和追求等方面的主观原因,对中央政府各部门之间的关系也产生了重要的影响。

英国政治学家诺斯古德·帕金森早就注意到政府中部门利益的存在,"职工人数和工作量互不相关,"所有的政府部门都有内在的自我膨胀的趋势,因为从人性恶的假设出发以及英国政治现实资料证实,当政府官员对工作力不从心,他只会通过增加助手也就是补充下属的方式来解决,据此,政府这个金字塔式的官僚组织中的人员会越来越多、规模越来越臃肿,这就是帕金森定律中著名的"冗员增加定理"。② 帕金森一针见血地指出了机构臃肿的症结,那就是基于个人利益的部门利益的存在。政府作为现代行政权力的实际操控者,对政府这个行为主体的正确认识应该是政府部门间关系研究的起点。长期以来,受到传统文化等各方面因素的影响,我们一味地将政府作为"人民的政府"看待,这一定位,也许从道德的视角看待问题并没有什么错误,但是从政府实际掌控权力的角度看待政府,问题就出现了。中国各级政府机构,本质上与其他现代国家的各级政府没有任何区别,但人们对于政府部门的特性认识上,还普遍徘徊在政府本质上的公共性境地中,普遍认同政府机构与公共行政人员的道德化定位。这是一个扭曲了的现代政治认知,那就是卢梭关于现代国家本质上应当是公民发自内心加以爱护的政治共同

---

① 【美】戴维·奥斯本. 特德·盖布勒著 周敦仁等译. 改革政府—企业家精神如何改革着公共部门. 上海:上海译文出版社 2006 年. 第 112 页.

② 【英】诺斯古德·帕金森. 官场病. 北京:生活·读书·新知三联书店出版 1982 年 8 月第 1 版,第 2 页.

体,而不是自由人的联合体。在这种政府理念中,人们自然放松了对于政府自利的警惕性,放松了对于公共行政人员的监督。而在受到基督教文化影响的西方国家,他们往往基于人性恶的假设一直对政府及其行政人员保持高度的警惕,正如美国开国元勋麦迪逊在《联邦党人文集》中所说,"如果人人都是天使,就不需要政府了","政府是由我们的邪恶所产生的",也就是说,政府是一种必要的恶。实际上,不管是性善论还是原罪论,按照马克思主义的论述,人类选择"善"还是"恶"取决于其对外部环境的生理和心理的需要,表现为人类对各种利益包括物质利益和精神利益的追求。随着社会经济的发展,人类需要的多样性决定了利益的多元化趋向。政治理论和社会实践已经证实,政府部门以及公共行政人员并不是完全没有私利、一心为着公共利益的超然存在,它们也是拥有多元利益需要的行为主体。组织的存在逻辑与职业人员的生存逻辑,共同将它们推进到一个必须为自己的存在理由寻找支持的地步,因此,建立在清楚认识政府部门与公共行政人员自私的基点之上的政府体制安排与公共行政人员从业规则,对于它们履行分工责任、实现政府运行的协调一致才具有保障。

随着市场经济的发展,社会利益的多样化也使得中央政府机构中的部门利益问题日益突出。在决策或履行职能过程中,有些部门过多从本部门利益出发,过于强调、维护与谋取本部门利益,影响了决策的战略性、全局性和前瞻性,损害了社会公正与大众利益,增添了国家经济及政治风险。人们对中央政府部门利益的认识始于 2007 年国家审计署对于中央政府机关财务审计结果的报告,中国中央政府的一些主要部门,包括对国家发改委、国资委、财政部、外交部、教育部等部门的审计,发现均存在严重违反预算的行为。例如,教育部等 19 个单位存在问题资金达 190.03 亿元,国家发改委等 25 个部门挪用资金 27.54 亿元。[①] 本来用于提供公共产品和公共服务的资金,竟然被中央政府机关用于改善部门办公条件和提高各种福利待遇上了。这种行为的存在表明中央政府部门也都在为自身的部门利益进行规则外操作。"套取财政资金、挪用财政资金、转移资金、国有资产流失、违规收费、超标准收费建设办公楼等,是这些部门单位在预算执行和其他财政收支中存在的共性问题。"[②]

---

① 李金华. 2006 年中央预算执行情况审计报告. 中国新闻网 2007 - 06 - 27.

② 新华社. 审计署公布 2006 年度预算执行和其他财政收支审计结果:49 部门存在 6 大共性问题. 羊城晚报 2007 - 09 - 20.

中国中央政府机构的部门利益已经是不容置疑的客观存在,它是造成中央政府部门间冲突并使部际协调陷入困境的重要原因。因此,认识部门利益并对其发展趋向进行分析是消解部门利益并实现中央政府部际协调的前提条件。近些年来,中央政府机构的部门利益问题并未得到有效解决并呈现出日益膨胀的趋势,主要体现在以下几个方面:一是部门利益最大化。部门利益是指行政部门偏离公共利益导向,追求部门局部利益,变相实现小团体或少数领导个人的利益,其实质就是"权力衙门化"与"衙门权力利益化"。过去,部门利益多体现为政治利益。市场经济的发展使部门(包括一些虽已"公司化"但仍有行政管理权的机构)不仅作为一个行政主体,而且还成为一个相对独立的经济利益主体。由于中央政府各部门没有完全落实职权法定原则,相关职权又处于调整之中,一些部门便从"部门利益最大化"出发,努力巩固、争取有利职权(如审批、收费、处罚等),冷淡无利或少利职权,规避相应义务。集中体现为超编(部门领导通过扩张政府部门来扩张自己的权力)、超支(突破财政预算、拓展预算外收入)倾向,极端体现是部门领导个人或集体腐败。二是部门利益法定化。依法行政是社会主义法制及政权现代化建设的必然要求,但是中央机构广泛存在借法律规章来巩固、谋取部门利益的现象。如通过"职权法定"、"行为法定"与"程序法定"使部门利益法定化。由于立法机构本身的因素,导致人大常委会审议的法律草案多由政府部门起草。近20年来,在人大通过的法律中,由国务院各相关部门提交的法律提案占总量的75%—85%。此外,还有大量由行政部门制定的行政法规、部门规章,同样具有法律约束力。有些政府部门利用政策资源优势,在制定有关法律草案时,千方百计为部门争权力、争利益,借法律来巩固部门利益,获取法律执行权,进而获得相应的机构设置权和财权。三是部门利益国家化。部门代表政府行使行政权力,本应维护国家利益。但是,在现行体制下,有些政府部门在制定决策过程中,为积极巩固、谋取本部门利益,将部门意志(其实往往是部门领导或小团体意志)上升为国家意志,或将国家意志歪曲为部门意志,以部门利益取代国家利益,借维护国家利益之名,强化行业管理之由,行谋取部门利益之实,使部门利益出现比较严重的国家化倾向。四是部门利益国际化。随着开放日渐扩大,有的中央机构打着"与国际接轨"的旗号,利用增进对外交往、加强对外合作等时机,以"接受国际惯例"、"增强国际竞争力"、"提高国际资源控制力"等为借口,挟洋以自重,巩固、谋取部门利益;有的中央机构的部门利益与境外集团商业利益的交织正日趋紧密,在一些重大涉外政策上,有时甚至不顾国家、民族利益,成为境外利益集团的代言人。[①]

由此可见,中央政府部门利益的膨胀已经成为中央政府各部门间冲突频发且日趋激烈的首要原因,不仅严重影响了中央政府的权威,更重要的是加大了国家在国际上的经济和政治风险。对于解决中央政府部门间冲突、实现部际协调而言,部门利益的存在及日益膨胀已不是一个单纯的道德号召和党性教育就可以解决的问题,而是社会政治经济快速发展过程中出现的深层政治问题在部门和个人利益问题上的投射。在政府部门掠夺性地争取自身利益的情况下,公众对政府的信任感降低,政府就丧失了获得社会支持和信任的基础。因此,必须以限定政府行政权力、切割政府部门利益为前提来促进中国中央政府部门间的协调与配合,才能保证协调的持续性、实现政府政策制定和执行的一致性。

部门利益在中央政府各部门日常运行中长期占主导地位将导致部门主义和部门文化盛行,作为政府各部门的一种思维模式和价值观念不仅加剧了中央政府各部门之间的冲突和竞争,使部门间协调难以实现,更严重的后果是阻碍了行政改革的进一步发展。正如挪威学者克里斯滕森所言,当行政机构开始进行行政改革时,发现行政机构不是一致和具有同质性的组织,没有一致或者共同的行政原则或者管理理念可以应用到整个中央政府的管理中。[②]

---

① 江涌. 警惕部门利益膨胀. 瞭望新闻周刊 2006 – 10 – 09.

② Tom Christensen. and Per Lægreid. NPM and beyond—leadership, culture, and demography. Leading the Future of the Public Sector: The Third Transatlantic Dialogue. University of Delaware, Newark, Delaware, USA. 2007, p24.

第三章

走向合作——英国中央政府部际协调的实践

　　拿持久性、缺乏剧烈骚动、法律和秩序的维持力、人民的一般幸福和满足以及对其他国家的政治思想和制度的影响程度来衡量,英国政府是世界上闻所未闻的最出色的一个。因此,在任何突出的时代,对它做一番研究,不是没有价值的。①现在英国甚至世界其他国家都处于这样一个突出的时代:受二十世纪八十年代开始的新公共管理运动的影响,英国作为这次改革的肇始者,其政治、社会、文化尤其是政府组织结构都呈现出一种碎片化的趋势。面对这种情形,1997 年布莱尔领导的工党政府一上台就提出了构建协同政府(Joined - up government)的目标,希望通过加强政府各部门之间以及政府与社会的合作来填补它们之间逐渐扩大的裂痕,从而为社会提供更加全面的、整体化的优质服务,避免某些棘手问题(社会排斥、青少年犯罪、海外移民等)在各部门间的裂缝中"滑落"。这也是二十一世纪初启动的后新公共管理改革的主要内容,在英国取得了很大的成就。但是,2011年 8 月,伦敦爆发了举世震惊的骚乱,再次引起了社会尤其是政府对"碎片化"问题的关注,因为骚乱的起始点——托特纳姆地区——被称为伦敦的"大熔炉",是伦敦移民的聚集地,而骚乱的参与者则主要是青少年、失业者等感到被社会排斥的年轻人,他们都是碎片化体制中被遗忘的群体。对此,英国前任首相卡梅伦在此背景下上位伊始就表示,骚乱事件凸显出英国社会已经"破碎"的现状,而自己政治日程的首要任务就是修补这个"破碎的社会",并重估部分政府职能。② 实际上,英国中央政府有加强各方面合作的传统,自十七世纪内阁形成以来,每届政府

---

① 【英】罗威尔著,秋水译. 英国政府:中央政府之部. 上海:上海人民出版社 1959 年,第 1页.

② 英国首相承诺修补"破碎"社会 将重估部分政府职能. 中国网 2011 – 08 – 16. http://www. china. com. cn/international/txt/2011 –08/16/content_23216849. htm.

的首脑也就是首相都曾在政府内部发动了一次次"光荣革命",通过各部门的相互妥协,力图在损失最小化的情况下,实现中央政府各部门之间的协调与合作。

在英国,中央政府和内阁是两个概念。英国中央政府是指首相领导下全体政府大臣的总称,由全体大臣、国务大臣、各部政务次官、执政党的督导员以及王室官员共约 100 人组成(王室官员不担任政府职务,只为英王服务)。所有这些人都称为国务员。而内阁主要由政府中一些重要的部的大臣和执政党各派重要领袖人物组成,除首相外,一般有外交大臣、国防大臣、财政大臣、大法官、枢密大臣、掌玺大臣,还有苏格兰、威尔士和北爱尔兰的事务大臣等,人数一般维持在 20 人左右。按照英国学者格林伍德的说法,"内阁既是中央行政机构的顶点,又是范围较大的政治系统的顶点。在中央行政机构范围内,内阁的主要任务是协调各个部门和委员会的工作,以保证政府的行动具有一定的一致性。"①总之,内阁作为英国的"行政之巅",是政府所有活动的协调者和管理者,中央政府部门间的协调活动都是围绕内阁进行的。如前所述,协调与合作是英国内阁的一个传统限于篇幅,本研究对英国中央政府部际协调实践的研究主要集中于对"二战"后采取的显著的部际协调措施进行总结和梳理。

一、丘吉尔时期的"超级部长"

丘吉尔是英国历届首相当中的一个传奇人物,他曾两度出任英国首相,特别是在 1940 年德国席卷欧洲,英国正处于风雨飘摇之际,丘吉尔临危受命出任战时联合内阁的首相并带领英国人民获得二战的胜利。在第一任首相时期,"丘吉尔作为保守党领袖,控制了国会内外的保守党,使之依照他的意志行事,不只在下议院,而且也包括内阁中的他党阁员。作为首相兼国防部长,他处于权力的巅峰,经由大为扩张的内阁办公厅,及已经变成他的代理人的部长主持内阁委员会,主控全部战时措施。就决策及行政而言,内阁制政府已经不存在了;作为内阁生命要素的政策讨论,已全由首相及其身边的人的非正式协商取代。"②丘吉尔之所以可以作为首相达到权力之巅,实际上是处于战时非常时期的需要,大规模、快速地调

---

① 【英】戴维·威尔逊、约翰·格林伍德著,汪淑钧译. 英国行政管理. 北京:商务印书馆 1991 年,第 62 页.

② R. H. S. Crossman, Introduction to Walter Bagehot, The English Constitution. in Anthony King, ed, "The British Prime Minister". London:Macmillan. 1969. p160 – 161.

动各种人力、物力等资源以供前线使用需要强有力的中央集权。而丘吉尔在协调中央政府各部门并进行政策讨论时召集的"身边的人"就是其在第二任期任命的"超级部长"的雏形。

1951年,已近耄耋之年的丘吉尔卷土重来,赢得大选胜利,重新登上了首相宝座并组建了保守党内阁政府。丘吉尔回到唐宁街后,问内阁秘书长有多少委员会在运作,答案是内阁委员会六十个,小组委员会四十七个,其下还有十七个工作小组。① 丘吉尔认为首相不宜管得太多,于是决定重新启动自己在战时协调各部门的方法,将政府各部综合为若干组,每组由一位超级部长负责协调,而他自己只与少数超级部长经常接触。这些超级部长选拔自上议院,是三个处于首相和中央政府各部门之间、负责协调或者监督不同的政府部门以及它们的活动范围的部长。如伍尔顿勋爵(枢密院院长)被指定负责协调粮食部与农业部,莱瑟斯勋爵负责协调交通部与燃料和动力部。

这种"超级部长"的设置在战时取得了非凡的效果,但是由于它与传统的维斯特敏斯特模式在根本上是背离的,因此在战后重建时期很快遭到了来自社会各方面的质疑。甚至丘吉尔的内阁秘书诺曼·布鲁克也对超级部长的设置表示担忧:超级部长协调和监督职能的履行"面对着制度和实践上巨大的困难,因为它很难与部长个人负责制相调和,它建立在政治与行政二分的假设之上,与由政策执行者来制定政策的原则不一致,要求一个内阁部长服从于另一个部长更是与内阁政府的传统相反,同时为超级部长服务的公务员所具备的专业知识远远少于为被监督的部长服务的官员,所以最后来自外部的团体都试图去影响超级部长而不是影响有关部门"。② 总之,设置超级部长削弱了政府各部门的权力,导致政府各部门的治理能力有所下降,特别是在战后重建时期,这种高度集权的结构设置不利于充分调动政府各部门及其行政人员的积极性和创造性。但是,丘吉尔认为这种担忧是不必要的,因为丘吉尔也担心超级部长会破坏传统的维斯特敏斯特模式,所以他并未赋予超级部长以法定的权力,超级部长没有命令部长的权限,部长不接受其协调可在内阁会议上提出申诉,如果得不到内阁会议的支持,自然应该接受

---

① Peter Hennessy. The Prime Minister: The Office and Its Holders Since 1945. New York: Palgrave. 2001. p187.

② Peter Hennessy. David Welsh. Lords of All They Surveyed Churchill' Ministerial "Overloads" 1951 – 1953. Parliamentary Affairs. 1998(51), p64.

协调的结果,否则只能辞职,所以,"超级部长的存在和活动不会削弱或者减少政府各部门部长对议会的责任。"①

尽管如此,一个没有法定权力的超级部长究竟能在多大程度上发挥其协调政府各部门的作用呢?麦克米兰作为当时丘吉尔内阁部长认为,超级部长在实践中注定要走向失败,因为"(超级部长)没有法律基础,哪怕是一丁点儿都没有,这种新的内阁结构由于两个原因开始倒塌:首先,没有给超级部长配备与其地位相符合的硬件设施,除了一个办公室和一个私人秘书,这使它很快变成一个摆设;第二,虽然要忠实于名义上的协调者和监督者,但是这些(被协调的)部长仍感到他们对于各自部门的义务是高于一切的。此外,尽管内阁部长都来自下议院,但是下议院仍然对有那么多志同道合的同辈一起工作的内阁怀有嫉妒之心,这个(超级部长)结构设置虽然在理论上是有价值的,但在实践中却变得越来越难以运作"。② 既想让超级部长发挥其协调和监督中央政府各部门的作用,使各部门能够协调配合实现政府的整体目标,又不敢赋予其足够的权力甚至是基本的硬件设备,这导致超级部长在协调和监督工作中陷入了一种尴尬的境况,1953 年,丘吉尔被迫结束了超级部长这一结构设置。

实际上,"超级部长"作为一种组织形式早已存在并且现在仍然存在,它就是内阁中的内阁,俗称"小内阁"或者"内圈内阁"(inner cabinet),是英国首相在内阁会议召开之前,与亲信或者有资历的内阁部长讨论重大政策并取得一致意见,以便向内阁会议提出的一种非正式协调会议。所以,超级部长可以追溯到英国第一任首相沃波尔执政时期,而最近的布莱尔政府也有所谓的四巨头,即布莱尔自己、副首相、财政部长和外交部长四人经常协商政府要事,副首相等也可谓丘吉尔时期的超级部长。此外,"超级部长"作为一种身份角色也早已存在,那就是协调大臣,例如 1936 年曾委派一个防务协调大臣,负责把三个防务部门的工作结合起来,但是丘吉尔时期的"超级部长"比协调大臣的权限要大,更像是位于各部长之上的"太上皇"(由于主要的"太上皇"都是贵族,不接受下议院的质询,这引起了

---

① Peter Hennessy. David Welsh. Lords of All They Surveyed Churchill' Ministerial "Overloads" 1951 – 1953. Parliamentary Affairs. 1998(51), p66.

② Dennis Kavanagh. David Richards. Departmentalism and Joined – up government:Back to the Future? Praliamentary Affairs. 2001. (54) pp3 – 4.

较大的争议),①所以,丘吉尔之后的首相在任命协调大臣时都比较慎重,并且这些大臣不像"太上皇",他们很少有指挥权,只以中立的身份对部门间活动或者政策进行协调。不管是小内阁还是协调大臣,超级部长的设立都是一般会议决策机构的主持人为了方便议事或者急于实现协调,使各部门易于达成一致的常用方法,只不过丘吉尔急于想把这种非正式的协调方法进行制度化,因为一个七十七岁的老人实在不适合参与内阁会议或者内阁委员会复杂而又漫长的协调活动。

二、希思时期的"超级大部"及中央政策审查小组

麦克米伦(1957—1963年)、威尔逊(1964—1970年)以及希思首相时期是英国中央政府机构改革史上有名的"贪大求巨"时期,②各自尽力创建了"超级大部",试图通过将职能相近的政府各部门进行合并,以减少部门间的冲突或者竞争,实现部门间的协调配合。1966年,殖民办公室与外交部合并成外交和联邦事务部;1968年,卫生和社会保障部成立。而希思首相时期是这一"贪大求巨"时期的顶峰。

(一)超级大部——《重组中央政府》的白皮书

1970年,希思领导的保守党赢得大选后,发表了《重组中央政府》的白皮书,该文件的核心就是要通过合并一些小的部门,组建超级大部,这样可以减少内阁中部长的数量,提高内阁进行协调和控制的效率。在这个文件的指导下,希思先后建立了两个大部——环境部和贸易工业部。对超级大部改革,希思寄予厚望,他认为"那将是一个更小的政府,更好的政府,更少人来执行的政府。更小的政府是因为它的活动是与长期的战略相关,这个战略直接指向解放个人的积极性,将更多的政府责任放在个人身上而不是国家。更好的政府是因为任务将更加清晰,并将被更少的人来完成,需要更少的部长和公务员来执行它"。③ 这些"'特大部门'可以制定自己的策略和决定自己的工作重点;它能自行解决问题,而不用通过

① 【英】戴维·威尔逊、约翰·格林伍德著,汪淑钧译. 英国行政管理. 北京:商务印书馆1991年,第53页.
② 【英】安东尼·桑普森著,唐雪葆、邓俊秉等译. 最新英国剖析. 北京:中国社会科学出版社1988年,第211页.
③ Dennis Kavanagh. David Richards. Departmentalism and Joined – up government:Back to the Future? Praliamentary Affairs. 2001. (54),p4.

部门之间的委员会进行长时间的讨论;它大得足以完成一些专门性的工作;它能支持中央比较明确的策略。还有一个好处是减少了需要在内阁中有代表的部门,因而可以按照小内阁效率较高的行政观点来限制内阁的规模"。① 因此,希思政府的一份白皮书曾自信地说,超级大部的成立"将在管理的范畴之内解决冲突……而不是靠部与部之间的妥协",它们将对"议会和整个社会负更多的责任"。②

这些合并后的超级大部并没有被当作多个部门的联合组织,而是作为单独的一个部门来管理。但是,这些超级大部在实际运作中与希思的期望存在很大的距离,一个重要的原因是超级大部的内部并没有将资源进行有效的整合,没有形成真正的内聚力,因为"特大部门的成立在某种程度上是为了把大量的工作转移到部门内部,以减轻部门之间的机构的负担。但是,实际上,许多预期的改进都没有做到:这些大部门内部的协调机构常常变得负担过重,真正的'一体化'往往实现不了"。③ 换句话说,旨在实现部际协调的超级大部因为部内协调的失败而难以成功,许多成立后的超级大部,例如环境事务部"好像是由许多部分凑在一起组成的一个混合物,而不是一个紧密结合的统一体"。④ 于是,到了七十年代中期,"贪大求巨"的风气告一段落,能源部再次从贸易工业部中分出来,其余部分也改组为三个独立的新部门:贸易部、工业部以及物价和保护消费者部,交通部也成为了一个单独的部,"就像从鲸鱼肚子里出来的约拿一样,一切又回到了六十年代初期的老样子。"⑤

总之,建立超级大部是内阁缓解中央政府各部门之间的冲突并实现部际协调的可行方法,之后撒切尔首相时期(1983 年,将贸易部和工业部重新合并为贸易工业部)、布莱尔首相时期(将环境部、交通部合并为环境、交通和区域部,后又改为交通、地方政府和区域部)也都建立了超级大部,但是这种方法更多的是一种权宜

---

① 【英】戴维·威尔逊、约翰·格林伍德著,汪淑钧译. 英国行政管理. 北京:商务印书馆 1991 年,第 34 页.
② 【英】安东尼·桑普森著,唐雪葆、邓俊秉等译. 最新英国剖析. 北京:中国社会科学出版社 1988 年,第 212 页.
③ 【英】戴维·威尔逊、约翰·格林伍德著,汪淑钧译. 英国行政管理. 北京:商务印书馆 1991 年,第 49 页.
④ 同上. 第 34 页.
⑤ 据《圣经·旧约全书》记载,先知约拿因违抗上帝意旨,被"大鱼"吞没,三日后又从"大鱼"肚中被吐出。这里是必须复活的意思。同引自【英】安东尼·桑普森著,唐雪葆、邓俊秉等译. 最新英国剖析. 中国社会科学出版社 1988 年,第 212 页.

之计,不是长久之策,因为超级大部只是将部门间的冲突或者竞争掩盖在一个形式上统一的大部门之下,只有健全和完善部门间协调的各种机制和制度才是实现部际协调并促使中央政府走向合作的主要途径。

(二)协调机构——中央政策检查组(Central Policy Review Staff)

除了建立超级大部,希思首相在白皮书《重组中央政府》中还指出要成立一个"中央能力小组"来帮助所有的部长,"通过根据特殊领域的政策来制定他们的基本战略,确定在他们整个计划中需要相对优先考虑哪些部分和能在哪些方面采取新的政策,并保证对采取不同的做法会涉及到的问题进行充分的分析和考虑。"①为此,1971 年 2 月,希思在内阁办公厅(cabinet office)成立了中央政策检查小组,它的组织成员在中央政府的组织机构中没有典型性,其成员都是大致均等地从中央政府机构内外临时抽调来的,来自内部的通常是从各个部门调来的一些"野心勃勃"的公务员;来自中央政府外部的则主要是从高校、银行和工商企业抽调来的社会精英,里面既有通才也有专才,所以中央政策检查组没有等级制度,内部实行的是一种非正式的知识分子式的民主。中央政策检查组在第一任组长——罗思柴尔德勋爵的领导下不负首相之重托,基本完成了协调中央政府各部门的利益和公务员意见的任务,并创建了独特的"中央政策检查小组风格",②即运用独立的、尖锐的以及简洁的调查报告,在政治中立以及恪守学术道德的前提下,客观地分析事实,绝不向政府各部门的观点让步,最后得出确切的结论。

中央政策检查组最初的主要职能是帮助中央政府各部门制订战略计划,但是由于它受到首相的支持程度、不同的政治情况和组长个人的领导风格的制约,其活动在不同的时期有不同的范围。英国学者普洛登总结了中央政策检查组运行十年所进行的主要活动:③①讨论策略。在希思执政时期,检查组经常和大臣们讨论策略并检查政府在达到战略目标方面的进展情况。②帮助解决日常的问题。检查组最初的职能定位是帮助各部制定战略,但是考虑到战略的实现离不开前期的决策,所以希思决定让检查组参与到日常问题的解决中来(这遭到了文官们的普遍反对,认为这侵占了他们的职权范围);同时,由于检查组设在内阁办公厅内,

---

①　Simon James. The Central Policy Review Staff,1970 – 1983,Political Studies1986(34),p424.

②　Simon James. The Central Policy Review Staff,1970 – 1983,Political Studies1986(34),p425.

③　【英】戴维·威尔逊、约翰·格林伍德著,汪淑钧译. 英国行政管理. 北京:商务印书馆 1991 年,第56 – 57 页.

所以它便于帮助内阁秘书处准备简要的汇报材料,作为内阁及其委员会讨论的依据。在正常情况下,检查组只限于帮助解决它认为"提得不恰当"或者"考虑不周全"的问题,使内阁的决策过程充满更多的策略性考虑。③进行深入地研究。虽然政府各部门都能进行研究,但是由于检查组是一个新创立的机构,既没有形成自身利益也超脱于其他利益之外,可以在没有日常各种压力和部门既得利益束缚的情况下,进行比较深入地研究和广泛的分析。它的研究大多数是跨部门的,例如 1975 年的报告《共同研究社会政策的途径》着重说明了在制定和执行社会政策方面需要加强部门之间的协调。④协调部门之间的活动、促进各部门的合作。检查组有时要起"排解纠纷者"的作用,因为它独特的地位使它能够超脱部门利益束缚而成为各部门都接受的中立者,为一些敏感的部门之间的协调委员会主持或者筹备秘书处。⑤部门内部的协调。检查组有时也在部门内行使检察政策的职责。⑥提供整体观点的绩效评估。

中央政策检查组到了七十年代后期,已经被公认为能使中央政府各部门的计划和长远的共同目标联系起来的战略性的政策机构。它给各部门部长,特别是给首相提供的有关战略性政策和信息的服务是其他部门做不到的。但是,一些主客观因素决定了其难以发挥更大的作用,例如它没有常任的组员、没有行政职责,也没有独立搜集情报和进行调查的财力,很多情报的搜集依赖于各部门的配合,更重要的是来自首相的支持是其存在的最重要理由。因为"如果没有首相个人的支持,中央政策检查组将一事无成……在政策领域将有很长的时间变得束手无策。但是在首相的支持下,检查组就能在政府的核心地带有效地发挥作用,这是内阁办公室和唐宁街十号都无法完成的,它能够刺激白厅的官员从长远的角度重新看待部门的计划,也能够从跨越部门边界的视野去评价政策"。① 所以,1983 年,中央政策检查组被取消也是意料之中的事情,因为撒切尔认为中央政策检查组原来成立的目的可以通过其他途径达到,例如可以加强内阁办公厅秘书处和首相自己成立的政策小组(智囊团)的作用。失去了首相支持,中央政策检查组也就失去了存在之本。

尽管中央政策检查组现在已经被取消,但是通过对它十几年的运作进行考察,它对促进中央行政机构的协调无疑是起了作用的。首先,中央政策检查组将

---

① Simon James. The Central Policy Review Staff,1970 – 1983,Political Studies1986(34),p439.

中央政府各部门有效地联合起来,因为它和大臣们也就是各部部长的密切关系使它察觉"政治气氛的变化";它处于"中心的地位",所以能够"发现重要的情况";而且它"没有行政职责",可以避免"日常大事的压力",从而使其能够以超脱政府各部利益的中立身份协调各部门并促使其合作。其次,中央政策检查组通过将中央政府各部门的计划与政府战略目标联系起来,尽可能地避免了内阁中出现的分歧;通过给政府各部及其公务员提供多方面知识的简报,促进各部及其公务员对政府整体战略进行思考。最后,中央政策检查组是解决跨部门领域问题的重要机构,承担着对整个政府战略进行监督的任务。

三、布莱尔时期的协同政府

在希思和布莱尔之间有威尔逊、卡拉汉和撒切尔以及梅杰四任首相,其中威尔逊(1974—1976 年)、卡拉汉(1976—1979 年)领导的工党政府执政时间都很短暂,尽管时间短暂,两位首相也都非常重视政府部门间的协调与合作,继续加强了中央政策审查组的协调作用,甚至有学者认为威尔逊上台以后,因过度依赖检查组的协调作用,导致检查组与各部门高级官员的关系太过密切,以致检查组被行政部门"俘虏"。[①] 而卡拉汉首相则按照中央政策检查组报告的建议,在上任之初就开始了所谓社会政策联合途径的尝试(Joint Approach to Social Policy 简称 JASP),JASP 针对报告中指出的问题—— 一些最难以解决的问题影响的不止一个部门,提出了以下解决办法:①促进部门提供的各类服务之间的协调,因为部门服务针对的对象不同;②为跨越服务边界的复杂问题进行更好、更全面地分析;③在不同的方案、问题和群体所涉及的部长之间建立共识。这次尝试被视为 1997 年布莱尔政府提出协同政府之前,英国为了实现政府部门间协调与合作,最具野心的一次尝试。[②] 可惜的是,JASP 由于 1976 年国际货币资金危机遭到了致命的打击而终止。撒切尔夫人上台以后,部际协调更多的是依赖于跨部门委员会。1992—1997 年的梅杰政府更多的是继承了撒切尔的"衣钵",倡导进行公民宪章运动。为此,梅杰在首相办公室成立了宪章运动领导小组,专门推动和协调工作,

---

① 【英】戴维·威尔逊、约翰·格林伍德著,汪淑钧译. 英国行政管理. 北京:商务印书馆1991 年,第 58 页.

② Vernon. Bogdanor . Chirstopher Hood. Perri 6 , Joined – Up Government[C]. London:Oxford University Press2005. p5.

虽然这个部门不仅试图去打破政府不同部门、不同层级之间的组织壁垒,但更多的是要打破政府与社会的对立,实现政府与社会的合作。自希思之后,英国中央政府实现部际协调的尝试要么是短暂的,要么是不以部际协调为重点的,不具有典型示范意义。直到布莱尔政府时期,加强中央政府各部门之间的协调与合作才得到了前所未有的重视。

1997 年,布莱尔领导的工党政府终于使保守党搬出了其入主长达十八年的唐宁街十号,为了区别于保守党政府(市场化模式)以及以往的各届政府(传统的官僚制模式),布莱尔提出了新政府要走"第三条道路":即认为大政府已经死了,但不能把每件事都交给市场,因为相信政府还是可以有所作为的。[①] 在这种思想的指导下,布莱尔认为应该建立一个有能力的政府,也就是协同政府。它是布莱尔政府改革的关键词,并"作为二十一世纪早期公共行政领域的主旋律已经变得和二十世纪末期的'重塑政府'一样重要"。[②] 协同政府的核心目标是整合相互独立的各部门以实现政府所追求的共同目标,其基本内容包括:公共政策目标的实现既不能靠相互隔离的政府各部门,也不能靠新成立的"超级大部",唯一可行的方法是围绕特定的政策目标,在不取消部门之间界限的前提下实行跨部门的协调与合作。

协同政府的实践可以分为三个层次:社会与社会、政府与社会以及政府内部,而政府内部的协同实践又可分为横向各部门之间的合作与纵向各部门及其执行机构、中央与地方政府之间的合作。基于研究内容,本研究将主要分析英国实现中央政府内部横向各部门协调也就是部际协调的实践,主要体现在对传统核心执行部门的协调职能的强化上:

(一)空洞化? ——布莱尔强化传统核心执行部门协调职能的背景

对核心执行部门的研究是过去二十多年英国学者中央政府研究的一个主要内容,主要包括首相办公室(the Prime Minister's Office)、内阁办公厅(the Cabinet's Office)、财政部(the Treasury)、外国与联邦办公室、中央政府法律办公室等机构。从实现部际协调的职责来讲,布莱尔政府时期主要强化了首相办公室、

---

① Devid Richards, Martin J Smith. Governance and Public Policy in the UK. Oxford University Press. 2002, p 241.

② Vernon. Bogdanor . Chirstopher Hood. Perri 6 , Joined – Up Government [C]. London: Oxford University Press2005. p1.

内阁办公厅和财政部的协调职责,以实现中央政府各部门决策以及执行过程中的统一。

进入十九世纪,现代内阁制的基本框架在英国大体形成,内阁成为"熔合"政府的行政机关与立法机关的工具,是有效统治英国的机构。在中央行政机构范围内,内阁的主要任务是"协调各个部门和委员会的工作,以保证政府的行动具有一定的一致性",是"协调政府的一切活动的最高法院"。① 到了二十世纪,由于社会的发展,政府职能增加,内阁承担的任务愈来愈繁重。为了减轻内阁的负担,内阁职能的发挥越来越多地依赖于各种内阁委员会。而不管是内阁还是内阁委员会,其日常基本工作是由内阁办公厅来完成的,尤其是内阁及其各种委员会的协调职能已经由内阁办公厅来承担。内阁办公厅成立于 1916 年,当时称"内阁秘书处",其前身是成立于 1904 年的"帝国国防委员会秘书处"。内阁办公厅负责检查各部门贯彻执行内阁决定的情况,并沟通各部门之间的情况。内阁办公厅由内阁秘书长领导。② 内阁办公厅具有协调中央政府各部门之间的冲突或竞争的优势,因为它的工作人员多半是从各个部门调来的高级文官,以及这些文官进入办公厅后的"中立"地位便于其获得各个部门的支持与合作,同时办公厅的工作人员多数是某个方面的专家,在处理某些棘手问题时具有其他单个部门所不具备的权威。特别是到了二十世纪中期,政府职权范围扩大,部门间可能引起冲突或者竞争的问题增多,内阁办公厅的协调职能大为加强,主要体现在公共服务办公室的设立上:1968 年,威尔逊首相采纳了富尔顿报告的建议,将财政部对文官部进行中央管理的职责并入内阁办公厅,成立了公共服务办公室,并使其成为内阁办公厅的组织家族中规模最大的一员,从而扩展了内阁办公厅的职责。以致有学者认为"现在它是中央行政机构内的主要协调部门",是"英国政府的'神经中枢'"、"行政机构的总协调者"。③

内阁是英国政府的核心,首相则是这个核心机构的中心人物,甚至有人认为,现代的英国首相是"英国体制的拱顶石",是"无冕之王",这样的判断主要基于下

---

① 【英】戴维·威尔逊、约翰·格林伍德著,汪淑钧译. 英国行政管理. 北京:商务印书馆1991 年,第 61—62 页.

② 施雪华. 当代各国政治体制——英国. 兰州大学出版社 1998 年,第 170 页.

③ 【英】戴维·威尔逊、约翰·格林伍德著,汪淑钧译. 英国行政管理. 北京:商务印书馆1991 年,第 76 页.

列事实：首相是一身而三任的人物——政府首脑、议会领袖和党魁。① 而作为三个组织的领导，首相个人则是依赖首相办公室和这些组织进行联系的，也就是说首相办公室主要是协助首相个人处理公务的机构，其职能随着首相权力的增长而增长。特别是在撒切尔夫人时期，她作为"内阁的叛逆者"②使首相及其办公室的权力得到了前所未有的扩张。在英国的政治体制中，首相作为"平辈领袖"（primus inter pares；first among equals），地位突出且具有特定权威，因此对各部起着决定性的协调作用，他或她可以接近所有的大臣，并能——通过内阁办公厅——和所有部门交换意见；③此外，任何大臣及其部门之间的矛盾和冲突，都需提请首相进行协调和裁决。与内阁委员会一样，由于社会事务的增长和政府职能的扩张，首相办公室开始代替首相承担更多的协调职能。首相办公室与内阁办公厅表面上看是两个机构，一个在唐宁街十号（10 Downing Street），一个在白厅街七十号（70 Whitehall Street），实际上两个机构中间的一条走廊不仅将两个机构连接在一起，也将内阁办公厅秘书长及其人员与首相办公室幕僚长（Chief of Staff）及其人员联系在一起，两者似分而实合，都是为首相服务的，尤其是内阁办公厅"虽然它没有被命名，但是内阁办公厅事实上成为首相的一个部"。④ 正是由于首相及为其服务的两个部门权力的增长，导致内阁权力大为削弱，从而引发了英国正由"内阁政府"向"首相政府"的讨论。这不属于本书的研究范围，但是，"首相政府"的发展趋势说明了首相及其执行部门在英国行政系统的运作过程中居于核心地位。

财政部是英国政府主管经济战略和公共财政支出的机构，在政府各部中，是最古老的一个部门，从十二世纪初期创立至今，十分稳定，该部的基本结构甚至权限都未出现过太大的变动。正如威尔逊所说，"不管哪一个党执政，财政部都有权。"⑤此外，财政部与首相的关系密切，很多时候首相兼任财政部部长或者财政部首席大臣，即使不再在财政部任职，首相与财政部部长及其大臣的联系也比其他

① 施雪华．当代各国政治体制——英国．兰州：兰州大学出版社1998年，第172页．
② 胡康大．英国的政治制度．北京：社会科学文献出版社1993年，第119页．
③ 【英】戴维·威尔逊、约翰·格林伍德著，汪淑钧译．英国行政管理．北京：商务印书馆1991年，第78页．
④ Sir Chridtopher Foster. British Government in Crisis or the Third English Revolution, Portland：Hope Service Ltd2005. p170.
⑤ 【英】安东尼·桑普森著，唐雪葆、邓俊秉等译．最新英国剖析．北京：中国社会科学出版社1988年，第229页．

部门频繁,所以,财政部又被称为"各部之上的部"、①"白厅中的一个轴心"。② 正是基于这种地位,决定了财政部具有在制定与执行中央政府经济政策过程中,保持各部门之间协调一致的职责。

但是,从很大程度上讲,这些核心执行部门的协调功能的发挥都是有限的并受到一些因素的制约:内阁变得越来越无效率,内阁会议召开不够频繁且时间过短,使大量事务尤其是棘手问题不能得到充分讨论;首相及其办公室协调功能的发挥则更多地依赖于首相个人的领导风格和主观意愿,并且协调的程度也受限于保持部门自主性的原则;内阁办公厅发展为一个正式的、制度化的协调角色——内阁秘书帮助首相拟定内阁议程、处理部门议案、保存内阁会议记录并记录结论,将决定送于各部门传阅并确保其执行,因为内阁办公厅拥有较高权威(办公厅常任秘书是国内文官首长),所以对政策的执行有一定的影响,然而,回到部门政策的观点,办公厅过度关注于对政策执行的协调,因此对各部门的协调作用有限;而对财政部协调职能的强调则通常局限于制定公共支出的单一标准且在协调目标的实现上也乏善可陈。③ 尤其是到了二十世纪九十年代中期,由于撒切尔长期推行的新公共管理改革使英国中央政府的协调问题变得更加复杂,权力下放导致这些核心部门对中央政府各部门的协调与控制能力进一步减弱。正如英国学者戴恩斯和沃克所言,"在英国政府的核心执行部门中似乎有一个空洞——因为协调'艰难'决策的机制似乎都很脆弱。"④因此,强化传统核心执行部门的功能并加强内部协调为布莱尔"协同政府"建设的主要内容。

(二)布莱尔强化传统核心执行部门协调职能的具体措施

1997 年 5 月 6 日,也就是布莱尔入主唐宁街十号四天以后,他建立了一个宪法秘书处,负责解决立法问题,包括将权力下放的法案,这拉开了布莱尔在第一任期中,建立一个强有力且又合作的政府中心的序幕。首相办公室设立了幕僚长,由乔纳森·鲍威尔担任,其主要职责是负责掌管整个首相办公室的工作。与此同

---

① Wright. Maurice. Treasury Control of the Civil Service1854 – 1874. Oxford：Clarendon Press. 1969. p1.

② C Thain. Treasury Rules Ok? The Further Evolution of a British Institution, British Journal of Politics and International Relations,2004(6). p125.

③ R · Rhodes. Patrick Dunleavy. Prime Minister. Cabinet and Core Executive. NewYork：St. Martin's Press1995. pp56 – 57.

④ Dynes. Walker. The new British state . London：Times Books,1995,p28.

时,在首相办公室,雇用了大量的特别顾问。到1999年年底,共有25名特别顾问在首相办公室工作,其主要职责就是为首相的一些政策提供咨询。不同于传统威斯敏斯特模式依赖白厅内部各部门提供政策建议,布莱尔在制定政策的过程中更多地依赖于这些外来专家,有利于首相办公室摆脱部门利益的束缚、制定更加全面并统一的政府政策。此外,为了保证中央政府各部门在对外时用同一个声音说话,保持中央政府内部协调一致的形象,布莱尔政府将之前的《部长行事规程》(*Questions of Procedure Ministers*)进行修改并重新命名为《部长行事准则》(*A Code of Conduct and Quidence on Procedure for Ministers*),认为部长应尽可能地向国会及社会大众公开该部资讯,但要求部长在对外发布信息、接受媒体访问,颁布新的政策或者做出新的人事任命前要与首相办公室进行协商。为了进一步落实这项规定,1997年年底专门在首相办公室成立了战略沟通小组,其任务就是协调中央政府各部门的对外声明,防止其相互冲突。由于这些加强首相办公室协调职能的措施具有不错的效果,所以在布莱尔的第二任期,他更系统地推进组织变革来加强核心执行部门的能力,尤其是对首相办公室的改革。下议院特别委员会主席托尼·赖特更是认为"可以证实的是,(首相办公室)在实际上而不是在名义上是首相的一个部,它具有一个逐步增长的、从中央来推动政策的能力"。① 在布莱尔首相时期,首相办公室帮助首相制定统一的政策以及实现部际协调的能力得到了大幅提高。

支持首相领导政府不仅仅是首相办公室的首要目标,也是内阁办公厅的目标之一。② 1998年年初,布莱尔任命理查德·威尔森为内阁秘书,作为内阁办公厅的秘书长负责推动内阁办公厅的改革。威尔森"发现了(办公厅在解决以下问题时)一些缺陷,包括政策制定和政策执行的连接,对政策执行进行评价以及获得政府目标等问题"。③ 因此,在内阁办公室成立了一些跨越部门的特别小组,包括绩效与创新小组(the Performance and Innovation Unit)、社会排斥小组(the Social Ex-

---

① Paul Fawcett. The Centre of Government—No 10. the Cabinet Office and HM Treasury,London:House of Commons,2005,p57.

② Cabinet Office. Cabinet Office Annual Report & Resource Accounts 2002 – 2003. Londoon:Cabinet Office,2004,p3.

③ Burch , Holliday. The Prime Minister's and Cabinet Office:an Executive Office in All But Name. Parliamentary Affairs,1999(52),pp32 – 45.

clsion Unit)、女性小组(the Women's Unit)等部门,其目的在于尝试建立跨越部门的政策制定和执行模式。这些小组成员往往是来自于不同的政府部门,代表着不同的角色和目的。例如,绩效与创新小组的主要目的在于提升政府在战略以及跨领域问题的政策能力,同时在政策发展和实现政府目标上促进创新。[①]除了设立跨部门小组,内阁办公厅还进行了一系列集权,在内阁办公厅成立了代理首相办公室负责过去由交通部、地方政府和区域部承担的区域管理职能;成立全面全民紧急事故秘书处负责过去由内务部应对突发事件的职责,在9·11后,又设立了情报与安全协调员一职,增强政府核心执行部门协调管理安全、情报和紧急事件等问题;教育与技能部的平等机会委员会也转到内阁办公厅。可见,内阁办公厅协调中央政府各部门以及各政策领域的能力在布莱尔首相时期也得到了大幅提高。

财政部作为传统核心执行部门,在布莱尔任期内也得到了足够的重视。1998年,财政部发布的政府白皮书《英国的现代化公共服务——改革投资》,强调以一种更加全面并且协调的方式来提供政府服务,并提出了财政改革计划——"投资节约"预算(Invest to Save Budget,简称ISB),以促使中央政府各部门联合起来工作并实现跨部门的政府目标。1999年,政府改革白皮书《现代化政府》又进一步强调了建立"投资节约"预算的重要性。投资节约预算通过加强财政部与各部门的协调与沟通,避免了部门在制定预算时的狭隘视角,可以从更广泛、全面的角度来思考部门预算,从而进一步地走向整体预算。此外,财政部协调职能的加强还体现在其对公共服务提供进行的控制上,通过全面支出评论与公共服务协议促进财政部与各部门进行协商,确定政府各部门公共服务的详细目标,各部门每年要向财政部报告目标取得的进展情况,从而加强了财政部对各部门公共服务提供活动的控制。尤其是2003年,首相传达小组被转移到财政部,进一步增强了财政部的协调和控制能力,因为首相传达小组本身就是协调和监督卫生部、内政部、教育与技能部以及交通部在17个关键领域公共服务绩效的重要部门。而下面提到的公共服务协议更是确定了财政部在制定国内政策过程中的重要地位。

需要强调的是,布莱尔时期加强核心执行部门职能的措施并不是在各个部门

---

①　Cabinet Office. Wire It Up: Whitehall's Management of Cross - cutting Policies and Services. London: Cabinet Office, 2000, p77.

孤立进行的,而是以一种协调配合的方式在中央政府推行的。例如,首相传达小组、公共服务改革办公室、前瞻性战略小组、绩效与创新小组和社会排斥小组尽管存在于内阁办公室,但他们的工作是通过内阁秘书向首相负责的,而且"他们要和首相办公室的政策小组紧密合作"。[①] 后来,绩效与评估小组、前瞻性战略性小组以及管理与政策研究中心的一部分还进一步合并为战略小组,由首相的特别顾问领导,直接向首相负责。这个小组的主要职责是对重要领域的政策进行长期的战略研究,并将重点放在跨部门领域的政策研究上。它的工作紧紧围绕着现实政策的制定和执行,其编写的大部分报告都是作为政府政策的宣言发表的,并很快付诸实施。可见,战略小组在政府所有小组中的地位是非常显著的。而首相传达小组虽然被转移到财政部,不过仍然直接向首相报告。此外,"投资节约"预算是在内阁办公厅的帮助和支持下推行的。

总之,经过这些强化核心部门的改革,首相办公室、内阁办公厅以及财政部所具有的传统协调功能大大加强,而且这些部门尤其是首相办公室和内阁办公厅更加紧密地连接在一起,避免了中央政府进一步碎片化的趋势;特别重要的是,这些核心部门更多的是为首相的工作提供帮助,加强了首相对中央政府各部门及地方政府的协调与控制职能,也使首相能有更多的时间参与到国际事务中去,防止中央政府进一步空心化的趋势。

(三)布莱尔构建协同政府的具体内容

除了加强传统核心执行部门的协调职能,布莱尔政府时期促进中央政府部际协调的具体内容可以总结归纳于协同政府的构建当中,包括以下四个方面:

1. 目标整合:公共服务协议与战略目标的制定

即使是在核心执行部门统一的控制与协调之下,每个部门及其部长还是有着自己独特的利益诉求并致力于追求他们自己的目标,而不是中央政府所期望达到的整体目标。这些有着各自目标的职能部门增加了核心执行部门的协调与控制难度。英国文官首脑威尔逊在离职时承认:"没有足够的全面愿景或者战略计划,中央政府各部门之间经常缺乏协调,同时或者同步推行相似的新政策,这让各部

---

① Paul Fawcett. The Centre of Government—No 10. the Cabinet Office and HM Treasury, London: House of Commons, 2005, p55.

门的管理者更加地难以控制。"①为此,布莱尔政府在任内主要通过制定公共服务协议(Public Sevice Agreements 简称 PSAs),确保政府能够按照战略方向运行并保证政府能够建立一个长期的政治战略和一套达成共识的目标。

布莱尔政府认为,为了提供高质量的公共服务,政府各部门的目标必须具有统一性、战略性。之后在 1999 年,公共服务协议作为全面开支审核(Comprehensive Spending Reviws,简称 CPRs)的一部分被推出,它为整个中央政府的各个部门设定了促进公共服务的雄心勃勃的目标。公共服务协议主要是由财政部与政府各个部门及其下属的执行机构三者围绕"公共服务协议"达成目标共识,既作为提供服务的依据,又作为绩效评估与管理的标准。三者虽然有分工,但更多的是合作性的伙伴关系。

公共服务协议包括以下主要内容:首先,明确中央政府各部门以及跨部门领域所有达到的目标,部门目标是根据国家整体目标在每年的全面开支审核中提出来的。尤其是跨部门领域的目标"有助于打破政策制定与提供过程中人为的障碍,鼓励不同的部门一起考虑部门间交叉领域需要优先发展的目标,共同努力来改善服务的提供"。② 其次,公共服务协议中应该包括在全面开支审核中可以获得的资源,主要是财政部分配的资金。资金的使用期限是三年,这让各个部门在使用资金时有了一个稳定的预期,从而保证能稳步地实现目标。再次,公共服务协议规定政府各部门以及跨部门组织在公共服务领域所要达到的关键绩效目标以及实现这些目标所要采取的一系列政策,这些绩效指标大多数应该是可量化的。布莱尔政府继承了新公共管理运动重视结果而不是投入的遗产,但公共服务协议更强调政府部门提供公共服务的关键和整体效果,促使各部门为了达到目标而合作。最后,公共服务协议需要明确规定哪些部门对目标负责,并具体到政府部门或者其他组织的负责人。

最重要的是,公共服务协议不是由财政部单独负责的,而是通过设定目标将英国核心执行部门连接起来:公共服务与公共开支委员会将公共服务协议体系与内阁整合起来,因为公共服务与公共开支委员会既是负责公共服务协议的重要部门,同时其成员也是内阁成员,内阁办公室、首相及首相办公室也都参与到了公共

---

① Richard Wilson. The Civil Service in New Millennium. Speech given at City University,London,5 May,1999.

② HM Treasury. 2000 Public Spending Review:Public Sevice Agreement Whitepaper,2006.

服务协议的制定过程中来,例如内阁办公室一方面与财政部合作准备并提供公共服务协议,一方面通过文官改革来推进部门实现这些目标的能力;此外,尽管战略小组、社会排斥小组等也为首相制定战略目标,但是战略小组与财政部的公共服务协议负责部门也有着很多的联系,包括两个部门的人员流动、信息共享以及为解决冲突的互动,而首相传达小组则与财政部合作,以"加强各个部门能力,使其能够在一些关键领域有效地提供具有挑战性的目标"。①

尽管公共服务协议在运行中还存在一些障碍(例如布莱尔政府在任期更多地强调教育、卫生领域的公共投资,与此有关的公共服务目标也更易获得批准,所以很少需要与财政部和其他部门进行协商,这从一定程度上影响了公共服务协议作用的发挥),但是它的作用也是毋庸置疑的。公共服务协议增强了核心执行部门的战略和协调能力,在国家整体发展目标的框架内提供了一个跨部门领域的公共服务目标,并且为解决各种社会棘手问题帮助各部门设置了详细的工作目标,使政府各部门打破传统的白厅内部的壁垒,通过集中资源、整合力量,合作地完成各自的使命。

2. 组织整合:任务型组织的设立

任务型组织开始逐步成为公共组织中一个重要的组织形式是在新公共管理运动之后,它被组织发展理论的代表学者本尼斯称为"特组织",管理学大师德鲁克将其描述为"任务小组结构",未来学家托夫勒将其称为"专题工作班子制"。任务型组织绝不是一个纯粹的理论构想,而是对现实中早已存在的一种组织形式的认识,②在新公共管理运动之前它更多的是以临时性组织的形式存在的。具体到英国,内阁委员会分为常设委员会与特别委员会,而特别委员会多半是暂时性的,完成任务之后即被取消,这是任务型组织在英国中央政府内部存在的形式。这种特别委员会(任务型组织)对于英国中央政府的作用非常显著,尤其是在实现中央政府部门间协调方面,"作为对行政机构增多和跨部门的行政活动的发展的一种反应,他们能给部门之间平等的协调提供必要的手段。"③

① HM Treasury. 2002 Public Spending Review:Public Sevice Agreement Whitepaper,London:HM Treasury ,2002. p3.
② 张康之、李圣鑫. 历史转型条件下的任务型组织. 中国行政管理 2006 年第 11 期,第 38 页.
③ 【英】戴维·威尔逊、约翰·格林伍德著,汪淑钧译. 英国行政管理. 北京:商务印书馆 1991 年,第 52 页.

保守党政府推行的新公共管理改革虽然提高了政府行政效率,但大量执行局的成立也撕裂了原有的政策网络体系,导致政府机构的碎片化。"每一次在贫穷的居民区,你会遇到十几个执行局——学校、警察局、监护局、青年人服务处、法庭、就业服务与救济局、卫生部门、地方政府……这些部门做得都不错,但是它们都是为交叉的目的工作或者没有足够的协商,这导致了一个糟糕公共政策的产生和资源的浪费。"①面对这种情形,布莱尔政府决定采取大量任务型组织的形式加强核心执行部门的控制和协调能力并取得了不错的效果。据统计,仅在布莱尔第一任期的第一年里就成立了 227 个这样的特别委员会(任务型组织)。② 之前提到的社会排斥小组、妇女小组还有反毒品协调小组等都属于任务型组织的范畴。与传统功能性组织因为功能造成的组织间壁垒不同,任务型组织打破了组织之间的界限,并在此基础上将政策的整个过程中政策研究、建议、执行与评估等各个要素连接起来,实现了组织整合,有利于政府各部门从一个整体的视角来对社会排斥等棘手问题进行全过程的控制与协调。

3. 文化整合:跨越经验与心理鸿沟

如前所述,协同政府的提出与工党政府所谓"第三条道路"的执政理念是直接相关的。布莱尔政府认为传统的官僚制模式和保守党的市场化模式都各有局限,正确的选择是另辟蹊径,即走一条超越左与右的第三条道路,充分利用并发挥公共部门和私人部门各自的优势,共同为顾客和社会提供高质量的、令人满意的服务。而政府部门之间以及公私部门间的合作"不一定需要正式的结构,相反,为了保证服务的灵活和及时,它应该是多种多样的。把各种机构(和个人)的力量联合起来的关键是信任"。③ 这种建立在信任基础上的合作是以组织文化的整合为前提的。

在 1999 年的一次重要的演讲中,布莱尔曾抱怨,在他努力提高白厅各部门公共服务水平的尝试过程中,总是感到如芒在背、力不从心。政府各部门主动性差、

---

① Andrew Taylor. Hollowing out or Filling in Taskforces and the Management of Cross – cutting Issues in British Government, British Journal of Politics and International Relations2000(2), p58.

② HM Treasury and The Prime Minister's Office of Public Services Reform, Better government: Executive agencies in the 21st century. 2003, p32.

③ David Richards . Martin. Smith. Governance and Public Policy in the U K. Oxford University Press 2002. p238.

对部长指示反应迟缓,他指出,公务员只顾着"自扫门前雪",保护自己的地盘和利益,而不是加强政府方案的执行。① 公务员的这种主动性精神的缺乏不仅要通过组织和目标的整合,更重要的是在政府部门中形成一种相互信任的、合作的文化。因此,布莱尔政府提出,"协同政府"需要有合作的心理和合作的经验为前提条件,同时需要新的组织文化作为支撑。这种组织文化的培养首先要求人们树立决策与执行尤其是提供服务同等重要的意识,二者共同服务于结果为本、顾客满意的政府目标;其次,合作对政府政策的制定和执行都提出了更高和更复杂的要求,政府各部及其执行局必须保证明白核心执行部门的战略意图并有能力按照其要求而不是自己部门的条件来进行服务;此外,各部及其部长们也必须熟悉其属下各执行局的服务情况,确保对潜在的问题有足够的把握和了解,当执行局的工作发生交叉或者重复时,各部及其部长们能及时的沟通并进行合作;再次,让政策制定者和执行者一起工作,如让制定者更多地参与服务的提供,让执行者更多地参与政策的制定,在熟悉彼此职责的基础上增进对彼此的了解,培养部门内部的合作精神;最后,人员的招聘、培训、提升等内容也要围绕合作的需要,中央政府内部的管理更需要全新的理念。在布莱尔工党政府全神贯注推动协同政府建设的过程中,也产生了大量关于公务员个人技能的报告和研究,其中,一个政府报告总结到:公务员需要在跨组织边界的工作中表现得更好,并将思维定势由一种部门竞争的文化转变到一种合作文化上来。②

　　4. 信息整合:电子政府的建设

　　引用信息技术改革政府并不是布莱尔政府的专利,在八十年代末九十年代初的"重塑"时期,撒切尔和梅杰的保守党政府就曾大力引入信息技术以构建电子政府。但是,重塑时期对信息技术的运用是建立在传统官僚体系之上的,功能性组织之间的壁垒由于信息技术而变得更加坚固了。因为中央政府各部门都具有自己的、非一体化的信息技术系统,例如各部门都建立了关于本部门服务对象的数据库,但是每个部门都是按照不同的方式记录其服务对象的姓名、住址等基本信息,有些部门以姓为首字母,有些部门以第二或者第三个名字为首字母,当两个部

---

① Dennis Kavanagh. David Richards. Departmentalism and Joined – up government:Back to the Future? Praliamentary Affairs. 2001. (54),p1.

② Cabinet Office. Wire It Up:Whitehall's Management of Cross – cutting Policies and Services. London:Cabinet Office,2000,p42.

门的服务对象发生重合的时候就会发生混乱,导致错误的人被扣了税或者顾客信息被泄露等损害顾客以及公众利益的后果。① 信息技术这种无规范的引进,不仅使政府各部门不能在网上连接起来为顾客和公众提供整合的服务,最重要的是阻碍了政府各部门在日常基本工作中的沟通与交流,大部分公务员甚至都不能通过最基本的 e–mail 与其他部门的同事联系。

为此,布莱尔政府推动协同政府建设的同时强调了电子政府建设的重要性,第一步就是于 1998 年 2 月在内阁办公厅创立了战略通信小组(the Strategic Communications Unit),由公务员与政府顾问(包括前新闻记者)组成,负责与信息部、各部部长的私人办公室以及唐宁街十号的新闻办公室合作安排政府发言的时间。在正常工作日,战略通讯小组每天通过 e–mail 向跨部门工作的、140 人发送大约 150 份的备忘录。② 为了进一步推动全国电子政府建设、加强各部门之间信息整合,布莱尔还专门设置了两个职位并任命两位内阁官员担任,一位领导内阁办公厅成立的 IT 中心组,负责整个电子政府建设的政策制定与协调工作;另一位则由贸易工业部主管小企业的国务大臣兼任电子商务大臣,负责向首相汇报电子政府的建设进展,指导政府各部及下属机构开展电子政府建设。此外,在组织结构上,布莱尔将原先设在贸易工业部的电子特使(e–Envoy)职位调整到内阁办公厅,并设立了电子特使办公室,专门负责国家信息化工作。2004 年 6 月,电子特使办公室正式更名为电子政府小组(e–Government Unit),成为内阁办公厅最大的小组,这种组织结构的改变也反映了电子政府计划作为一个优先发展战略在协同政府建设中的重要作用。

2007 年 6 月,布莱尔因为“金钱换爵位”的丑闻黯然辞职,财务大臣布朗接任布莱尔成为英国第十一任首相,作为布莱尔内阁的核心人物,布朗继承了布莱尔时期执政理念并继续推进协同政府的改革。上任数周后,布朗政府就成功应对了格拉斯哥机场恐怖袭击、口蹄疫、洪水灾害等一系列危机,受到了选民的认可。可以说,布莱尔时期留下的“政治遗产”是布朗政府高效应对各种突发事件的“法宝”,那就是一个强调协调与合作的协同政府,尤其是中央政府内部各部门之间的

---

① Perri 6. Diana Leat. Kimberly Seltzer and Gerry Stoker. Towards Holistic Governance：The New Reform Agenda. ［C］, Basingstoke：Palgrave2002. p144.

② Dennis Kavanagh. David Richards. Departmentalism and Joined–up government：Back to the Future? Praliamentary Affairs. 2001. (54), p12.

协调一致,加强了中央政府协调与控制能力,从而有效地处理了国内外社会的各种棘手问题。可惜的是,2010 年 5 月,布朗因为工党内部的斗争而辞职,①为工党 13 年的统治画上了句号,这也再次反映了政治因素对实现政府内部协调的改革的影响。

　　布朗辞职后,保守党领袖卡梅伦登上了首相宝座,与自民党组建了英国七十年来的首个联合政府。在联合内阁的领导下,卡梅伦政府在实现中央政府部际协调、促进各部门合作方面是"萧规曹随",还是"改弦更张",未作深入研究。但是,通过对 2011 年 8 月的伦敦骚乱和 11 月 200 万公务员的"世纪大罢工"的分析,协同政府理论的创始人之一——英国牛津大学政治学教授韦农·波格丹诺认为经过工党的改革实践,"协同政府从一定程度上讲,已经融入进了白厅以及地方政府的文化当中,"可惜,他最著名的学生——英国前任首相、保守党领袖卡梅伦并未继承他的思想。因此,卡梅伦政府时期将如何加强中央政府各部门之间的协同与合作将是本研究继续关注的内容,但可以肯定的是,协调始终是英国中央政府的关键问题,②只是在不同的政治环境下,对部际协调的重视程度以及实现部际协调所采取的方法和手段会有所不同。

---

① 布朗首相路:临危受命好戏不长,内斗不断失民心. 中国日报 2010 - 05 - 16. www. chinadaily. com. cn/hqpl/gjsp/2010 - 05 - 16/content_316526_2. htm

② Martin J Smith. Reconceptualizing the British State:Theortical and Empirical Challenges to Central Government. Public Administration 1998(76),p64.

第四章

总统权力的集中——美国中央政府部际协调的实践

　　正在英国担忧内阁政府会被首相政府所取代,英国会出现一个类似美国总统式的首相时,美国也在担心自己的总统会变成封建社会独裁式的君主,尤其是在约翰逊(1963—1969 年)和尼克松总统(1969—1974 年)时期,"帝王般的总统职权"引发了美国对其民主体制的担忧。实际上,集国家元首、行政首长、军事统帅、外交首长、立法首长与政党领袖六种职责于一身的"美国总统无疑是世界上最有权力的民选首长",①远非英国首相所能及。但是,即便拥有帝王般的权力,面对中央政府部门间的冲突与竞争,总统也是有心无力的。卡特总统曾宣称:"我甚至不能把一只老鼠赶出我的办公室",因为由于内务部(Department of Interior)和总务署(Thegeneral Service Administration)之间的管辖争议,卡特不能如愿搬家。里根总统任内的国务卿舒尔茨也曾总结华盛顿的政治环境:"没有任何事是能够事先安排好的,你必须时时处于战斗之中!"②甚至可以说,在对中央政府各部门的控制与协调方面,美国的总统还要羡慕英国的首相,因为首相在管理中央政府时很少受到议会的干涉,而总统却时时受到国会的制约。一方面,总统作为最高行政首长行使行政权;另一方面在行政权的行使过程中却受到国会和官僚机构的限制,使总统陷入这种"尴尬"局面的根源在于美国《宪法》。《宪法》第 2 条第 1 款规定:"行政权属于美利坚合众国总统",但是根据权力分立与制衡的原则,开国元勋们并未将行政权专属于总统,赋予了国会"所有立法的权力",使其可以利用立法权、财政权和监督权来控制官僚机构并以此限制总统的权力。所以,总统只是广泛地而不是直接地控制官僚机构,"我们比任何总统都更持久"这是官僚政治的一

---

① Thomas E Cronin. The State of the Presidency. Boston:Little,Brown. 1975,p27.

② Robert Pear . The Policy Wars:Those to Whom " Battle Royal " Is Nothing New,New York Times,1987.

句格言。① 甚至于总统任命的内阁部长这些政治性官员在去官僚机构任职后,"他们看世界的立足点立刻转移到他们的部门",②被自己的部门所"俘虏",代表部门而不是总统去争夺各种利益。面对着一个具有强离心力的官僚机构,总统单靠自己的力量难以实现对官僚机构的控制与协调,特别是随着各种社会事务的增长,总统行政权的扩张使其必须依赖一个强大的办事机构来协助总统行使其职责,其中也包括对中央政府各部门(内阁各部)之间的协调。

一、总统办事机构的协调功能

为了实现"政府的政策制定更加一致",罗斯福总统于 1936 年任命了一个专门的行政管理委员会(即布朗洛委员会)负责检查全部联邦行政工作,并提出改革建议。1937 年 1 月,该委员会向国会提出报告,强调应设立总统办事机构(Exective of President 简称 EOP),以加强总统的地位,加强总统对政府有效控制和协调。国会经过长时期激烈辩论后,虽未批准整个改组计划,但支持创建总统办事机构,以向行政首长提供人员支持,并帮助协调行政官僚机构。③ 之后,EOP 就成了总统的指挥和协调中心。经过几十年的发展,随着总统权力的扩大,它已经由最初设想的小而紧凑的组织发展为目前包括副总统办公室和其他 10 个组织在内的庞大机构。这些组织包括:白宫办公厅、管理与预算局、国家安全委员会、经济顾问委员会等。需要指出的是,总统办事机构的组成部门主要是委员会的成立是根据总统的需求不断变化的,例如克林顿总统为振兴美国经济而设立了国家经济委员会。这些组织在长期或者短期时间内帮助总统在不同的政策领域进行协调中央政府各部门的活动。

(一)白宫办公厅(White House Office,简称 WHO)

WHO 是总统办事机构的中枢,也是总统办事机构和总统直辖的政府机构的神经中枢,它是专门为总统个人服务的,为总统出谋划策的"小内阁"、"智囊团"。

---

① 【美】托马斯・帕特森著,顾肃、吕建高译,美国政治文化. 北京:东方出版社 2007 年,第 465 页.

② 【美】詹姆斯・Q. 威尔逊著,孙艳等译. 官僚机构:政府机构的行为及其原因. 北京:生活・读书・新知三联书店 2006 年,第 352 页.

③ 【美】施密特・谢利・巴迪斯著,梅然译. 美国政府与政治. 北京:北京大学出版社 2005 年,第 287 页.

它的主要任务之一就是代表总统与各行政部门进行联系,指导并协调政府机构的活动,协助总统检查和监督各部门的工作,推行政令,监督总统决定的贯彻和执行情况。

白宫办公厅设有总统顾问、正副主任、国家安全事务助理等助理和顾问官员,这些人员都是由总统根据自己的意志任命或者免职的,不需经国会参议院批准。因此,这些人员往往是与总统关系最密切、在总统选举期间为总统立下汗马功劳并唯总统马首是瞻的亲信。这些亲信类似于中国古代皇帝左右出纳王命的近臣,他们被认为是"手握王爵,口含天宪"①的大臣,在美国这些亲信也被视为总统最信任的"内圈幕僚"。作为一种正式的组织结构,WHO 成立于 1939 年,但其渊源可以追溯至联邦政府成立之初,随着总统权限的扩大,它已由当时仅负责帮助总统处理文书和其他包括总统及其家人生活事宜的机构扩展为一个承担着政策制定、监督和协调等职能的大型机构。在艾森豪威尔时期,白宫办公厅的规模最大、人数最多,权力也最大,当时还设置了专门负责部际协调事务的总统副助理,类似于英国的协调大臣。此外,白宫办公厅的一个重要组成部分是内阁事务办公室,其职责是负责内阁会议召开时的具体工作,是帮助总统联系内阁各部、在总统和内阁之间实现沟通和互动的一个机构,具有一定的协调功能。但是,这个机构协调功能的发挥完全依赖于总统与内阁的关系,通过对近些年来白宫办公厅组织结构变动的考察和研究,我们发现虽然总统对例如沟通、立法联系和政策制定、行政管理等功能方面投入了大量的资源,但是内阁事务办公室本身在白宫办公室中的地位并未得到突出,反而是在小布什总统的第二任期还未开始之际就被撤销了,理由是它对内阁的政策协调功能并不是特别明显。② 这是因为内阁事务办公厅的协调功能早已经被白宫办公厅的其他机构尤其顾问官员和助理这些总统最亲近的幕僚所分享,这一方面反映了行政权力由内阁向总统的转移、内阁地位的下降;另一方面反映了白宫办公室作为"天子近臣"的职责越来越多,权力也越来越大。

---

① 出自《后汉书·朱穆传》:"当今中官近习,窃持国柄,手握王爵,口含天宪,运赏则饿隶富于季孙,呼嗡则令伊、颜化为桀跖。"译文是指(那些奸臣与太监们趁着皇帝昏庸,把持朝政)他们私下窃走国家的实权,手中掌握,操控着朝中大员们的官运与人生,嘴里说的话就是朝廷的法令,说话具有生杀予夺的权力,把持国政,可以随时发号施令。

② White House using cuts to shuffle and shoo staff. 2005. New York Times, February 8, p. A16.

（二）管理与预算局（The Office of Management and Budget，简称OMB）

管理与预算局的前身是预算局，美国预算局成立于1921年，当时隶属于财政部，但局长直接向总统报告，是除了事实上早已存在的白宫办公厅之外，总统办事机构中存在时间最久且最稳定的机构。1937年，布朗洛委员会在建议组建总统办事机构的同时，也提出"在政府的官员中，预算局局长是少数能就整个观点、而不囿于一局一部观点，向总统贡献意见的官员之一"。罗斯福总统于1939年将布朗洛政府改组计划移送国会的咨文中说："如果预算局非属十个行政部的一部分，将更有便于帮助总统从事协调的工作。"于是，1939年的改组将预算局从财政部脱离出来，改由总统直辖。① 可见，成立预算局的最初目的就是要发挥其代表总统从整体视角出发协调中央政府各部门的作用。1970年，尼克松总统向国会提出了改组计划第二号，现在的管理与预算局正式成立，进一步加强了其在财政方面的职责，其中协调职责主要包括：审核并协调中央政府各部的建议立法事项，并对总统提出有关立法事项的建议；设计并促进联邦及其他统计工作的改进、发展及协调事项；将政府各部建议推行、已推行及已完成的工作进度及时间，随时报告总统以使各行政机构的工作计划得以协调。正如美国前总统蒙代尔所说"预算局历来是总统的一个重要的幕僚支柱，它协助总统调整、制定和执行联邦预算，以及解决某几种机构与机构之间的问题"。②

管理与预算局对内阁各部及其它机构的协调作用不仅体现在预算方面，还体现在其对各部提交规章的审查和审批职能上，这些规章是指内阁各部及其他官僚机构为执行、解释、说明法律或者政策，或规定机构的程序、实务要求而发布的、普遍适用并在将来生效、具有法律效力的陈述性文件。对规章的审查和审批是总统的一项重要职能，尼克松总统时期通过总统办事机构使这项职能作为一项制度确定下来，里根总统时期签署12291号行政命令，宣布将行政审批的职能转移到管理和预算局下属的信息和管制事务办公室（Office of Information Regulatory Affairs）——这个机构最早成立于卡特政府的末期，用来执行美国的政府文书削减法案——在里根和克林顿总统时期的行政命令基础上，小布什总统颁布了《美国管制计划与审查》的行政命令，认为对行政机关的规章制定进行协调性审查是必要

---

① 雷飞龙著．美国总统的幕僚机关．台北：台湾商务印书馆民国六十一年，第98页．
② 【美】瓦尔特·蒙代尔著，曾越麟、汪瑄、上海复旦大学资本主义国家经济研究所合译．掌权者的责任——争取总统克尽厥责．北京：商务印书馆1978年，第80页．

的,可以确保规章同生效的法律、总统优先权以及本行政命令所确立的原则保持一致,并确保某一行政机关的决定与另一行政机关所执行或计划执行的政策和行动不会产生冲突。① 这条行政命令认为管理与预算局应该执行这项功能,信息和管制事务办公室行政审查和审批的功能就此得到了进一步地巩固,它通过成本效益分析对各部提交上来的规章进行审查、修正、退回补充以及直接否决,从而加强了总统对内阁各部以及整个官僚机构的控制,确保内阁各部的各项决策与总统的整体政策相符合;通过将提交上来的规章有冲突或者存在交叉的部门领导集中起来并进行商谈,实现了内阁各部在政策制定过程中的协调一致。奥巴马上台以后,任命芝加哥大学法学院教授桑斯坦(Sunstein)担任信息与管制事务办公室的主管,他是成本效益分析领域的专家,奥巴马在一份声明中表示:"作为美国宪法学者的领军人物之一……(桑斯坦)他是唯一有资格领导政府监管改革进程的人选。"② 可以预见的是,在奥巴马的任期内将继续加强信息与管制办公室的审批和监管职能,在此基础上,其对内阁各部的协调职能也将有所提高。

(三)国家安全委员会(National Security Staff)及各种协调小组

在国家安全委员会成立之前,除了总统至少还有四个对外决策来源,它们是国务院、情报部门和海军部、陆军部。在"二战"期间,为了解决这种决策分散以及各部门之间协调缺乏的问题,经有关部门成立了国务院—陆军部—海军部协调委员会(State – Army – Navy Coordinating Committee),负责协调涉及外交与军事政策的各机构,这是国家安全委员会的雏形,其在本质上就是一个协调机构。1947 年,杜鲁门总统根据国家安全法(National Security Act)成立了国家安全委员会,其目标就是将涉及国家安全的内政、外交、军事政策进行完整综合,对总统提出建议,以使各军种与政府其他各部门在有关国家安全的事务中,实现更有效地合作。

国家安全委员会本身是由三部分组成——执行秘书、秘书处和参谋处。其中,前两者负责安全委员会的日常运作,而由其他各机关调来的人员组成的参谋处,因其人员仍与各机关保持联系和沟通,所以在准备研究报告前,负责对各机关进行协调并协商决定报告的范围。为了协助国家安全委员会处理特定问题,委员

---

① 于立深译,胡晶晶校订. 美国《管制计划与审查》行政命令. 行政法学研究 2003 年第 4 期,第 86 页.

② 东方财富网:美国总统奥巴马提名桑斯坦接管白宫信息与管制事务办公室,www. finance. eastmoney. com/090421. 1064051. html2009 – 04 – 21.

会内部还经常成立若干常设委员会,最早成立的委员会就是部际情报会议(Inter-department Intelligence Conference)以及部际国内安全委员会(Interdepartment Committee on Inernal Security),这些内部委员会在本质上也属于协调机构,进一步反映了国家安全委员会在国家安全政策领域所具有的协调职能。肯尼迪总统时期,考虑到过多的部际协调委员会的设立可能影响到国家安全委员会其他职能的发挥,因此取消了当时的工作协调委员会等常设的部际委员会,成立了临时性机构——特遣小组(Task Force),负责获得其他相关部门的意见并对其进行协调,事毕即解散。临时协调机构取代常设协调机构并不意味着国家安全领域协调需求的降低,相反,由于在对外事务方面"官僚机构的相互关联"尤为突出,例如像把军事问题划归五角大楼(国防部)、让国务院管外交、中央情报局搞秘密活动这样清楚地划分活动范围是极不容易的,"管辖范围是如此互相重叠,责任是如此模糊不清,企图侵入他人政策范围的图谋是如此强烈",导致各部门之间的纷争不已。为了解决这个问题,肯尼迪之后的总统都大量使用了类似特遣小组的协调机构以共同制定各种政策,特别是在里根总统的第二届任期,成立了二十五个高级协调小组和五十五个中级协调小组和一百多个完成其他任务的小组、委员会和工作机构。①

(四)总统办事机构的其他协调方法

总统办事机构的组成部门是随着总统的更替不断变换的,而白宫办公厅、管理与预算局以及国家安全委员会则作为构成总统办事机构的主体是比较稳定的,这一方面是与这些部门所涉及的政策领域是关于国家存在的基本领域,例如经济还有外交,但最重要的是他们所具有的其他部门或者机构难以取代的协调功能。除了这三个部门,总统办事机构的其他组成部门也具有或多或少的协调功能,例如,尼克松总统在改组计划第二号中除了改组管理与预算局,还提出建立国内事务委员会,它是为了便利调整各部之间的纠纷和增进政府计划的执行效率而设立的,其内部所属各委员会的职责也是要使各部在解决问题时能进行合作。鉴于这个委员会在对涉及国内事务各部门进行协调的重要作用,卡特总统时期将其改组为政策发展办公室,是专门对国内事务进行决策的机构,协助总统制定、协调和实施经济政策,协调国内事务方面各部和各种机构的活动,进一步加强了政策发展

---

① 【美】赫德里克·史密斯著,肖锋、姬金铎等译. 权力的游戏——华盛顿是如何工作的(下册). 北京:中国人民大学出版社 1991 年,第 304 页.

办公室在协调国内事务上的职能。但是,随着国内社会事务的复杂化程度日益增长,单一的政策发展办公室难以协调所有国内事务尤其是一些新生事务,因此,政策发展办公室协调国内事务政策制定与执行的职能逐渐被肢解并分散于科学技术政策办公室、环境质量委员会、国家艾滋病政策办公室、国家药品管理办公室等其他办事机构的组成部门中。

除了设置专门的部门负责相关政策领域的协调工作,有时总统还会在危机突然爆发时,在总统办事机构中设置一个临时性或者过渡性的机构并任命一个沙皇式的全能协调者对危机或者棘手问题进行协调。① 例如,尼克松总统曾在一年中先后任命了五个人担任"能源沙皇"以应对第一次能源危机,克林顿总统时期任命了一个"药品沙皇",其正式头衔是"国家药品控制政策办公室主任",职责是协调六十多个制定和执行药品政策的联邦官僚机构,而在 911 发生后,小布什总统也成立了国家安全办公室并任命了国家安全办公室主任作为"国家安全沙皇"。这些沙皇式的全能协调者的协调功能的发挥也完全依赖于总统的行政命令。例如,国家安全办公室的使命是"领导、监督和协调一项范围广泛的国家战略,以保障国家安全,免受恐怖主义的威胁或袭击",建立该机构的行政命令给予了作为主任的瑞杰全能协调者的地位。

不管是白宫办公厅、管理与预算局、国家安全委员会还是其他机构及其领导者都属于总统的办事机构,它们包括协调的各项功能能否得以充分发挥都取决于总统对办事机构的依赖程度。随着总统行政权力的增长,美国总统对其办事机构的依赖程度越来越强,总统办事机构的权力也随之增长,其决策和领导人员作为总统的幕僚,权力之大甚至到了仅次于总统本人的第二号掌权者的地步,成为"无形的总统",②尤其是白宫办公厅主任、国家安全事务助理等由于和总统关系最亲密、影响最大而成为"超级幕僚",代替总统发挥其在不同政策领域的协调职能。但是,总统办事机构权力的增长也反映了行政权力从政府各部向白宫的转移和集中,甚至出现架空政府各部的趋势,例如,艾森豪威尔总统的首席顾问亚当斯已凌驾于各行政部长之上,尼克松总统的国家安全事务助理基辛格对外交事务的过度

---

①　【美】格雷姆．巴拉著,俞沂暄译．官僚机构与民主:绩效与责任．上海:复旦大学出版社 2007 年,第 152 页．

②　吴大英、沈蕴芳．西方国家政府制度比较研究．北京:社会科学文献出版社 1991 年,第 106 页．

干涉导致国务卿(国务院的首脑)罗杰斯愤然辞职。可以说,总统办事机构及其幕僚权力的增长进一步加剧了总统与官僚机关的紧张关系,尤其是幕僚(总统亲信)与内阁(政府各部部长)之间的幕阁关系更加紧张,矛盾迭出、冲突频发,从而导致包括内阁在内的官僚机构对于总统的离心力日趋严重。而更危险的是,幕僚由于其"手持王爵"的特殊地位,当出现一个控制欲不强或对幕僚过于信任的总统时,幕僚还有"挟天子以令诸侯"、架空总统的可能。例如,里根总统在任内遭遇的最大危机——伊朗门事件,就是由于其安全顾问麦克法兰在总统不知情的情况下秘访伊朗造成的;尼克松总统时期的白宫借着"总统的名义"建立起了独立于总统的权力基地,这也是水门事件产生的客观原因之一。"解铃还须系铃人",既然总统办事机构及其幕僚的功能源自总统对其的信任和依赖,那么遏制总统办事机构及其幕僚权力膨胀的趋势也需要加强总统对其的控制,而归根结底还在于对总统行政权力的限制上。

二、部门间委员会(又称部际委员会)的协调功能

美国政治学家哈罗德·希德曼曾经说过:"部门间委员会是政府这座花园里的野草。没人需要它们,但是到处都看得见它们。委员会靠着嘲弄和取笑苗壮成长,像野草一样繁殖迅速,以至于任何清除它们的努力都是徒劳的。"[1]部门间委员会的"生命力"之所以如此强,就是因为协调问题是普遍的、是永久存在的,而部门间委员会所具有的专门的协调功能是其他机构都难以替代的。部门间委员会存在的形式是多样的,它可以是总部设于白宫的常设机构,例如之前提到的总统办事机构中的环境质量委员会、国内事务委员会等;也可以是为协调解决特定问题而在部门之间设置的临时工作小组,它的总部既可以设在白宫也可以设在牵头部门中,问题解决后就立即解散,例如克林顿总统时期,为了使美国出口控制制度现代化和自由化,来自国防部、商务部和国务院的代表组成了出口控制改革特别工作小组。这种跨部门的工作小组也就是部门间委员会具有下列优势:①跨部门的成员协作小组从不同部门的角度对问题或机会有不同的看法。身处孤立部门的人只能看到问题在本部门所引起的症状,而部门间委员会能更全面地看待问题;②协作小组的成员面对不同观点开始思考他们部门以外的事,有利于培养小组或

---

① Harold Seidman. Politics, Position, and Power. New York:Oxford University Press1970. p171.

委员会成员跨部门的思维方式;③协作小组会冲破部门间的藩篱进行跨部门的合作;④部门间委员会在一个机构内建立持久的网络,因为每一个人结识了别的部门内具有同样观点的人。志同道合可以使观点和信息流动得更快、合作起来就更容易。

　　部门间委员会作为一种协调机制的确立源于富兰克林·罗斯福总统协调美国政府对战时经济的管理与对军事采购的管理的尝试,这段历史可以被解读为寻找部门间有效协调机制的一个长期的努力。1939 年,罗斯福总统成立了战争资源委员会,这是一个蓝带委员会,①用来起草战争动员计划;几个月后,它被国防顾问委员会取代,也是一个蓝带委员会,尽管法律未赋予它权利,但它却争取到可以批准国防合同和建议战争部如何订购武器权利;持续一年后,生产管理办公室替代了国防顾问委员会,与前两个委员会不同,它被赋予了一定的权力;但是由于与其他部门的竞争,几个月后,它也不复存在,取而代之的是优先供给和分配委员会,这一委员会的创立明显是一个后退,它几乎是一个由内阁成员和人力资源管理局续聘官员组成的委员会,总统几乎没给它什么权利,所以这个委员会既没有确定在战时什么要优先供给,分配的供给更是少得可怜了。1942 年,战争生产委员会成立,在总统赋予了它和它的主席广泛的实际权利的条件下,取得了一定的成绩,但很快招来政府其他部门的嫉妒,被它们视为对手,很快也被取消了。第二年,在吸取了之前设立委员会的经验和教训的基础上,罗斯福创设了战争动员办公室,为克服内阁委员会的弱点,它定位为政策制定者,为避免引起其他政府部门的嫉妒和敌对,它不制定任何规划,也不认命大权独揽的人;但是为了保障它的权威,由国会而不是总统授予了战争动员办公室广泛的权利,为避免被视为一个重新确定其他部门任务的机构,它拒绝提出任何计划,只调解部门间的争端。总之,战争动员办公室取得了成功,为美国在"二战"中的胜利做出了贡献,而相较于之前的委员会,它取得成功的秘诀就在于领导战争动员办公室的伯恩斯将其定位为政策

---

　　①　蓝带委员会(blue – ribbon committee),一个非正式的词汇,指由一些专业人士组成的,目的在于对某项社会事务进行调查研究的组织。这种组织一般不受政府和其他权力机关的影响,但自身也没有强制力。其价值在于用专业、客观的分析得出结论和建议,供决策者参考。

制定者和部门间争夺的协调者,"战争动员办公室是一个法庭,而不是一个行政部门。"①

　　战后,战争动员办公室作为协调部门间关系的成功机制被广泛地应用,主要体现在以下两个方面:一是随着总统办事机构的成立与发展,部门间委员会已经成为总统办事机构不可分割的一部分,几乎每一届总统都会成立类似的协调委员会,例如福特总统时期成立的经济政策委员会就非常成功地向总统提供了关于经济政策的连贯而及时的建议,解决了内阁部长在委员会内的分歧。其中,最长久也是层次最高的部门间委员会是国家安全委员会,它不仅是总统办事机构的组成部分,而且也是最重要的组成部分之一,这与对外事务在美国争取国际霸权地位中的重要性以及对外事务本身所涉官僚机构的相互关联性程度比较高有关系,换句话说,对外事务中的协调需求是最为强烈且日益加强的。二是部门间委员会作为协调机制的使用不仅局限于白宫,它也被广泛地应用于内阁各部或者州政府甚至更低一层次的政府当中。例如纽约州部门间的健康和医院理事会,它被视为协调利益存在重叠的行政部门的榜样;②联邦调查局则在地方层次成立了部门关系委员会,目的是确保资金的投入、以加强部门间在信息分享上的合作。

　　综上所述,总统办事机构、内阁和部门间委员会在协调内阁各部也就是中央政府各部门之间的关系上起了重要的作用,但实际上,它们所具有的协调功能都只是总统协调职能的一种延伸,其协调功能的发挥也完全依赖于总统个人所具有的领导能力:总统办事机构本身就是由总统最亲近的幕僚组成的,这个机构及其组成人员相当于总统控制庞大的官僚机构的"耳目",其兴衰荣辱也完全系于总统一人在任期的起起伏伏;关于内阁,美国的伍德罗·威尔逊总统曾经说过,除了总统本人握有实力或处事老练之外,没有任何力量能使内阁协调一致,通力合作;③而总统也逐渐意识到委员会的协调很少见效,除非自己给予特别的关心。④ 正如

①　【美】詹姆斯·Q. 威尔逊著,孙艳等译. 官僚机构:政府机构的作为及其原因. 北京:生活·读书·新知三联书店 2006 年,第 367 页.

②　Basil J. F. Mott. Anatomy of a Corrdinating Council: Implications for Planning , Pittsburgh: University of Pittuburgh Press. 1968.

③　【美】伍德罗·威尔逊著,熊希龄、吕德本译. 国会政体:美国政治研究. 北京:商务印书馆 1986 年,第 142 – 143 页.

④　【美】詹姆斯·Q. 威尔逊著,孙艳等译. 官僚机构:政府机构的作为及其原因. 北京:生活·读书·新知三联书店 2006 年,第 367 页.

研究美国政府体制的一些学者所说,总统才是克服美国官僚机构碎片化的解毒剂。① 换句话说,在美国,实现中央政府的部际协调的关键是加强总统的协调能力,因为总统是美国政府中唯一能在行政过程中促进协调的机构,其他(内阁等)可能在中央政府层面实现协调的机制的功能发挥也主要依赖于它们与总统的关系。

---

① William F. West. Presidential Leadership and Administrative Coordination:Examining the Theory of a Unified Executive. Presidential Studies Quarterly 2006(3),p1.

第五章

改革次世代^①——澳大利亚和新西兰中央政府部际协调的实践

从二十世纪八十年代开始,世界各国行政改革可以分为两个时代:第一代的行政改革由八十年代开始到九十年代中期的一系列激进的变革组成,通过引入企业先进的管理理念与方法,提高了政府的行政效率。这一代的改革因其具有的明显特征被称为"新公共管理"运动,例如市场化、民营化、引入竞争机制等。随着新公共管理运动在世界各国的深入开展,逐渐暴露出一些问题,尤其是对竞争的强调、单一目标组织的广泛建立等加深了政府碎片化、筒仓化以及空心化等趋势。为了应对这些趋势,新公共管理运动中的先锋国家实施了一系列强调协调和整合的改革措施,特别是像新西兰这样激进的改革者,现在已经宣称其进入了所谓政府部门改革的"次世代"。^②

一、整体政府——澳大利亚中央政府部际协调的实践

(一)澳大利亚建立整体政府的背景

与美国一样,澳大利亚政治制度也是早期日不落帝国在一个"新大陆"上殖民的结果。但是,由于其所处的独特自然环境和社会环境,以及经历了历史长河的冲洗,澳大利亚的政治制度已经发展成了一个不同于英美国家的混合物:一方面,作为曾经的英国殖民地和现在的英联邦国家,澳大利亚以英王作为其虚位国家元首,总督是英王在当地的代表;并与英国一样实行议会内阁制,由议会众议院中占多数的党派执政。另一方面,又借鉴了美国式的联邦制,成立了联邦制国家,并依

---

① 源自日本语,即下一个时代,未来的时代.

② Robert Gregory. " Theoretical Faith and Practical Works:De – Autonomizing and Joining – Up in the New Zealand State Sector " in Tom Christensen, Per Lægreid Autonomy and regulation:coping with agencies in the modern state . Edward Elgar Publishing 2006. p137.

此组成了参议院,实行联邦与州分权。尽管如此,澳大利亚和美国一样,其行政制度方面的改革受到"母体"——英国的极大影响,这从二十世纪八十年代始于英国并迅速蔓延于整个传统的盎格鲁—撒克逊体系的新公共管理运动中就可窥见一斑。而澳大利亚在这场运动中,一直是一个积极主动的参与者,采用新管理主义的模式,对政府部门进行了大刀阔斧的改革。这些改革几乎涉及所有政府及政府的组织、过程、角色和文化等方面,改革的具体措施包括结构变革、公司化、私有化和分权化等。通过改革,大大减轻了政府财政负担。所以,澳大利亚与新西兰和英国一起被人们视为新公共管理改革最为迅速、系统、全面和激进的国家。①

但是,随着澳大利亚国内外社会环境的发展,新公共管理所倡导的管理方式已经越来越不适应社会环境转变带来的新变化,尤其是单一目标组织的建立和分权化改革带来的碎片化和空心化,加剧了人们对包括中央政府在内的整个政府体系采取一个更加整合的方式提供公共服务的需求。这些国内外社会环境的发展与变化主要包括以下两个方面:

第一是国内环境的转变。首先,随着公民权利意识的复苏,公民素质的提高,尤其是新公共管理所倡导的"顾客"理念使得公民对政府提供的服务提出了越来越高的要求,碎片化的服务显然不是他们所需要的。借助电子信息技术,澳大利亚的公民与政府的接触比过去要频繁便捷得多且成本越来越低。澳大利亚养老金的领取者和受益者已经将近总人口的百分之二十。人口的持续老龄化将可能进一步提高澳大利亚公民和政府的交往层次。政府部门必须更好地回应公民持续增长的需求。其次,国内社会事务的复杂化程度越来越高。例如安全和反恐、对可持续环境的管理、支持澳大利亚农村和偏远社区的发展以及对像药物依赖等棘手社会问题的解决,这些挑战都是很复杂的。正如澳大利亚前总理霍华德(1996—2007 年)在 2002 年 11 月的一次演讲中指出的:政府面对的一些最具挑战性的政策选择是那些跨越各内阁部长职权、联邦、州和地方政府之间传统边界的政策……任务远远超越了单个部长的职权范围……整体政府问题及它们的解决方法需要确定一个长期的战略重点,通过与社会协商制定政策的意愿并采取一种灵活的(服务)供给方式适应当地需求和环境。② 此外,公共部门预算的持续压

---

① 高小平、林震. 澳大利亚公共服务发展与改革. 中国行政管理 2005 年第 3 期,第 71 页.

② The Hon. John Howard, MP, Prime Minister, Strategic Leadership for Australia: Policy Directions in a Complex World, November 2002.

力、对提供服务的新方法的尝试等都使得提供整体政府的服务成为澳大利亚公共服务(Australian Public Service,简称 APS)的优先事项。

第二是国外环境的变化。首先,全球化是整体政府产生与发展的外部驱动力量。技术转变促进了国际竞争,公共部门也难以幸免。为了帮助澳大利亚在全球化的经济发展中保持竞争力、提高生产率,必须继续通过公共政策和公共服务供给才能实现,而只有更多的整合和共享的基础设施才能为这类竞争力和生产率的获得创造重要的条件。在国际谈判中,整体政府行动也是必不可少的。一旦达成,国际协议就很难改变。在国际关系中,有效的协调是必须的,因为澳大利亚海外的代表团是由来自不同机构的雇员组成的,所以澳大利亚需要他们用一个声音说话。① 在准备这种谈判的过程中,有效的机构间协调是澳大利亚实现积极的国际成果的关键因素。其次,发生在印尼巴厘岛的恐怖爆炸使澳大利亚人意识到,恐怖主义的全球化使澳大利亚不能偏安一隅、安享太平,恐怖袭击的应对和打击国际恐怖势力不仅需要联合国内各相关政府部门,以充分调动国内各种资源;更需要在国内团结一致的基础上加强与其他国家的国际合作。最后,合作不仅发生在对恐怖主义的应对和打击上,最重要的是在涉及可持续发展等方面的合作,例如参与针对温室气体排放的京都协议书的制定等。

面对国内外社会事务的发展与变化,一个碎片化的澳大利亚公共服务体系已经越来越不适应社会发展的要求。为此,澳大利亚管理咨询委员会(the Management Advisory Committee ,简称 MAC)在调查研究的基础上,发布了一个政府报告——《把政府联结起来:整体政府对澳大利亚面临的主要挑战的回应》,提出要建立一个整体政府,以更好地向社会提供全面的公共服务。

(二)澳大利亚建立整体政府的内容

《把政府连接起来》的报告是澳大利亚整体政府建设的指导性文件,它将澳大利亚公共服务中的整体政府定位为:整体政府意味着公共服务部门跨越职能边界进行工作,以实现一个共同的目标并以整合的政府方式回应特别事项。方式可以是正式的,也可以是非正式的。它们强调政策制定、方案管理和服务供给。② 但这个报告同时也提出整体政府的观点在澳大利亚并不是一个最新的内容,实际上,

① Management Advisory Committee 2004, Connecting Government: Whole of Government Responses to Australia's Priority Challenges, Commonwealth of Australia, Canberra. P25.
② Ibid. P1.

协调是澳大利亚公共行政的一个长期特征,整体政府的活动也主要包括三种类型:澳大利亚政府各部门之间;政府不同层次之间以及公共、私人和非营利部门之间。鉴于本研究的重点是中央政府层面的部际协调问题研究,因此对澳大利亚整体政府活动的研究也集中在中央政府层面的整体政府建设上。

1. 加强总理内阁部的协调职能

对整体政府协调的第一个尝试可能是联邦成立不久后建立的总理办公室(the Prime Minister's Office)。1904年,澳大利亚联邦政府在外交部设立了总理办公室,作为总理的办事机构。1911年总理办公室从外交部独立出来设立了总理府。1971年,麦克马洪执政时期,将总理府与内阁办公室合并,成立了总理内阁部(the Department of the Prime Minister and Cabinet),其主要职责之一就是协调行政事务。随着社会事务的增多,总理内阁部的协调职能进一步加强。特别是在2003年,霍华德政府在总理内阁部中建立的内阁政策小组(Cabinet Policy Unit),是整体政府加强总理内阁部协调职能的一个标志。紧接着,又在总理内阁部中建立了内阁执行小组(Cabinet Implementation Unit),作为对内阁政策小组的补充。内阁执行小组的目标在于通过提前进入政策制定阶段思考政策执行问题来加强政府决策的执行,尤其是涉及多部门的执行活动。内阁执行小组进一步加强了总理内阁部的协调功能,因为执行小组是以支持重要的整体政府活动作为其功能之一的。[1] 作为持续的中央协调过程的一部分,中央政府部门——总理内阁部、国库部和财政部——在实现有效地整体政府成果方面扮演了关键的角色。然而,在通常情况下,也有必要建立特殊目标机制——各种协调机构——以促进整体政府成果的产生。

2. 各种协调机构的建立

在澳大利亚,实现中央政府部门间协调的一个传统方法是建立委员会,它可以是常设的也可以是临时的,负责澳大利亚具体事项方面的协调工作。例如,联邦内阁的常设委员会。它是在第一次世界大战前后建立起来,是为了节省部长的时间,在内阁之下设常设或临时委员会,以适当集中政府各部专家,就有关问题或政策进行讨论和协商,提出方案或建议,交予内阁会议审议或批准的一种制度。

---

① Management Advisory Committee 2004, Connecting Government: Whole of Government Responses to Australia's Priority Challenges, Commonwealth of Australia, Canberra. P8.

像协调委员会的职能就是全面考虑政府的战略与重点政策,并负责处理总理就这些方面提出的问题。①

　　除了高级别的内阁委员会,从传统上讲,澳大利亚大部分整体政府的工作是通过中央政府各部之间的委员会也就是部际委员会来执行的。部际委员会是常设委员会,用来协调已确定政策的执行、为正式咨询提供一个论坛、帮助内阁清理提案或者用来协调方案或者服务的供给。例如,位于总理内阁部的澳大利亚政府理事会(the Council of Australian Government,简称 COAG)就是一个发挥部际协调功能的政府间高层论坛,由总理担任领导,其主要职责就是促进、制定和监督具有国家意义的政策改革的实施,而这些改革都是需要澳大利亚中央政府发起的合作行动。此外,部际委员会也可以是解决特别问题或者管理特别事项的专门性的临时性委员会,它并不需要部长的参与,可以由各政府部长派出高级公务员例如秘书,代表本部门参与有关政策的制定与执行,也就是在特殊优先事项领域成立的一些秘书委员会,包括国家安全、温室气体政策、生物技术、海洋政策、青少年事务和原住民问题的秘书委员会。这些委员会通常负责支持内阁委员会或者部长级委员会的工作,可以被视作清理内阁提案或者对不需要交予部长的事项进行协调的一个高层论坛。这种临时部际委员会具有灵活性等特点,但因其级别不高也常常缺乏一定的权威性。特别是当部长并没有准备好充分授权给他们各自代表参与委员会的时候,委员会的成果往往是复杂且又不清晰的。

　　随着整体政府建设的进一步深入以及部际委员会存在的一些不足(例如常设委员会的官僚化趋向等),最近几年,澳大利亚部际委员会常常更频繁地辅之以使用专门的任务组(taskforce)负责部门间的协调,以一种更加灵活和集中的方式将政府各部门和适当的人员聚集在一起。任务组具有以下几个特征:(1)其成员是临时从其他部门借调来的,他们的目标是提供一个明确的成果;(2)通常不局限于自己的代表角色,而是将他们的技术和经验用于联合问题的解决中来;(3)有时被要求与他们的主管机构保持联系并从事支持任务组的工作;(4)不仅可以从直接相关的部门抽调任务组成员,也可以从公共服务部门以外的部门中抽调工作人员,反映了科学和经验的适当范围;(5)通常从事全职的整体政府任务并为任务组领导工作;(6)通常与其主管部门的垂直问责自动分离;(7)通常为一个内阁委员

① 金太军. 当代各国政治体制——澳大利亚. 兰州:兰州大学出版社 1998 年,第 145 页.

会或者部长委员会工作。①　自二十世纪八十年代以来,任务组已经成为解决整体政府最高优先事项(high‐priority)时的一个确定方法。特别是1999年修正的公共服务法案和早期的财政管理和责任法,通过允许创建新的机构去执行并不适合单一部门执行的功能,为建立任务组奠定了法律基础。一些新的"先锋"机构,例如澳大利亚温室办公室、国家海洋办公室和澳大利亚政府信息管理办公室,都发挥了一个重要的整体政府作用。以温室办公室为例,澳大利亚温室办公室承担了部分环境和遗产部的职责,从法律上对环境和遗产部负责,但是在总理的指导下,它也和工业、旅游和资源部联合管理。

　　联合工作组通常是指在方案供给中的一种新的并且相对少见的跨部门合作方式。与任务组不同,澳大利亚的联合工作组是混合的、不是单一的结构,也就是说,它们不是独立的小组,向领导汇报并由领导最后决定提交给部长的政策建议。联合工作组的成员来自两个或两个以上的部门,在共同的管理结构上一起工作,尽管他们仍然要受到相关秘书的管理和控制。它具有以下特征:(1)在有几年预期寿命的混合功能组织中,来自两个或两个以上部门的成员一起工作以提供共同的成果;(2)没有机构占据领导地位,由小组管理者、部门执行人员和部长进行联合决策;(3)适当的治理安排允许联合行动有效进行;(4)依据公共服务法,每个部门通过人事管理继续对它的成员负责;(5)依据公共服务法和财政管理法,跨部门代表使得联合工作组的管理者能更好地管理混合组织;(6)对于外部客户来讲,成员被视为联合工作组的成员而不是他们主管部门的成员。②　自然资源管理小组(Natural Resource Management,简称NRM)是联合工作组的一个典型代表。它是农业、渔业和林业部同环境和遗产部的一个联合行动,成员由来自这两个部门的雇员组成,联合办公以提供保证水质量、防止生物多样性的丧失和土壤退化等方面的规划。这种联合行动的驱动力在于认识到对环境和可持续发展问题的重视程度的不断提高,只有将其视为连贯的计划的一部分才能实现。为了使自然资源管理小组有效地工作,需要付出巨大的努力以更好地协调资金、行政和其他问责体系、报告和信息技术。联合治理结构、运作协议和决策结构也是必要的,因为联合小组不是在简单的垂直结构中运行的。联合工作组只有在具有高水平的部门

---

①　Management Advisory Committee 2004, Connecting Government: Whole of Government Responses to Australia's Priority Challenges, Commonwealth of Australia, Canberra. p30.

②　Ibid. p33.

间信任关系和部门秘书有力的承诺的条件下才能运行。

3. 培养支持整体政府的文化

与第一轮的改革相比,后新公共管理改革也就是改革的次世代更注重培养牢固而统一的价值观、组织参与性、信任、价值为本的管理、合作、团队建设、加强公务员培训和自我发展等意识。由于忠诚度的不断下降和不信任的日益增加,有必要在公共部门内部重建"公共道德"和"凝聚性文化"。[①] 目前,澳大利亚和新西兰这些致力于次世代改革的政府寻求的是在公共部门内部转变文化。人们认为,通过建立共同的文化,树立权力分享理念,建立共同的规范和价值体系等努力,能够取得较大的成就,这些都是进行跨部门合作的前提条件。用澳大利亚总理内阁部大臣彼得·谢尔戈德的话来说:"整体政府坚持主张机构联合,避免部门主义,崇尚无缝隙行政。"[②]他还强调"所有政府部门都应该通过独一无二的公共服务伦理联系在一起"。澳大利亚管理顾问委员会 2004 年的报告——《把政府联结起来:整体政府对澳大利亚面临的主要挑战的回应》指出有必要建立支持澳大利亚公共部门的文化,以"一起工作"为口号,形成相应的价值和行为准则来推进整体政府的实施。

而在培养澳大利亚的整体政府文化中,领导起着关键的作用。首先,发挥领导重要作用的一个方面是他的榜样作用和标准作用。澳大利亚公共服务领域的高级领导者所做出的一个显著贡献是阐明存在的价值和一贯的模式、合作行为。这个角色的重要性是由 1999 年公共服务法案确定的,它规定了高级公务员的核心功能是"促进与其他机构的合作"。领导者可以采取的战略包括:建立和使用跨越职权范围的网络,鼓励执行小组确定横向问题,将良好的合作行为模式化,确定有足够的资源被用来支持横向行动和积极倡导或者指导主要的整体政府项目等,这些战略统称为"整合领导"战略。[③] 为了进一步发挥领导的榜样和标准作用,澳大利亚进行了多项领导能力开发和指导项目以培养领导的合作技能,并引入了领

① Norman, R. New Zealand's reinvented Government: Experiences of PublicManagers. Public sector, 1995. 18（2）.

② Shergold, P.. Regeneration: New Structures, New Leaders, New Traditions. Australian Journal of Public Administration, 2004. 54（2）: p4.

③ Podger, A. S.. Innovation with integrity – the public sector leadership imperative to 2020. Australian Journal of Public Administration, 2004. 63（1）: 11–21.

导"艺术"（craftmanship）这一概念，注重领导的合作能力。澳大利亚强调通过共同的文化观念将政府联合起来。在一个整体政府模式中，与其他机构进行协商是一种文化战略。

其次，整体政府文化的培养还与绩效文化和创新方式有关，而这种绩效文化和创新方式的确定，领导的支持是关键。因为在政府内部和政府之间建立整体政府反应的任务需要权威和合议领导致力于用小组的方式解决问题、回应外部看法并推动一种鼓励不受传统结构或者途径约束的创新解决方法的绩效文化。然而，澳大利亚公共服务中的高级雇员指出对机构奖励和表彰制度强烈的垂直关注成为有效整体政府合作的一大障碍，传统的绩效管理体系只关注机构特定的目标和成果，从而加剧了产生孤岛思维的风险，澳大利亚政府需要引入一种强调合作行为的绩效协议和评价标准，以支持一个更加网络化的文化和工作方式。为此，澳大利亚采取了一系列激励措施确保其制度可以奖励跨机构工作的能力和合作行为，例如，为了促进更多整体政府的行为，在总理公共部门卓越奖中纳入新的奖励种类，对政府部门间的协调与合作进行物质和精神上的奖励。另外，整体政府文化的培养需要重塑领导方式——一种支持文化演变并及时提供项目和预算的领导方式。

4. 强调信息的共享

信息共享在产生更好的决策和方案中扮演了关键的角色。机构收集、分析和储存的信息可以通过更多结构化的信息管理和信息共享集群的建立将政府各部门更好地连接起来。为此，澳大利亚成立了信息管理战略委员会（the Information Management Strategy Committee，简称 IMSC），作为管理咨询委员会（the Management Advisory Committee，简称 MAC）的下属委员会，信息战略委员会成立于 2002 年 9 月，思考和提出了共同基础设施、建构和协议的发展战略，这对于促进整体政府和多机构活动来讲是必不可少的。

有效的信息共享是整体政府活动成功的关键。而信息和沟通技术的进步是实现有效的信息共享的前提条件。因为信息和沟通技术的进步使得信息共享的技术障碍持续减少。可以预料到的是，在信息社会，这种趋势仍将继续。更快和更便宜的电脑硬件和沟通网络使信息共享甚至是来自远程站点的信息共享更加简单，正如电子商务的需求产生了对支持企业内和跨企业体系的整合工具和标准的大量投入一样，整体政府的信息共享使得现存技术能力得以充分利用。信息和沟通技术巩固并促进了政府各机构信息共享和信息管理水平的提高。[①] 例如,澳大利亚环境和遗产部同农业、渔业和农业部的联合信息管理项目就是在类似信息管理战略委员会的信息技术联合指导委员会的支持下开展的。这个委员会由来自两个部的秘书共同掌管。委员会的职责是提供领导和治理框架,以促进部门信息管理和信息技术系统之间的互通性。

二、合作政府——新西兰中央政府的部际协调实践

（一）新西兰建立合作政府的背景

如果说澳大利亚的新公共管理改革是循序渐进的,那么新西兰则是秋风扫落叶式的激进改革。在二十世纪八十年代中期和九十年代早期,通过引入一系列激进的变革奠定了新西兰在这场后来被称为"新公共管理"的运动中的世界领袖地位。[②] 这些改革包括将大量的公共事业私有化,政府贸易组织以国有企业形式进行公司化,创建了大量不受中央部委直接控制的单一目标组织,将部门政策咨询从政策执行中分离出来,对高级公务员的绩效进行监管和审查等。经过十几年的改革,新西兰的行政效率和经济效率都被认为是处于世界最高水平,是各国推行行政改革的一个典范。

但是,虽然新西兰的新公共管理（1986—1999）的改革强调建立大量拥有统一结构的小型组织,并对政策制定以及执行的过程进行分离,但接下来,（改革的）钟摆将向一系列新的原则摆动:"关注服务供给的碎片化,因为碎片化产生了对类似机构间网络和一些合并的需要,"并且"关注与服务提供越来越远的政策建议"。[③] 但是,由于新西兰的新公共管理改革的广度和深度远远高于澳大利亚,新西兰因改革带来的碎片化程度等负面影响也远远高于澳大利亚,"尽管澳大利亚也存在

---

① Management Advisory Committee 2004, Connecting Government: Whole of Government Responses to Australia's Priority Challenges, Commonwealth of Australia, Canberra ,P59.

② Robert Gregory. " Theoretical Faith and Practical Works:De – Autonomizing and Joining – Up in the New Zealand State Sector " in Tom Christensen, Per Lægreid Autonomy and regulation: coping with agencies in the modern state . Edward Elgar Publishing 2006. p137.

③ Paul G. Roness. "Types of State Organizations:Arguments,Doctrines and Changes Beyond New Public Management". in Tom Christensen and Per Lægreid. Transcending New Public Management:The Transformation of Public Sector Reforms. Ashgate Pub Co May 30, 2007. p72.

协调问题,但程度上要比新西兰轻很多。"①因此,新西兰需要采取更加制度化的措施来应对政府的碎片化趋向。

总之,经过八十年代到九十年代的这一系列的改革,新西兰并未创造出一个政府的乌托邦。1999 年,新西兰经选举上台的中左翼政府开始追随英国的工党,将类似英国"下几步"(The Next Steps)中的执行机构重新回归到中央政府的控制下。现在,新西兰已经进入了改革的次世代。被视为"第一世代"的改革为八十年代中期到九十年代早期引入的一系列激烈变革组成。但 1999 年后在方向上出现改变,在 2000 年,新西兰建立了一个标准委员会,为九十年代末期政府部门出现的问题提供了建议。一年后,政府公布了政府改革的一个核心报告,名为《检讨中央》,其目标是加强新西兰建立合作政府的能力。

(二)新西兰建立合作政府的主要内容

2000 年,新上任的工党政府建立了标准委员会,对九十年代末期政府部门改革中出现的一系列问题进行研究并提出建议。大约一年后,标准委员会公布了一个重要的报告——《检讨中央》(the Review of the Centre,2001),它指出:碎片化使得服务供给的协调变得更加复杂、增加了政府行政的成本并且模糊了某些议题上的责任……碎片化意味着部长需要和其他多个部门和机构建立关系并不得不经常在一个过度详细的层面上协调立场相互冲突的机构。碎片化使得协调一致变得更加困难。② 在报告的建议下,2004 年新西兰出台和修正了一批法律、法规并创新性地建立了一些协调机制,旨在加强"合作政府"的战略能力,以克服过多的结构"碎片化"和"筒仓化"、长期执行和管理能力的削弱以及和谐一致的部门作风的衰退。

1. 政府部门修正法案(the State Sector Amendment Act No. 2)的出台

在第一代改革之前,国家服务委员会(the State Service Commission,简称 SSC)是政府的中央人事机构,统一管理国家职业、标准工资率和工作条件。这个主要的、持续性的功能在新公共管理改革中被废除,制定人事政策的职责(在共同的标

① Tom Christensen. Amund Lie and Per Lægreid. "Still Fragmented Government or Reassertion of the Center? "in Tom Christensen and Per Lægreid. Transcending New Public Management:The Transformation of Public Sector Reforms. Ashgate Pub Co May 30, 2007. p21.

② Report of the Advisory Group on the Review of the Center, 2001. available. on www. executive. govt. nz/ministers/mallard/ssc. p4.

准内)被下放给了每个政府机构的首席执行官。他们可以"解雇和聘用"他们认为适合的工作人员。虽然仍挂着"国家服务委员会"的牌子,但这个机构的工作已经被有效地限制在公共服务上面。为此,2004年出台的新的政府部门修正法案重新加强了国家服务委员会的功能,赋予国家服务委员会主任跨越整个政府领域审查其结构问题的权力,以构建整合的能力并在跨政府服务的标准上提供强有力的领导。

国家服务委员会这个在重组第一阶段被削弱了功能的机构成为(新西兰)重塑中央的关键角色,这个改变将很好地影响中央机构间的权力平衡。① 在新西兰改革的次世代,国家服务委员会占据着重要的地位,体现在它提出预期和加强结果评估方面所扮演的角色并要求承担更广泛的职责,以加强中央机构的地位。协调和领导权似乎是由国家服务委员会和财政部两个中央机构来联合操作和实施的。② 这首先体现在国家服务委员会主任在促使政府整体和中央机构进行服务分析中承担了更广泛的职责。这个法案委托给主任促进战略的职责,以在公共服务中建立了高级领导权和管理能力,并赋予他或她跨越所有政府服务的自由裁量权。为此,主任应该和部门首要领导共同分担责任,在他或她的权限范围内为单个部门的领导和管理者提供指导。新的法案要求首要领导主要是财政部的部长与主任进行合作并遵从主任提出的任何合理化的请求。从本质上看,(国家服务委员会功能的加强)这是一个思考如何使整体大于部分之和的机会。③ 其次,这个政府部门修正法案的出台也表达了新西兰政府对所谓"公共服务精神"(public service ethos)衰落的关注。为此,国家服务委员会的主任被赋予了设置考察统一性的最低标准和跨公共服务的行为的职责,一般要求各机构都要遵守这个标准,严重违反最低标准的行为应该由主任告知部门首长。

---

① Tom Christensen. Amund Lie and Per Lægreid. "Still Fragmented Government or Reassertion of the Center?"in Tom Christensen and Per Lægreid. Transcending New Public Management:The Transformation of Public Sector Reforms. Ashgate Pub Co May 30, 2007. p31.

② John Halligan. "Reform Design and Performance in Australia and New Zealand". in Tom Christensen and Per Lægreid. Transcending New Public Management:The Transformation of Public Sector Reforms. Ashgate Pub Co May 30, 2007. p56.

③ Ibid. p56.

2. 公共财政修正法案的出台(the Public Finance Amendment Act,2004)

公共财政修正法案出台的目的是试图为"筒仓化"(siloization)效应提供解毒剂。[1] "筒仓化"是指政府各组成部门有一种只关注本部门产出的倾向,忽视了与其他部门进行合作,以提供一些在本质上要求整合的、"共同生产"的服务。这个法规旨在更好地促进政府协同,主要体现在新西兰财政部在改革次世代中协调职能的加强。该法案中的一个最重要的内容是改变了议会批准预算的方式,在议会对预算进行审批前,先由财政部对各部门提交的预算进行审查并优先提交那些涉及多个部门合作、有多种产出的预算,而议会也倾向于对财政部提交上来的这种跨部门预算案进行快速审批和通过。公共财政修正法案的另一创新之处在于为了鼓励政府各部门的合作,赋予各部门自由处置其预算资金的权力,如果有需要,可以与其他部门交换预算资金,也就是说,修正后的公共财政法允许一个部门可以为产出向另一个部门拨款,这样做抵消掉了"筒仓化"带来的负面影响,更好地促进了各部门之间的交流与合作。为了保证这种交换的合理性,法案规定获得预算的部门始终承担这笔预算资金使用的责任。在过去几年中,新西兰的公共财政修正法案加强了政府为结果进行管理的行为,目的在于将政府各部门的产出与期望中的政策结果更有条理地联系在一起,以更好地确保政府各部门的活动与政府总体目标保持一致。[2]

以新西兰中央政府对生物安全(biosecurity)问题[3]的应对为例。相较于英国、美国和澳大利亚,新西兰应对恐怖袭击的需求远远低于国内应对生物安全问题的需求。随着生物安全问题的复杂性日益增长,对新西兰经济和环境利益带来的威胁也越来越大,对生物安全的应对成为新西兰中央政府各部门进行协调和配合的外部主要驱动力。为了确保新西兰政府能更好地履行保障国内外生物安全的职责,中央政府赋予了农业和林业部(the Ministry of Agriculture and Forestry)在执行一个全新的"整体生物安全"(whole – of – biosecurity)方法时的领导地位以及实现

---

① Robert Gregory. " Theoretical Faith and Practical Works;De – Autonomizing and Joining – Up in the New Zealand State Sector " in Tom Christensen, Per Lægreid Autonomy and regulation:coping with agencies in the modern state . Edward Elgar Publishing 2006. p140.

② Ibid. p141.

③ 所谓生物安全一般指由现代生物技术开发和应用所能造成的对生态环境和人体健康产生的潜在威胁,及对其所采取的一系列有效预防和控制措施。

一系列具有更广泛基础的成果的职责。然而,为了实现这种成果,农业和林业部必须和其他至少三个部门进行有效地合作,它们分别是卫生部(the Ministry of Health)、自然资源保护部(the Department of Conservation)和渔业部(the Ministry of Fisheries),但是,这些部门在各自领域都具有很大的权力并具有彼此独立的任务和职责,因此,如何促进这些比肩而立的政府部门之间进行协调与合作并获得最广泛的成果是农业和林业部所面对的巨大挑战。而公共财政修正法案的出台为实现部门间的协调与合作提供了一个机会,根据这个法案,农业和林业部不用直接控制所有关于生物安全的活动,政府各部门不同的产出可以在多大程度上转化为持续一致且有效的生物安全成果将取决于农业和林业部实现协调的能力,因为农业和林业部部长承担首要职责,积极主动地寻求合作的机会并确保任一合作都是有效的。为了实现这个目标,所使用的主要工具包括在农业和林业部以及其他三个部门之间签署一系列的谅解备忘录。

3. 各种协调机构的成立

在早些时期,新西兰和其他国家一样,试图建立类似部际委员会的方法加强政府内部的协调,尽管委员会的成立对委员会中的成员有强烈的、加强合作的刺激,但是他们仍将部门利益置于集体利益之上。《检讨中央》的报告不仅带来了一系列法律法案上的转变,在它的建议下,新西兰创造性地成立了各种网络和小组以提高协调:建立机构间"跨部门小组(circuit breaker teams)以解决之前服务供给中难以解决的问题",成立七到十个"超级网络"(super networks)以更好地整合政策、服务供给以及政府部门中的能力建设。①

在当今时代,新西兰对建设合作政府并在伙伴关系的基础上富有成效地工作的迷恋反映在一系列最新的结构转变上:与指令式协调(directive coordination)一样多,通过引入正式和非正式的网络以追求合作政府的目标。在《检讨中央》报告的指导下,新西兰建立了有助于促进这种合作的跨部门小组和"超级网络"(super networks)。其中,"跨部门小组"中的协调与合作可以更加自发地产生并以更具创造性和有效性地解决服务供给中难以解决的问题,特别是在社会政策领域的棘手问题。(跨部门小组)这种心甘情愿地合作倾向取决于高度的相互信任、共同承担

---

① Report of the Advisory Group on the Review of the Center, 2001. available. on www. executive. govt. nz/ministers/mallard/ssc. p7.

风险以及政府机构高层执行者和管理者的意愿。① 但这种意愿往往受到了部门利益以及问责制度等的限制。截止到 2003 年 4 月,新西兰成立了三个跨部门小组以降低学校逃学率、安置技术性移民并预防家庭暴力。而构建超级网络的目标旨在管理权限日益扩张的中央政府各部门。不管是跨部门小组还是超级网络都是新西兰政府避免大规模重组以实现协调的方法。

---

① Robert Gregory. " Theoretical Faith and Practical Works:De – Autonomizing and Joining – Up in the New Zealand State Sector " in Tom Christensen, Per Lægreid Autonomy and regulation: coping with agencies in the modern state . Edward Elgar Publishing 2006. p144.

第六章

传统的复苏——北欧国家中央政府部际协调的实践

　　北欧(Nordic Europe)是政治地理名词,特指包括瑞典、丹麦、挪威、芬兰和冰岛五国在内的、以斯堪的纳维亚半岛为核心的欧洲西北部地区。北欧是一个经济社会发展较特殊的地区。一方面,二十世纪九十年代中期以来,北欧各国的经济持续增长,劳动生产率明显高于其他欧洲国家;另一方面,北欧各国的福利制度又为他们的国民提供了"从摇篮到坟墓"的社会保障。根据世界银行对各国的统计,北欧国家是世界上贫富差距最小的国家,实现了经济发展与社会公平的相得益彰。国际社会普遍把这种社会发展模式称为"北欧模式"。而这种模式的成功是与北欧国家一些根深蒂固的传统理念紧密相关的,这种传统理念的形成则是由北欧的地理位置以及北欧人的生存特点造成的:北欧所处的斯堪的纳维亚半岛多山,可耕地很少,以往是全欧洲最贫困的地区,不得不造船向海上发展……船上的生活使大家绑在一起,没有同舟共济的精神是难以生存下去的。这种情况导致北欧人在历史上形成了平等、妥协、合作的传统。① 与英国、美国以及新西兰和澳大利亚不同,北欧国家在新公共管理运动中是"不情愿的改革者"(reluctant reformer),②处于一种消极、被动的地位,因此,在二十世纪八九十年代席卷整个世界的新公共管理改革潮流中,北欧国家并未得到太多的关注。但是,进入二十一世纪,北欧国家却以一种"积极改革者"甚至"改革倡导者"的形象活跃在后新公共管理的改革运动中,这主要是因为倡导协调与整合的后新公共管理更能引起有着合作、妥协传统的北欧国家的共鸣,像挪威、丹麦不仅在后新公共管理改革的实践中

---

　　① 中央党校赴挪威、瑞典考察团."北欧模式"的特点和启示.科学社会主义 2007 年第 6 期,第 141 页.

　　② Tom Christensen, Per Lægreid. NPM and beyond—leadership, culture and demography. University of Bergen,Norway. May 2007. p5.

取得了显著的成绩,在理论研究上也涌现出了丰富的成果,为我们研究北欧国家加强中央政府部际协调的各种方法奠定了基础。

一、挪威中央政府部际协调的实践

(一)挪威行政改革的背景

1814 年 5 月,挪威临时行政委员会在埃兹沃尔召开国民议会,通过宪法,宣布挪威为独立的君主国,实行君主立宪制。^① 尽管当时未能实现,但是宪法的出台奠定了挪威这个中央集权国家的法治基础,并自 1905 年挪威从瑞挪联邦中独立出来以后得到了进一步的加强。政府对法治理念的崇尚是传统公共行政模式的典型特征,体现在当时挪威政府中大部分的公务员和政治家都是律师出身。经过一段时间的发展,这种政府模式吸纳了挪威与国家民族建设相关的文化特征,从文化上整合了不同的群体并发展了集体规范和价值观。随着历史的发展,挪威以集中化、公务员教育同质化、文化整合和社团主义特征为基础的传统公共行政在工党统治时期(1946—1965 年)确立起来。直到七十年代,这种传统公共行政模式仍然很强大,但是在某种程度上受到分权化因素的影响而得以修正。

在二十世纪八十年代,挪威行政改革经历了一个过渡时期。当英美和新西兰等国家开始大规模引进新公共管理改革措施时,挪威并没有马上跳出来追赶潮流,相反在接下来的十到十五年,挪威始终是一个被动的改革者。面对北欧各国普遍出现的经济衰退,1986 年,当时的中右翼政府启动了一个现代化方案,接下来上台的工党政府也提出了一个公共服务的复兴计划。这些方案和计划都受到新公共管理运动的启发,其目标是为了应对因经济衰退而造成的各种"北欧病",但是它更多的是新公共管理在修辞上的一种体现并未付诸行动。到了九十年代,传统社团体系变得越来越弱,挪威不得不采取了一些新公共管理的改革措施,在所有政府组织中引进了按照目标和结果进行管理的方法并逐步对国有企业和机构进行了结构上的分权,其目标就是通过公共部门内部的结构分权避免对公共部门进行大规模的私有化。尤其是到了 2001 年,新上任的由保守党政府主导的少数派政府开始了大刀阔斧的新公共管理改革,将新西兰的改革模式作为一种成功的模式引进到挪威,尽管这个模式在新西兰已经问题百出。新公共管理从以下两个

---

① 王祖茂著. 当代各国政治体制——北欧诸国. 兰州:兰州大学出版社 1998 年,第 164 页.

方面影响了挪威中央政府的协调模式:首先,新公共管理改革增加了对政府的垂直和水平方向的专门化划分,不仅在政府组织内部进行水平划分,也包括对中央和地方政府的垂直划分,两种专门化划分都增加了对协调的需求,但是新公共管理改革的一些措施,例如按照目标和结果进行的管理(Management - by - objectives - and - results,简称 MBOR)主要强调了高层权威如何通过绩效管理措施和准合同安排控制它们的附属机构和团体,对垂直协调的过度关注忽视了对横向协调的需求。尽管横向协调并没有得到同等程度的重视,但是并不意味着它在挪威政治—行政体系中不是一个重要问题。相反,与新西兰和澳大利亚这些新公共管理的先锋国家一样,横向协调对于挪威政府来讲也是一个严峻的挑战。① 由于这些改革,挪威中央层面部门间的横向协调变得更加困难,带来的后果就是在政策领域很难建立跨部门的合作。② 特别是从文化的角度来看,新公共管理的一些改革措施严重损害了挪威中央政府层面高水平的相互信任,作为传统协调机制的相互信任已经不再像过去一样运转有效。③ 其次,新公共管理削弱了挪威对行政体系的政治控制,例如决策与执行的分开,随着改革的深入,挪威政治官员开始抵触新公共管理改革,因为"政治官员认清了自己所处的尴尬地位——在他们丧失控制权、影响力和信息的领域却仍需要对这些领域出现的问题负责"。④ 此外,挪威通过经济区域协议与欧盟的进一步整合也增加了挪威对横向协调的需求,因为对外贸易需要挪威在相关政策问题上采取一个更加协调一致的方式。正是在这种背景下,2005 年,工党主席斯托尔滕贝格(Jens Stoltenberg)打着反新公共管理的旗帜被选举上台,成立了挪威二十多年以来的第一个多数党政府,开始推行一些措施修正新公共管理改革,正式进入改革的次世代,也就是后新公共管理阶段。

---

① Tom Christensen. Amund Lie and Per Lægreid. "Still Fragmented Government or Reassertion of the Center?"in Tom Christensen and Per Lægreid. Transcending New Public Management:The Transformation of Public Sector Reforms. Ashgate Pub Co May 30, 2007. p36.

② Tom Christensen. Anne Lise Fimreite. Per Lægreid. Reform of the employment and welfare administrations — the challenges of co - coordinating diverse public organizations. International Review of Administrative Sciences September 2007 73:392.

③ Tom Christensen, Amund Lie, Per Lægreid. Beyond New Public Management:Agencification and Regulatory Reform in Norway. Financial Accountability & Management, ,February 2008,24 (1). p25.

④ Tom Christensen. Per Lægreid. The Challenge of Coordination in Central Government Organizations:The Norwegian Case. Public Organization Review, 2008, vol. 8, 2, p 98 .

（二）挪威加强中央政府部际协调的具体措施

在新公共管理运动中表现被动的北欧国家之所以在后新公共管理运动中变得积极主动,关键原因在于强调协调与合作的后新公共管理与北欧国家崇尚普遍主义和社团主义的传统有一定的契合之处,特别是挪威,作为当今世界福利制度最普遍、最全面的国家之一,其共识和平等的导向使挪威政治制度中的信任水平普遍高于其他国家,这种信任尤其是中央层面的相互信任也是挪威大力推行后新公共管理的前提。挪威加强中央政府部际协调的具体措施有:

1. 加强传统核心机构的协调职能

挪威中央政府包括首相办公室、内阁秘书处和政府各部,其明显的特点就是政府各部力量比较强势的同时,拥有跨部门协调职责的超级部门却相对较弱。虽然财政部拥有跨部门协调权限,但是这种权力也主要局限于询问预算和财政资源上,而不是更多重要的政策议题。成立于 1953 年的首相办公室,为首相在司法行政、经济和外交、防务三个方面处理协调和计划活动。办公室的工作人员在行政事务上起着协调的作用。[①] 但是,由于规模较小(在建立初期只有 8 名专职工作人员),随着社会事务的增多和政府职能的扩张,首相办公室已经不能满足日益增长的协调需求,其协调作用的发挥也非常有限。特别是近些年采用的与新公共管理相关的政策工具,例如 MBOR、财政管理规定、绩效审计、管理对话、合同和功能专门化都直接导致了垂直协调的产生,而这种对垂直协调的过度关注忽视了为足够多的横向协调创造充分条件的问题。在没有专门的机构负责协调的情况下,新公共管理加剧了挪威中央政府实现横向协调的困难。近几年来,特别是自 2005 年,挪威工党主导的红绿联盟上台执政以后,采取了一系列措施加强传统核心机构的协调职能,例如增加首相办公室的人事权等。此外,中央政府的其他部门,像环境部、司法和警察部、地方政府与区域发展部、外交部等都开始承担跨部门领域进行协调的任务。

2. 协调机构的创建与调整

挪威行政管理与改革部成立于联合政府执政伊始,是在原有的现代化部的基础上建立起来的,属于中央政府的 18 个部委之一,拥有 200 名在职公务员,在挪威中央政府行政架构中处于重要地位,其主要职能涉及公共服务供给体制改革、

---

① 王祖茂著. 当代各国政治体制——北欧诸国. 兰州:兰州大学出版社 1998 年,第 171 页.

信息技术和竞争政策制定以及公务员就业事务管理等多方面内容,担负着统筹协调和积极推动公共领域改革的重任,从而促使包括中央政府在内的各级政府的社会管理和公共服务水平不断提高。

挪威中央政府不仅通过建立新的部门加强部际协调,也包括对原有部门进行权限的分配、组织结构的调整以实现政府各部门之间的协调。以挪威移民政策为例:移民政策是各国政治与行政领域中一个极度复杂和敏感的问题,涉及到庇护、难民、公民权、居住权、家庭重组和工作许可等多方面的内容,因此,制定一体化的移民政策将同时影响到住房、教育、就业、卫生、犯罪和社会事务等多个部门,可见,移民政策的制定和执行是挪威所面临的棘手问题之一。1988年,挪威在地方政府部成立了移民局(Directorate of Immigration),主管挪威的移民问题,与此同时,司法和警察部仍然持有执行和监管移民法的职责,移民政策的双头管理使得司法和警察部与地方政府部之间的冲突不断。2001年,地方政府和区域事务部(之前的地方政府部)拥有了更多的监管权限并赋予移民局更多的自主权。2004年,地方政府和区域事务部大臣修正了移民法,试图增加对移民局的控制。2005年,地方政府和区域事务部将其内部的移民机构定位为进行管制和整合的机构,据此,移民局也被划分为管制和整合两种职能。总之,在过去二十几年,挪威中央政府的移民管理机构经历了相当大的结构转变,自1988年开始通过更多的垂直专门化和较少的横向专门化,将移民局合并到管理移民政策的碎片化结构当中;2001年挪威通过结构分权和权力下放加剧了移民管理机构的垂直专门化趋势;然而,由于移民政策领域横向专门化的增多,导致一个更加碎片化的结构产生。2004年,挪威中央政府通过程序改变增加了对移民管理机构的控制,实现了垂直方向的整合,但是却因为对相关移民管理机构进行的横向划分加剧了其横向碎片化的趋势。因此,2005年大选过后,新上任的红绿联盟政府将整个移民领域的权限都最终合并到了一个部门——劳工和社会融合部,通过部门合并将部门间冲突转移到部门内部,从而实现了部门间的协调。

挪威在移民管理机构方面的改革受到了公共行政理论的影响。2001年移民管理局的结构改变在很大程度上反映了新公共管理思维的一些典型特征,在当时赋予机构更多的自主权并防止政治领导者的干预是件时髦的事情。① 由于新公共管理改革在挪威逐渐深入,其暴露出的种种问题是 2004 年挪威中央政府进行机构改革的动因,当时的首相邦德维克(Kjell Magne Bondevik)认为太多的自主权给中央政府的控制和协调带来了很多问题,移民政策作为主体结构中的一个特殊问题应该更多地以中央提供公共服务的传统组织方式予以解决。但是,这次重组并未回到过去的结构,只是创造了一个结合了传统公共行政和新公共管理因素的混合结构。而 2005 年联合政府对移民管理机构的重组更多体现的是一种对传统组织结构方法的回归,通过组织合并消弭部门或机构间冲突,实现部门间的协调和整合。

3. 复苏以信任、合作为主体的传统文化

新公共管理不仅意味着结构碎片化的增多,也带来了文化的分裂,所以在后新公共管理改革时期,领导者所面临的一大挑战是将公共组织从文化上重新组合在一起。② 这种文化重组对于挪威来讲有着更大的吸引力,因为新公共管理损害了挪威中央政府层面高水平的信任关系,而这种相互信任是挪威传统文化中的重要组成部分。为此,挪威联合政府在上台后不久就围绕相互信任关系的重建,采取各种措施对政府中有利于部门间协调与合作的价值理念进行文化上的重组,主要包括以下几种:基于价值的管理、道德准则、服务宣言,基于团队的管理和基于知识的管理。挪威学者克里斯滕森将这些措施称为挪威推行后新公共管理的"文化管理工具"(cultural managerial tools),由更加重视规范、道德问题和领导权的柔性管理工具(softer managerial tools)组成。③

克里斯滕森等学者通过问卷对影响挪威后新公共管理改革中文化重组的变量进行了调查,认为相互信任、跨边界的技能、对本单位、本部门、中央政府以及个人职业的认同对于中央政府内部的横向协调都有着重要的影响,其中相互信任对

---

① Tom Christensen . Per Lægreid. Richard Norman. Organizing Immigration – a Comparison of New Zealand and Norway. Paper to be presented at Fukuoka 2006. p18.

② Tom Christensen. Per Lægreid. The Challenge of Coordination in Central Government Organizations: The Norwegian Case. Public Organization Review, 2008, vol. 8, 2, p103.

③ Tom Christensen. Per Lægreid. NPM and beyond—leadership, culture, and demography. Leading the Future of the Public Sector:The Third Transatlantic Dialogue. May31 – June2, 2007. p17.

于协调的意义最大。① 在挪威,中央政府通过各种结构方法和结构的设计加强部门及其大臣之间的沟通,因为"公共组织的正式结构将引导和影响公务员的思维模式和实际的决策行为",②在频繁的交流中培养中央政府各部门大臣及高级官员之间的相互信任关系;此外,中央政府各部门不仅包括大臣及高级官员等政务官,还包括使部门正常运转的一般工作人员,也就是事务官,部门间互动大部分是由这些事务官完成的,他们之间的关系对于实现部际协调也是至关重要的。正是认识到这一点,挪威中央政府通过各种培训使行政文化得以制度化,从而使公务员深刻认识到协调的重要性并时刻以是否符合共同的文化价值和规范作为其在具体行政过程中的行为标准,因为文化的制度化不仅事关如何确保人们遵守特定文化规范的垂直深度问题(vertical depth),也涉及到使中央政府各组成部分之中的公务员认识到其在文化上的关联性及他们共处同一"文化之舟"(cultural boat)的横向宽度(horizontal width)。③

前面我们分析过,从历史的角度分析,北欧国家的政府和社会有着普遍的互助与合作的传统,这种传统也融入到了北欧国家的行政文化之中。在挪威,互助与合作的传统文化深刻地体现在了其中央政府内部公务员对各种跨界活动的参与上。如下表:

表6-1:部委公务员参与不同工作组和项目组的平均值

	1976	1986	1996	2006
中央政府各部内的跨界活动	58	71	75	75
中央政府各部门间的跨界活动	40	53	58	54
与部委附属机构进行的跨界活动	——	——	42	40

① Tom Christensen. Per Lægreid. The Challenge of Coordination in Central Government Organizations: The Norwegian Case. Public Organization Review, 2008, vol. 8, 2, p109.
② Egeberg, M. How bureaucratic structure matters: An organizational perspective. In Peters, B. G., &Pierre, J. (Eds.). Handbook of public administration. London: Sage. 2003.
③ Tom Christensen. Per Lægreid. The Challenge of Coordination in Central Government Organizations: The Norwegian Case. Public Organization Review, 2008, vol. 8, 2, p114.

续表

	1976	1986	1996	2006
平均值	759	1171	1393	1768

摘自 Dag Arne Christensen、Tom Christensen、Per Lægreid and Tor Midtb. Boundary spanning activities: collegial central government administration – a multi – level analysis . Paper to be presented at the Study Group on Governance of Public Sector Organizations at the EGPA's annual Conference, Toulouse, September 8 – 10 2010, p14.

从表中,我们可以看出,互助与合作的传统文化在挪威中央政府内部已经得以制度化,体现在各种合议工作组(collegial working group)的出现。自 1976 年开始,合议工作组已经存在了至少三十年并得以制度化,这从工作组并未因为挪威行政改革的发展出现大起大落而是稳固发展中就可见一斑。尽管公务员对挪威中央政府部内工作组的参与少于对部际工作组的参与,但是部际跨界活动仍然维持在一个较高的水平。调查显示,超过半数的公务员参与过部际活动,这表明中央政府内部由于按照任务或者部门进行的专门化而出现的严重的筒仓化和部门化问题,一定程度上因为跨越部委边界的横向工作组和项目组的高水平活动而有所缓解。最重要的是,这种工作组和项目组在中央政府各种活动中的广泛应用,不管是部际是部内的跨界活动,都加强了公务员进行互助与合作的意识,特别是在 2006 年以后,这类活动数量的增长将进一步地加强这种意识,从而促进了挪威互助与合作的传统文化在中央政府层面的复苏。

二、丹麦中央政府部际协调的实践

丹麦与挪威隔海相望,是西欧、北欧路上交通的枢纽,被人们称为西北欧桥梁。丹麦因为十九世纪的童话作家安徒生而享誉世界,"童话王国"不仅存在于安徒生的书中,更是体现在丹麦高福利、高收入的国家现实生活之中,同样也体现在丹麦政治与行政体系的发展中:从 2008 年开始丹麦连续三年被《福布斯》杂志评为"最佳商业国家";在英国智库列格坦公布的"全球繁荣指数"中,丹麦在分项指数"经商机会"的排名中位列第一,在综合排名中排名第二;非政府组织透明国际将丹麦评为"最廉政国家";作为热爱大自然的民族,丹麦政府还是世界上最早成立环境部的国家之一;在联合国近些年公布的关于全球电子政务发展状况研究报告中,丹麦也一直名列前茅,等等。以上这些都是本研究选取丹麦作为北欧国家的典型对中央政府部际协调进行研究的原因,但最主要的原因还是丹麦中央政府近些年来在行政改革中所体现出来的不同于其他国家的显著特色,特别是高级官员在加强中央政府部际协调中的角色和作用。

(一)丹麦行政改革的背景

丹麦是君主立宪制国家,政府由女王任命,由首相及其他的大臣组成,他们作为王国政府的代表,是行政权的真正拥有者。目前,丹麦中央政府主要由首相府和十八个部组成,丹麦宪法并未对中央政府有任何规定,也未对中央政府的结构、组织和程序有细节上的描述,但有两个重要的关于中央政府的宪法规则:首先,基本宪法规定首相作为政府首脑的职责,任命和对部门大臣进行免职,划分部门职权并在大臣间进行分配。其次,宪法规定了部长责任原则,每个大臣就本部门内的所有活动向议会独自承担个人责任,部门责任原则——通常被视为丹麦中央政府运作所依据的基本原则——将大臣放在了每个部门政治和行政长官的位置。[①]按照宪法,议会有权通过不信任案对单个大臣和或首相进行问责。此外,宪法中的部门原则也使首相或者整个内阁都不能就某一特殊事项对大臣进行指导,总之,每个大臣在部门内都享有极大的自主权。

尽管享有极大的自主权,但是任期有限的大臣很难独自解决本部门领域所面临的各种问题。因此,在1848年的政府改革中,丹麦设立了常任秘书(the permanent secretary)这一职务作为丹麦最高级别的公务员,其职责是大臣的顾问、管理组成部门及其机构以及管理与其他部门和外部利益相关者之间的关系。随着社会事务的数量和复杂性的增长,常任秘书在丹麦中央政府的地位逐步提高。现在,常任秘书已经成为部门的行政领导而大臣则主要是部门的政治领导,从而在丹麦中央政府各部门中实现了政治和行政的划分。[②] 为了进一步地实现政治与行政的分开,二十世纪六十年代早期,丹麦的一个行政委员会建议在丹麦中央政府

---

① Thurid Hustedt and Jan Tiessen . Central Government Coordination in Denmark, Germany and Sweden – An Institutional Policy Perspective [C]. Potsdam . Universit ätsverlag Press, 2006. p12.

② Hansen, M. B. and H. H. Salomonsen. . "The Public Service Bargains of Danish Permanent Secretaries. " Public Policy and Administration2011. 26:198 – 199.

各部内部进行垂直划分,建立更多的附属机构,负责执行大臣和常任秘书在具体事务上的决定,丹麦的这种改革比新公共管理中执行局化的潮流早了二十年。①而在新公共管理风靡世界的九十年代,绩效管理和按目标进行管理的工具的引进加强了大臣和常任秘书对执行局的控制,继续巩固了丹麦在政府内部进行垂直划分的趋势。

丹麦在宗教、种族和语言方面是比较单一的国家。尽管有这种单一本质,但是随着战后公共部门活动数量和复杂性的增长,中央政府部门规则和绩效管理这些因素都加剧了部际协调和碎片化的问题。同时,像信息通信技术重要性的提高,环境、种族和性别问题以及财政紧缩政策等都对中央政府及其组成部门提出了严峻的挑战。在丹麦学者汉森与常任秘书的访谈中,非常明显地看出这些高级官员也意识到了这些挑战。绩效管理同部门规则一起形成了"种瓜得瓜"(you get what you measure and reward)的机制,倾向于加强只关注部门任务的狭隘视角。②

与英国和法国中央政府高度集权的体制不同,丹麦和瑞典、德国一样拥有一个相当分权化的政府部门。在英国和法国,中央政府公务员占了所有公共雇员的将近一半,而丹麦中央政府公务员非常少。难以想象,丹麦首相会像英国撒切尔撤销大伦敦议会一样废止哥本哈根的治理团体。如前所述,丹麦政治结构也赋予了中央政府各部门及其它公共机构大量的自主权。这种分权化(有些人说是碎片化)的结构造成的后果之一就是促进协调和"协同"的需求逐渐增长——特别是在解决一些深层次的社会或者经济问题时,因为这些问题只能由同一层次不同部门或者不同层次的多个机构协调行动才能解决。这是最近丹麦结构委员会工作所强调的重点议题之一。③

① Jorgensen. T and C. A. Hansen. Agencification and De – Agencification in Danish Central Government：Contradictory Developments – Or is There an Underlying Logic? International Review of Administrative Sciences December 1995 61：549 – 563.

② Morten Balle Hansen and Trui Steen. Top civil servants and the interdepartmental coordination in state administration – a comparative perspective. Paper for the EGPA Study Group on Public Personnel Policies"Managing diversity", EGPA Anuual Conference, France, Sepetember2010. p20.

③ Donald F. Kettl . Christopher and Pollitt James H. Svara. Towards a Danish Concept of Public Governance：An International Perspective. Report to the Danish Forum for Top Executive Management. 2004. p18.

（二）丹麦加强中央政府部际协调的措施

从上面的分析中,我们看出:丹麦基本宪法对于首相在中央政府中的协调职责缺乏明确的规定的同时,却授予部门大臣极大的自主权。特别是随着新公共管理改革的深入,这种自主权有进一步扩大的趋势,不仅加剧了丹麦中央政府的部门主义,各部门内部的碎片化趋势也使得部门间的协调与合作变得更加困难。为了解决这些问题,丹麦采取了以下措施:

1. 通过部门职权的分配实现部际协调

由于部长责任原则,首相缺乏管理部门内部事务的正式等级权威,但是他或她有着重要的协调工具,就是以任免各部大臣和在选举前后改变每个部的职权和任务结构的权力为基础的协调工具。① 从1848年丹麦中央政府建立了以七个部门为基础的初步职权结构开始,发展到现在的十八个部门,不仅体现了丹麦政府所要承担的行政事务的增多,也反映了政府进行功能划分、专门化和职业化的过程。例如,在1996年,丹麦食品农业和渔业部在之前农业和渔业部的基础上建立起来,合并了食品安全领域的决策职责,从而将食品安全问题提高到一个更高的层次上,反映了政府对食品安全问题的重视,这也是政府迎合选民需要的表现。自"二战"以来,丹麦中央政府进行了多次类似重组但是部门数量始终保持稳定,其中的一个清晰且逐渐增长的趋势是首相们越来越多的运用他们的权力重组部门职权,从而在组织上对政治偏好进行优先排序。例如,在1993年,社会民主党为首的政府将能源部合并到环境部之中,以体现政府对能源政策带来的环境问题的关注,也就是说,在能源政策和环境政策发生冲突时,政府优先选择环境政策的实施。而这种对部门职权的优先排序则是首相避免部门间冲突、实现部门间协调的前提。

总之,部门职权分配很明显是丹麦首相用来对政治过程进行事先确定的,这种确定对于避免部门间的权限冲突具有重要的意义。此外,将丹麦中央政府各部门放在一起考察时发现,一些部门(例如首相办公室、财政部和司法部)相较于其

① Trui Steen. Morten Balle Hansen and Marsha de Jong. The horizontal coordination of state – a comparative perspective on the role of top civil servants. Paper for the ECPR Conference 2011. Section: "Comparative perspectives on the management and organization of the public sector" (section 96); Panel: "The evolution of Public Service Bargains of top civil servants in state administration in a comparative perspective". pp15 – 16.

他部门,被认为更多地参与了协调,因此它们可能会制定出偏好于协调的战略。①

2. 加强承担协调任务的部门的作用

在对中央政府各部门的职权进行分配的过程中发现,某些部门比其他部门更多地参与了协调活动,这些部门被称为"承担协调任务的部门"(ministries with co-ordinating tasks),主要有财政部、司法部和首相办公室,有时外交部、经济部和环境部也被称为协调部门。②

与其他许多国家一样,丹麦财政部在预算的协调过程中有着非常重要的作用。正如财政部的一名高级官员所说:"一般有两种跨部门的沟通媒介。一是合法性——另一个是金钱。"③财政部就是通过对金钱的控制承担了对其他部门进行协调的任务,主要体现在对各部准备提交的议案的实施所需要的资金也就是预算进行审查,其他的部门被要求尽快与财政部就本部门的年度预算进行协商并必须达成一致。在二十世纪八十年代,丹麦预算过程中的基本结构由从下到上的提交预算过程转变为从上到下的、更加等级化的过程,从而巩固了财政部对其他部门的资金控制并加强了财政部的协调权限。除此之外,所有的部门间人力资源管理任务也被划分给了财政部,这也是政府部门间协调的重要内容。正是由于近些年来财政部协调权限的增加,丹麦有学者将其称为"伟大的协调者"(the Great Coordinator)。④ 司法部、外交部和环境部等则因在各自所管辖范围内的专业能力而具有了一定的协调职权。以司法部为例,它负责对其他部门提交的议案是否符合丹麦法律、法规和国际法规以及法律制定的技术标准进行法律审核,在确定各部门出台的新规定的专业法律水平方面具有重要的协调作用。

不管是财政部在预算审查方面的协调职能,还是司法部在法律审查方面的协

---

① Thurid Hustedt and Jan Tiessen . Central Government Coordination in Denmark, Germany and Sweden – An Institutional Policy Perspective ［C］. Potsdam . Universit ätsverlag Press, 2006. p14.

② Thurid Hustedt and Jan Tiessen . Central Government Coordination in Denmark, Germany and Sweden – An Institutional Policy Perspective ［C］. Potsdam . Universit ätsverlag Press, 2006, p14.

③ Lotte Jensen A Critical Assessment of Central Agency Motives in Danish Public Management Reform International Public Management Review Volume 1 Issue 1 2000. p 127.

④ Morten Balle Hansen and Trui Steen. Top civil servants and the interdepartmental coordination in state administration – a comparative perspective. Paper for the EGPA Study Group on Public Personnel Policies "Managing diversity", EGPA Anuual Conference, France, Sepetember2010. p16.

调职能,都是由首相及其首相办公室颁布的法令确定的。1998 年,首相办公室公布的法令中,特别强调了当准备的议案涉及其他部门时,这些议案必须尽快地提交给司法部、财政部和首相办公室进行相关方面的审查。类似的法令,首相办公室在 1993 年和 1995 年都曾发布过。关于首相办公室的职责,丹麦宪法和其他法令仍然没有特别的规定,所以它的职能更多的是向首相提供信息或者提醒首相注意某方面的问题。在 1993 年,首相办公室在人事和组织结构方面进行了改革:在人事方面,首相办公室工作人员的年龄结构年轻化,增加了一批学术型雇员并确定了从政府各部中"借调"人员的制度;在组织结构方面,首相办公室之前相对松散的组织结构变得更加等级化,只能通过常任秘书、大臣和首相的私人秘书才能接近首相。改革的目标是提高首相办公室对部门中发生事项的洞察力,从而降低提交给议会的各部门议案产生冲突的风险。政府中首相和首相办公室影响的扩大是 1998 年首相办公室法令公布的背景,而这项法令的公布是首相办公室、财政部等部门协调职能增加的标志。总之,自二世纪九十年代起,首相办公室虽然规模小,但是控制和协调的能力都有所增加。[①]

3. 加强内阁委员会的协调功能

"二战"后,丹麦建立了内阁委员会,但是直到二十世纪六十年代末期它才被建设成为协调的一种正式方式。内阁委员会在数量、成员和相关性方面有很大的不同,其巅峰是 1982 年安高·约恩森(Anker Jorgensen)首相时期,建立了二十五个不同的内阁委员会。

经济事务委员会(the Committee on Economic Affairs)和协调委员会(the Coordination Committee)是丹麦内阁中成立时间最长且最重要的委员会,有着不同数量的组成人员和参与部门,前者从传统上讲是由经济大臣领导的,负责所有的与经济相关的政策协调工作,后者则一直由首相领导,承担所有战略问题和重大事项的协调职能。直到二十世纪七十年代末,经济事务委员会一直是丹麦中央政府中处于核心地位的委员会,但是 1982 年成立的协调委员会取代了它的核心地位,甚至一度撤销了经济事务委员会(1990—1993 年)。协调委员会经常被称为"内阁

---

① Morten Balle Hansen and Trui Steen. Top civil servants and the interdepartmental coordination in state administration – a comparative perspective. Paper for the EGPA Study Group on Public Personnel Policies "Managing diversity", EGPA Anuual Conference, France, Sepetember2010. P19.

中的内阁"(inner cabinet),①因为政党领袖和高级内阁大臣按照惯例都是协调委员会的成员。1993 年,经济事务委员会在财政大臣的建议下得以重建并作为政府协调的"中央舞台"存在于九十年代,协调委员会也同时存在,两者在中央政府协调工作上的分工是:协调委员会最初被设想成为内阁的全面协调机构,但是近些年它越来越多地集中于解决联盟伙伴之间的政治冲突,将预算规划和经济政策事项交给财政大臣领导的机构也就是经济事务委员会。一般来讲,所有涉及政治影响和潜在冲突的事项都应该被提交到协调委员会。内阁委员会并不是万能的,从来自内阁委员会的一些报道中可以看到,议案时常被退回给各部,因为有些冲突是任何一个内阁委员会都难以处理的。

尽管如此,内阁委员会对于中央政府各部的协调作用也是不容忽视的并有逐渐加强的趋势。近些年来,协调委员会已经理所当然地被视为首相进行协调的工具,体现在常任秘书层次的平行委员会的建立上。经过长期的发展,所有的内阁委员会都加强了他们的活动并提高了他们的能力,不仅定期举行常规会议,也设定了一些比较正式的程序和规则,例如,每个委员会的秘书工作由主持部门来承担,负责提供议程、有时进行书面记录和提前向参与部门发放相关材料。现在,内阁委员会已经成为中央政府协调的关键决策者和拥有否决权的参与者(veto - players)。概括地讲,内阁委员会已经作为协调的结构工具在丹麦获得了永久地位。也就是说,内阁委员会作为协调结构工具在丹麦已经制度化了。②

4. 加强常任秘书(the Permanent Secretary)的协调职责

高级公务员在实现集权和分权、代表性和一致性、授权和指导之间适当平衡的过程中占据着举足轻重的作用。③ 在丹麦体现得更加明显,因为与其他许多国

---

① Wolf. Adam. Denmark:Policy - and Decision - Making in a Coalition System. In:SIGMA:Management Challenges at the Centre of Government:Coalition Situations and Government Transitions. OECD. 1998. p37.

② Thurid Hustedt and Jan Tiessen . Central Government Coordination in Denmark, Germany and Sweden - An Institutional Policy Perspective [C]. Potsdam . Universit ätsverlag Press,2006. p19.

③ Trui Steen. Morten Balle Hansen and Marsha de Jong. The horizontal coordination of state - a comparative perspective on the role of top civil servants. Paper for the ECPR Conference 2011. Section:"Comparative perspectives on the management and organization of the public sector"(section 96);Panel:"The evolution of Public Service Bargains of top civil servants in state administration in a comparative perspective". p4.

家相比,丹麦政治体系的一大特色就是没有任何"过滤层"或者"缓冲区",需要高级公务员直接与大臣和地方上的政治家对话,有很少的对话者或者其他的"政治顾问"来过滤信息。在丹麦,高级公务员主要是指中央政府各部中的常任秘书。如前所述,丹麦的常任秘书作为最高级别的公务员成立于1848年的行政改革,它主要有三个方面的职责:一是为本部门的大臣提供有价值的建议;二是管理各部门的组成部分及其机构间的关系;三是管理与其他部门和外部利益相关者的关系。其中,第三个职责也就是与中央政府其他部门和外部利益相关者的协调角色时常被遗忘或者淡化。① 特别是按照目标进行管理的方法以及公共服务契约(Public Service Bargain)的引进,在加强了常任秘书实现本部门目标的尝试的同时,也使他们忽视了各部作为中央政府的组成部分应该追求的共同目标。

常任秘书的这种狭隘视角导致了部门主义等问题,给丹麦中央政府部门间的协调带来了挑战。因此,丹麦开始采取种种措施恢复和加强常任秘书的传统协调角色,这由中央政府各部门常任秘书参加的委员会的成立中就可以窥见一斑,自1990年开始,由中央政府各部门的常任秘书参加的每月非正式的午餐会和每半年的研讨会已经成为加强部际协调的传统方法。鉴于常任秘书的职务需要一般公务员工作至少二十年以上才有机会获得,所以加强常任秘书协调职责是以丹麦公务员制度的改革为主要背景的:一是公务员录用制度改革。加拿大管理学家明茨伯格提出了实现组织协调的五个机制,其中之一是员工技能标准化,即在工作本身和工作输出都无法标准化的情况下,只有通过将劳动者标准化也就是技能和知识的标准化,才能实现协调。② 按照明茨伯格的理论,在中央政府公务员的录用过程中对公务员采取技能标准化的措施,将进一步加强中央政府内部的协调。而对于丹麦来讲,自1821年以来的大约一个世纪录用的公务员基本上是法学背景,从二十世纪三十年代开始吸收具有经济学教育背景的公务员,六十年代开始雇用具有其他社会科学教育背景的公务员。这种通过录用制度使公务员技能和职业规

---

① Trui Steen. Morten Balle Hansen and Marsha de Jong. The horizontal coordination of state – a comparative perspective on the role of top civil servants. Paper for the ECPR Conference 2011. Section:"Comparative perspectives on the management and organization of the public sector"(section 96); Panel:"The evolution of Public Service Bargains of top civil servants in state administration in a comparative perspective". . p22.

② 【加】亨利·明茨伯格著,魏青江译. 卓有成效的组织. 中国人民大学出版社2007年,第5、第7页.

范转化的协调方法已经成为丹麦中央政府加强部际协调的一个重要机制。当然，这种方法有利也有弊，单一的社会科学背景也会阻碍中央政府内部的创造力。二是公务员职业体系改革。进入中央政府各部门只是公务员漫长职业生涯的开端，因为提拔到公务员职业体系的最高层需要至少二十年，这么长周期的社会化过程使公务员在公共服务过程中形成了共同规范和价值观，也体现了韦伯官僚制金字塔式的晋升特点，它的优势在于将公务员培养成为本部门最专业的公共服务者，对本部门业务的掌握也很娴熟，成为部门大臣合格的专业顾问（Professional adviser）；缺点在于造成公务员的部门思维。为了加强部门间的协调，自二十世纪五十年代起逐渐增强的一个趋势是加强公务员在部门间的交流和调动，可以肯定的是，丹麦未来的常任秘书将更多的是通才而不是专家。[①]

丹麦中央政府加强部际协调的措施还体现在一系列的创新方法之中，主要体现在：一是信息技术的采用。2004 年，丹麦财政部实施了一个开放源代码项目，旨在简化系统间的数据交换。据报道，该数据交换系统使用的是运行 Red Hat Linux 开放源代码的应用服务器 JBoss，它以 1.5Mbps 的数据传输率传输丹麦财政部与 400 家公共机构之间的数据，[②]当然也包括中央政府其他部门，例如国防部、内政部、司法部等重要部门都采用了该系统，不仅加强了财政部通过该系统对其他部门进行工资、预算、财务等方面的管理，通过促进财政部与其他部门以及各部门之间的数据传输，也加强了中央政府部门间的交流，从而实现了部门间的协调。二是企业先进管理方法的采用。企业形象（Corporate Image）是指人们通过企业的各种标志而建立起来的对企业的总体印象，是企业文化建设的核心，Logo 的设计是企业形象最简单、直观的表现形式。丹麦政府就依托政府各部门 Logo 的设计启动了政府形象包装的宏大计划。设计师林内曼以传统皇冠的形象为所有部门标志的基础，通过微调变形把它放在不同的字款之中做出多元的搭配，从而形成各部门的标志。政府形象首先是针对国内公众而言的，统一且不失特色的各部门标志既有历史的沉淀（例如皇冠）也有现代公共服务的精神体现（例如环境部的 Lo-

---

① Donald F. Kettl . Christopher and Pollitt James H. Svara. Towards a Danish Concept of Public Governance；An International Perspective. Report to the Danish Forum for Top Executive Management. 2004.

② 红树 . 丹麦政府选择开源软件为简化系统间数据交换 . 硅谷动力网 2004 – 09 – 24http://www. enet. com. cn/article/2004/0924/A20040924347385. shtml.

go 将树的形象与皇冠完美结合在一起),给公众留下很好的印象;其次,政府部门标志作为部门价值、文化和理念的外在体现,统一的皇冠设计也会增加各部门对彼此的认同度,即它们的权力都来自国王,代表国王统一行使行政权,从而增加部门间的凝聚力。最近,荷兰中央政府以增进协调为目标的改革创议中也提出,要效仿丹麦,引入一个获得广泛认同的 Logo 这样的"软性措施"(soft measure)以加强政府内部整合。

图 6 - 1:丹麦政府部门形象

摘自 Hiiibrand. 品牌至尚网 2011 - 09 - 07. http://www. brandsar. cn/enjoy/enjoy. php? id = 59.

第七章

构建科学的中国中央政府部际协调体系

协调是公共行政的"点金石"，是政府及其行政人员永远追求的"圣杯"。通过对西方国家中央政府寻找"点金石"的实践进行总结，可以归纳为四个方面：一是制订部际协调相关制度；二是改革部际协调体制；三是创新部际协调机制，更重要的是，在政府中培养协调的文化，这是前三个方面在实践中得以落实并持续化的关键。以上对于我国构建科学的中央政府部际协调体系有着重要的启示意义。

一、中国中央政府部际协调法制的完善

政府机构之间的政治博弈有两种形式：一是不同政府层级之间的博弈，也就是中央与地方政府上下级政府层级之间的博弈；二是同级政府机构之间的博弈，也就是处于同一级别的不同政府部门之间的博弈，例如中央政府中部级政府部门或者省级政府中厅级部门间的博弈。有学者认为，从规范的角度讲，对政府层级与政府机构之间关系的法治化约束，是将这类博弈关系正常化的唯一出路。① 对于中央政府部门间的博弈关系而言，提供法治化约束是保证博弈关系正常化、走出部际协调困境的首选出路。

（一）修订并完善《国务院组织法》

目前，中国关于中央政府的法律只有《国务院组织法》。自 1982 年 12 月 10 日由第五届全国人民代表大会第五次会议通过施行后三十年来，国务院虽经历了六次大的机构改革，国务院的结构也已发生巨大变化，但是作为国务院组织准据法的《国务院组织法》至今依然如故，一字未改，这不能不说是世界法制史上的一个奇迹；而《国务院组织法》的内容仅包括十一条条文，约 850 个字，其行文之简

---

① 任剑涛．中国政府体制改革的政治空间．江苏行政学院学报．2009 年第 2 期，第 79 页．

约,也堪称世界立法史上的一绝。

作为部门组织的基本法,《国务院组织法》关于部门组织的规定主要有以下几点:国务院的组成和总理负责制;国务院副总理和国务委员的设置和职权;国务院的会议制度;国务院各部和委员会的设置程序;国务院各部和委员会负责人的设置及其职权;国务院各部门的职权;国务院直属机构、办事机构及其负责人的设置。但是,这些规定都是概括性的,一些用词非常模糊,不符合法律制定的基本原则,例如关于国务院副秘书长的人数规定为若干。最重要的是,《国务院组织法》对国务院与其各组成部门之间的关系以及部门的设置与调整、部门基本职权的设定等方面缺乏明确的规定,使中央政府部门间关系的协调缺乏法律上的依据。因此,为了发挥《国务院组织法》在中央政府部际协调中的作用,应该从以下几个内容对其进行修订与完善:

1. 国务院的组成和性质

修订后的《国务院组织法》应该规定国务院组成部门的数量。按照管理学的基本原理,管理幅度与管理效率呈反比例关系,幅度越宽效率越低。通过对国外中央政府组成部门数量的统计和考察,我们发现西方发达国家中央政府的组成部门一般是十五个左右,例如美国和法国十五个、日本十二个、英国十八个、德国十四个。而我国国务院的组成部门数量一直比较多,并且在数量上呈现出"精简—膨胀—再精简—再膨胀"的怪现象,"行政机关设置过多,必然导致职能分散,需要花费大量的时间、精力在各部门之间进行协调,而且极易导致职能交叉,相互扯皮,影响行政效率。"①因此,修订后的《国务院组织法》应该在明确规定国务院的组成部门,即国务院办公厅和组成部门的名称及职责的基础上规定国务院组成部门数量浮动的范围,例如15—20个或者20—25个,明确部门设置数量的上限。

《国务院组织法》应该按照宪法对国务院的性质设专门条款予以重申并对此予以具体的落实。关于国务院性质的具体内容不仅包括国务院与最高权力机关的关系、国务院与地方各级政府的关系,对于实现中央政府的部际协调来讲,最重要的是对国务院与其各组成部门之间的关系进行明确规定:国务院二十个部委作为国务院的组成部门应该按照分工与合作的原则,从整体和全局的角度出发,统

---

① 应松年、薛刚凌. 中央行政组织法律——兼论中央行政组织法的完善. 公法研究 2002. 第 16 – 17 页.

一完成国务院的各项工作。

2. 国务院的领导体制与工作制度

现行法与修改前的国务院组织法的一个重要区别在于对国务院领导体制的规定,根据现行法第二条和第八条国务院实行总理负责制,各部、各委员会实行部长、主任负责制。但是,《国务院组织法》并未对该制度的具体内涵进行明确描述。总理负责制的基本内涵,是指国务院总理对其主管的工作向国务院的产生机构负全部责任,即向全国人大承担政治责任,与负全部责任相联系的是他对自己主管的工作有完全决定权。总理负责制实际上等同于国外的责任内阁制,这是所有建立在人民主权理论体系下的民主政府都在实行的基本行政组织制度。为了实现严格意义上的总理负责制,必须在《国务院组织法》中明确规定总理必须对下属实施直接领导;强化总理对人事财权的管理权,也就是落实国务院总理在国务院编制总额范围内对国务院内部人员及经费的控制权和支配权;明确国务院总理的直接政治责任,这种责任最终应该以引咎辞职或者被弹劾的方式承担。部长及主任负责制参照总理负责制的有关规定。

强化总理负责制还需要改变国务院的工作方式,主要是指国务院的会议制度。在现行法下,虽然明确提出实行总理负责制,但是由于没有对总理负责制的内涵进行明确规定并受到党组织集体领导制度的影响,国务院在实际运行过程中,过于强调国务院的集体领导而忽视了总理负责制基本原则与国务院工作方式的衔接与配合,体现在中央政府部际协调上,国务院各组成部门之间的协调主要是通过国务院常务会议来实现的,特别是国务院工作中的重大问题,必须经过国务院常务会议或者国务院全体会议来实现,这在很大程度上限制了总理按照总理负责制的原则所享有的直接指挥、领导、协调国务院整体工作的权力,使国务院的集体领导模式掩盖了总理负责制的鲜明个性特征。特别是在国务院组成部门的数量减少到有利于国务院总理实行直接领导的幅度内之后,总理可以直接召开全体会议,或者各部委领导直接对国务院总理负责,总理完全可以通过直接的个别领导监督有关部门完成工作或者对职能有交叉的部门进行直接干预、协调,而无需通过会议方式,这不仅有利于提高总理的行政效率,更重要的是突出了各部委领导及国务院总理个人责任的特点,从而有可能从根本上解决职权不清、责任不明造成的部门间职能重叠与冲突的问题。

3. 国务院的职能、总理的权限以及国务院副总理的设置

现行法虽规定了国务院的职权,却没有明确规定国务院的根本职能,这一缺失所带来的直接后果是国务院的整体职能难以得到鲜明地体现,从而使在事权上对国务院各职能部门进行的权限划分失去了完整性。也就是说,有些事宜在国务院权限法律规范的真空中被"遗失"掉了,这些国务院组织法没有进行法律规范的事宜成为诱发国务院各部门之间权限争执与僭越的根源。因此,修订《国务院组织法》应该按照宪法关于国务院职权的原则性规定,对国务院的事权以及行使权力的方式做进一步规定。如明确规定可以制定行政法规的行政事项。

现行法虽然规定了总理领导国务院工作,召集和主持国务院全体会议和常务会议,以及签署有关的决定、命令和行政法规等,但对国务院总理的职权的规定并不完整。因此,修订《国务院组织法》需要对国务院总理的权限做出全面规定,例如总理能否直接中止行政机关的决定和命令,总理能否裁决各部门的权限争议等。

国务院副总理和国务委员是由于总理管理幅度过宽,为了提高管理效率,通过增加组织层次进行归口管理而设置的。如果通过减少管理幅度,加强总理直接管理和控制的部门数量,那么副总理作为辅助理分管几个部门行政工作并对这些部门进行协调和管理的角色就会逐渐失去了存在的价值。特别是和副职比较而言,国务委员不是一个严格的组织层次。[①] 所以,在部门数量减少的情况下,副总理和国务委员过多不仅造成组织层次过多、机构臃肿,总理与各部门之间的联系和沟通受到影响;更重要的是在有些情况下,副职的存在会成为正职管理的牵制力量,从而导致内耗和行政效率降低。因此,修订《国务院组织法》需要对副总理的设置及其职权进行明确规定,设置的数量不宜过多,应该与部门数量变动相联系,例如,自 1982 年国务院组成人员进行重大调整后,副总理的人数一直保持在四位,而国务院组成部门已经由 1982 年的四十五个减少到现在的二十七个,按照副职人数与部门数量相匹配的原则,国务院副总理的人数应该减少至两位。此外,除了对副职人数进行限制,还需要对副总理的职权进行明确规定。现行法中关于副总理的职责只有六个字——协助总理工作,过于简单,不利于副总理职责的发挥,新修订的《国务院组织法》应该对副总理的职权进行详细规定,例如,赋予

---

① 应松年、薛刚凌. 行政组织法研究. 北京:法律出版社 2002 年 10 月第 1 版,第 172 页.

其对分管领域各部门间的冲突进行协调的职权,明确其协调者的角色,经副总理协调仍未解决的部门间争议,由副总理写出协调意见交予总理最后裁决。至于国务委员的设置,应当取消,以减少组织层次。如果因为外交或处理突发事件的需要,可设置临时性的总理特别助理(类似英国的协调大臣)。此种职位也应有数量限制。①

4. 国务院行政机构设置和编制管理

目前,我国国务院行政机构的设置、变更和撤销以及人员编制问题都是由1997 年 8 月国务院颁布施行的《国务院行政机构设置和编制管理条例》进行规定的。这个条例总共有五章二十五条,主要规定了以下几个方面的内容:①国务院行政机构设置和编制管理的主体、原则;②国务院行政机构的种类;③国务院行政机构设置和编制的程序;④国务院行政机构的设置和编制的程序;⑤国务院行政机构的领导职数;⑥国务院机构设置和编制管理的监督与责任追究机制等。尽管如此,一部除了"附则"之外仅有二十三条的行政编制法规,难以满足人民对国务院行政机构编制法制化的期待,特别是随着政府透明度和公民素质的提高,人们对国务院机构改革中行政机构设立、变更和撤销以及相关职责调整的民主化、科学化水平的要求也越来越高。在关于国务院行政机构设置和编制的立法模式方面,目前学界有四种思路:第一种思路是制定单一的"行政机关编制法"作为行政编制管理的基本法律,系统规定行政编制管理的实体与程序内容,再配之以其他必要的法律、法规;第二种思路是对现行的行政机关组织法做大量修改、补充,增加有关行政编制管理实体与程序内容的规则;第三种思路是维持现有法律格局不变,通过行政法规、地方性法规、规章或政策性文件,制定和补充行政编制管理的具体规则;第四种思路是结合第二种和第三种思路,在对现行行政机关组织法进行适当修订的基础上,制定"行政机关编制管理条例"(行政法规或地方性法规),以形成相互衔接和对应的体系。

在探讨上述四种模式的利弊以决定选择何种立法模式时,有学者基于以下考虑认为应该制定单一的行政机关编制法:世界上没有单独行政编制法的先例,并不意味着我们不能鉴于我国特殊国情予以首创;行政编制法与行政组织法有相对独立的意义,二者规范的对象基本不同;行政机关不能自己为自己授权原则,要求

我们必须通过全国人大或其常委会制定法律以规范行政编制。① 但是,也有实践部门的专家认为,行政编制立法在本质上是行政组织立法内在的、不可分割的组成部分,行政组织管理中诸要素的立法工作应齐头并进,并且,从立法认知角度而言,单一行政机关编制法应当和能够包括哪些内容尚不明晰,故当前最佳的选择是第四种思路。考虑到中央与地方各级政府在组织、编制方面的共通性,第四种思路中制定统一行政法规的设想较为可取。② 从我国当前行政编制法制化尚处于起步阶段、机构改革方兴未艾、中央和地方政府的组织和编制存在差异的现实着眼,第四种思路中的后一个看法似乎更为适宜,也就是在修订现行《国务院组织法》的基础上对《国务院行政机构设置和编制管理条例》进行细化和完善。

新修订的《国务院组织法》中关于行政机构设置与编制管理的内容应该包括以下几个方面:首先,规定行政编制管理体制,明确国务院编制管理机关的法律概念。迄今为止,作为最高层次机关编制管理机构的中央机构编制委员会,还不属于国务院机构序列。编制法实施主体法律地位的暧昧不清,显然不适应行政编制法制化的发展。③ 因此,《国务院组织法》应该对中央编委的地位、性质和权限进行明确规定,从而赋予其在机构设置与编制方面的最高权威;其次,规定国务院行政机构设置的标准,包括设置原则、设置基准④、行政机构的层次与级别、各类机构的比例(特别是议事协调机构所占的比例)和规模(包括各行政机构内部的规模和人员总定额)以及行政机构负责人的权限、副职设置等。最后,规范行政编制管理程序,包括行政编制管理机关的基本工作程序,机构编制审批的申请、审查、论证、批准、公布、备案程序,人员编制(即定员)的审批和变更程序,特别是行政编制管理的监督程序,2007 年中央编办与监察部颁布实施了《机构编制监督检查暂行规定》,修订后的《国务院组织法》应该在规定的基础上对监督检查的主体、权限、处罚以及程序等进行明确的规定。通过在《国务院组织法》中增加有关机构设置和

---

① 应松年. 行政机关编制法的法律地位. 行政法学研究 1993 年第 1 期,第 45 - 46 页.
② 顾家麒. 关于行政机关机构编制立法的若干思考. 行政法学研究 1993 年第 1 期,第 39 - 40 页、第 42 页.
③ 沈岿. 制度变迁中的行政组织. 北大法律信息网 2003 年. www.chinalawinfo.com.
④ 设置基准即需要设置国务院行政机构的类型,各类行政机构的规格、性质、地位和内部结构不同。按照现行的《国务院行政机构设置与编制管理条例》第六章第一条的规定,"国务院行政机构根据职能分为国务院办公厅、国务院组成部门、国务院直属机构、国务院办事机构、国务院组成部门管理的国家行政机构和国务院议事协调机构".

编制管理的内容,既可以改变国务院机构设置和编制有关规定的法律位阶,使其从现行的行政法规升级为国家法律,从而提高国务院机构设置和编制的权威性,避免目前机构设置与编制中的随意性和盲目性问题。

5. 国务院内部各部门间权限冲突的解决

虽然通过国务院组织法的完善,将在很大程度上解决国务院各部门之间职责不明、权限冲突的问题,但是,社会事务的复杂性和棘手性使得国务院各部门在权限上的争议仍然无法彻底避免。权限冲突不仅是行政系统内部职权归属问题,它在很多情形下也直接影响公民的权益。为及时解决权限争议,使公民相关的权利义务尽快摆脱不稳定状态,尤其对于中央政府来讲,其内部的权限冲突对公民的影响甚至国家在国际上的形象都是非常不利的,因此,有必要在国务院组织法中规定专门的条款,比如,国务院各部、各委员会之间发生权限争议时,由国务院总理及时召开国务院全体会议或常务会议予以解决,情况紧急时由总理或主管副总理直接处理。

(二)细化并完善《国务院行政机构设置与编制管理条例》

在修订《国务院组织法》的基础上细化并完善《国务院行政机构设置与编制管理条例》,对于提高中央政府部际协调来讲,细化后的《国务院行政机构设置与编制管理条例》应该包括以下几个主要内容:

1. 理顺国务院行政机构编制管理体制,合理配置国务院行政机构编制管理机构的职能和权限。按照修订后的《国务院组织法》,中央编委是国务院最高层次的机构编制管理机构,是机构编制管理条例实施的主体,理顺体制的根本问题就是要确立这一机构的合理的法律权威,理顺中央编委与国务院各部门之间在机构编制方面的关系以及明确其在各部门三定规定编制过程中的协调职责。而中央编办作为中央编制委员会的办事机构在国务院机构改革方案获得人大批准后,是负责监督各部门机构编制落实情况的机构,代表中央编委执行其职责。

2. 完善行政机构与编制审批的运行程序,使其系统化。机构编制管理条例是指机构管理的程序性规范文件。建国以来,在我国发布的规范性文件中,有大量的机构编制管理的程序性规定,但因文件的种类、颁行的时间等相差甚远。故整体看来,这套程序的完整程度并不高,系统化不强。一套完善的机构编制管理程序应含有以下几个步骤:一是提议,根据《国务院组织法》,国务院的组成部门、直属机构、办事机构和议事协调机构的设立、撤销或者合并均由国务院机构编制管理机构提出;国务院组成部门的设置应该由全国人大及其常委会审批和决定,体现了立法机关对行政机关的监督;提出的申请和方案的内容一般应当包括设立、撤销或者变更行政机构的理由、该机构的类型、名称、职能、职权范围、人员编制、经费开支以及与业务相近的内设机构职能的界定等;如果是议事协调机构,还应当明确提出其存在的期限、所承担的跨部门职责等。二是论证,在主管机关提出申请后,审批机关从可行性和必要性两个方面对机构的设置等进行科学论证;在这一过程中,不仅需要机构设置或者变动所涉及的其他部门的参与,对有可能发生职能交叉或者冲突进行辩论,认真听取国务院内部工作人员的意见,还要邀请相关专家和有利害关系的群体参与进来,充分体现机构设置和编制管理的公开性和民主性。三是审核,中央编办要对提议方案进行认真研究,按照法律法规的规定,逐项进行审查讨论,考虑新机构的设置可能带来的职能的交叉或者人员的膨胀,是否符合经济、精简和便民原则等多方面的因素。四是表决或者批准,这是指有权决定机关也就是全国人大或者常委会以法定形式对提议进行表决和批准。五是在表决之后,应该通过法定方式向社会公告,内容应当包括批准设置的行政机构的依据、性质、任务、职权、内设机构以及人员编制等,如果是议事协调机构,应当公告该协调机构存在的时间,撤销这个机构时,也应当予以公告。六是备案,国务院行政机构的设立、撤销或者合并应当依法报全国人民代表大会常委会备案。

3. 引进科学的机构编制管理方法,建立机构编制管理的自律机制。机构臃肿、人浮于事是我国机构编制管理中的难题,如何建立其机构编制的自律机制,这是完善和细化《国务院行政机构设置与编制管理条例》所要解决的主要问题。近些年来,一些地方机构编制管理部门在积极探索运用财政、经济的手段管理机构编制方面取得了一定的成效,工资基金管理与编制管理相结合,实行编制包干等有效地控制了机构膨胀的现象。这些来自地方政府实践的做法为建立机构编制管理的自律机制创造了良好的经验,应该在细化和完善《国务院行政机构设置与编制管理条例》时对这些经验进行借鉴,将推行自律机制和法律制度结合起来,在法律上明确这些机制的地位,把法律制度和自律机制合为一体。

4. 明确违反行政机构设置和编制管理的责任。明确设立法律责任条款,使违反条例的责任的追究与制裁具有可操作性。这部分内容应该包括违法行为的种类、违法行为应该受到的法律制裁的种类、追究违法行为的机构及其工作程序、权限等。这样,对违法行为的追究就由抽象变为具体,依法追究责任就有了保障。2007年,中央编办和监察部颁布实施了《机构编制监督检查工作暂行规定》,对监督检查的主体、对象、内容和程序等进行了规定,这是我国机构编制工作法制化的一大进步。但是,由于这个规定的暂时性、法律位阶比较低,并且规定中缺乏对违反条例的行为进行细分且对违反行为的责任追究只是笼统地规定,因此,在修订《国务院行政机构设置和编制管理条例》时,应该在吸收《机构编制监督检查工作暂行规定》的基础上,对违反行政机构设置和编制管理的责任进行具体划分,从而便于对违反条例的行为的追究,保证机构设置的稳定性。

(三)制定并出台国务院部门组织的单行法

1982年以来,我国较为重视部门组织基本法的制定,出台了《国务院组织法》和《国务院行政机构设置和编制管理条例》,而部门单行法则只有1987年的《国务院参事室组织简则》和1995年《中国人民银行法》这两部。目前,我国国务院组成部门的改革都是按照全国人大及其常委会和国务院各种涉及部门组织的《决定》和《通知》来规范和推进的,特别是1978年以后,三定规定实际上扮演了部门组织单行法的部分重要角色。[1] 但是,从性质上看,三定规定只是行政机构的内部规定,不具有法律属性,对行政机构缺乏刚性约束,所以,三定规定不能从根本上解决职能重复和职能交叉的问题。因此,为了避免中央政府各部门在职能上的交叉与重叠,应该在三定规定的基础上制定的国务院部门组织单行法。

建国初期,我国先后制定了监察部、法制局、人事局、计量局、档案局、秘书厅、机关事务管理局、劳动部、国务院专家局、体育运动委员会等部委、直属机构和国家局的组织规则,[2]这是一个良好的立法开端。据不完全统计,1949—1957年间,我国政务院和国务院先后批准了27个部门的实行组织条例或者部门组织简则,[3]而在改革开放后,我国在这三十年间仅仅颁布了《国务院参事室组织简则》和《中国人民银行法》这两部部门组织单行法。比起1949—1957年期间部门组织基本法与部门组织单行法并存,部门组织单行法百花齐放的盛况来,改革开放以来的部门组织单行法领域存在太多空白。为了弥补这个空白,需要在"三定"规定的基

① 张迎涛. 我国中央政府部门组织法的60年变迁. 公法研究2010年.
② 张焕光、苏尚智等编. 中华人民共和国行政法资料选编. 北京:群众出版社1984年12月第1版,第1-2页.
③ 张迎涛. 我国中央政府部门组织法的60年变迁. 公法研究2010年,第61页.

础上,制定国务院各部门组织的单行法,这些部门组织单行法的制定可以和正在推行的政府权力清单制度相结合,对部门所具有的权力及相对应的责任以部门组织单行法的形式确定下来。

国务院通过制定各部门组织单行行政法规来规范和约束隶属于自己的部门组织,即为国务院每一个部门组织制定一部部门组织行政法规。部门组织既是国务院履行政府职能的组成部门,又是有权以自己的名义对外实施行政管理的部门。所以,部门组织作为一个组织体,和国务院一样,也有追求公共利益和自身利益的两种可能,例如部门规模的恶性膨胀、部门内设机构混乱、部门职权的自我扩张等等都是国务院各部门追求自身利益的典型写照,国务院各部门对自身利益的追求是导致国务院内部各组成部门之间矛盾与冲突的根本原因。为了解决国务院各部门间的冲突、实现部际协调,国务院需要为每个部门组织制定单行行政法规,对每一个部门的组织事项进行细致的描述,以此规范各部门的行为促使其追求公共利益,抑制其部门利益的膨胀。从实现中央政府部际协调的角度来讲,国务院部门组织的单行法应该包括以下几个内容:

1. 明确国务院各部门组织的性质

按照《国务院行政机构设置和编制管理条例》第 6 条将我国的中央政府部门组织分为国务院办公厅、国务院组成部门、国务院直属机构、国务院办事机构、国务院组成部门管理的国家行政机构和国务院议事协调机构共六种类型,"目前使用的中央行政机关分类标准,即国务院组成部门、直属机构、办事机构的分类标准需要重新考虑",①因为不同类型之间的分类标准比较模糊、不科学,在很大程度上导致了部门组织的重复设置和任一设置,极大地降低了国务院及其部门组织的行政效率,例如负责履行国务院基本的行政管理职能的国务院组成部门与主管国务院的某项专门业务的国务院直属机构所承担的职能在本质上并无区别,都是行政管理职能,所谓"基本"与"专门"之间根本没有明确的界限,完全由国务院在设置部门组织时自行定夺,国务院组成部门与直属机构的性质模糊是造成两者冲突频发的主要原因。因此,制定部门组织单行法首先要按照科学的划分标准来确定国务院的部门组织类型、性质和地位。某个部门是常设机构还是议事协调机构? 是

---

① 应松年、薛刚凌. 中央行政组织法律问题之探讨——兼论中央行政组织法的完善. 公法研究 2002,第 20 页.

领导决策机构还是执行机构？这个问题必须首先予以明确。此外，对于这个机构与国务院的关系，也需明确。议事协调机构的性质在我国国务院机构设置中是个大问题，难以确定其常设机构还是临时机构的性质，制定部门组织单行法时必须明确议事协调机构的性质。

2. 规定国务院各部门内部机构的设置及其他事项

国务院部门组织的单行法除了列举并规定其基本职权外，还需要对国务院部门组织设置的下列事项做出一般原则的规定：一是关于国务院各部门内部机构的一般规定，包括机构层次、机构规范名称、各层次机构数量限度、各机构设立和变更的审批程序、对各机构职权或者职责的规定办法、议事协调机构和附属机构的设置办法。二是关于国务院各部门及其内部机构主要职位的规定，包括各个职位的标准名称、职位数限度、岗位责任（一般的职责权限）、各职位工作人员的任命办法。三是关于国务院各部门及其内部各工作机构相互之间的协调办法，包括需要进行跨部门协调的问题的提出、牵头协调的部门或机构、协调的方式和有关责任、对协调事项的执行和监督并通过时限的控制防止协调的久拖不决。四是有关会议制度和报告制度的有关事项。制定国务院各部门组织的单行法的意义，除了配合《国务院组织法》、《国务院行政机构设置和编制管理条例》等列举国务院工作部门并规定其职权的组织法外，还在于为国务院各部门的设置提供一般原则的法律规范和实现宏观控制的法律手段，有利于促进国务院各部门的精简、统一和效能，有助于推进政府机构改革的步伐。

大部分发达国家的中央政府都是通过立法的形式确定各部门职责。例如，在美国，联邦政府内阁部的设立都有明确的法律依据，大多数内阁部的设置都是通过单纯的组织法实现的。例如 1862 年的《农业部设置法》和 1979 年的《教育部组织法》，通过对中央政府各部门职责进行法律确定，尽可能地避免各部门因职能交叉造成的冲突。目前，中央编办正在酝酿制定部门组织单行法，学术界也积极支持部门组织单行法的出台。但是部门组织单行法可能遭遇到的阻力仍然非常大，部门组织单行法最终能否出台以及何时出台仍然是一个未知数。[①] 考虑到我国制定部门组织单行法的经验尚浅，外国的理论研究又处于起步阶段，因此，可以在提高三定规定法律位阶的基础上，先以国务院名义，选择一两个职能比较稳定的部

---

① 张迎涛．我国中央政府部门组织法的 60 年变迁．公法研究 2002，第 92 页．

门(例如外交部、司法部),以发布"条例"的方式公布部门组织单行法,等到将来条件成熟时,再将部门组织条例上升为法律。

(四)制定并出台《行政程序法》

中央政府部际协调不仅是中央政府各部门职责明确分工的一种结果,更是各部门在职责分工的基础上,为了实现一定的目标而进行协调与配合的一种行为。在西方发达国家,针对政府机构的行政行为一般出台了行政程序法,这些统一制定行政程序法的国家和地区大都在其行政程序法典中规定了行政机关间的相互协助,明确规定行政协助是任何一个行政机关的法定义务。例如,《联邦德国行政程序法》第4条第1项规定:应其他行政机关请求,任何行政机关应提供辅助性帮助(职务协助)。《瑞典行政程序法》专列"机关之间的合作",第6条规定,所有机关都应当在其行为范围内协助其他机关。可见,行政程序法在规范行政机关之间的协助行为也就是协调行为中起了重要的作用。但是,在中国中央政府部门间组织间的协助问题,我国只在少数法律中有一些零星的规定。例如,1996年《矿产资源法》第11条第1款规定:"国务院地质矿产主管部门主管全国矿产资源勘查、开采的监督管理工作。国务院有关主管部门协助国务院地质矿产主管部门进行矿产资源勘查、开采和监督管理工作。"行政程序法在中国的制定和出台是一个艰难和复杂的过程,因此,研究只对行政程序法中规范中央政府各部门间的行政协助行为的内容进行探讨。

行政协助是中央政府及地方各级政府内部行政机关之间的一种职能辅助行为,通常是指行政主体在履行职责过程中遇到自身无法克服的障碍,向与其无隶属关系的其他行政主体提出协助请求,被请求机关依法提供职务上的帮助以支持请求机关实现其行政职能的制度。① 所以,行政程序法中关于行政协助的内容应该包括以下几个方面:

1. 行政协助的适用情形

统一制定行政程序法的国家和地区一般都在行政程序法中明确规定行政协助的适用情形,为行政机关之间的相互协助提供了法律依据。通过规定可以请求行政协助的法定情形,从法律制度上明确了被请求行政机关的法定义务,避免了

---

① 王麟. 行政协助论纲——兼评《中华人民共和国行政程序法(试拟稿)》的相关规定. 法商研究 2006 年第 1 期,第 44 页.

相互之间的推诿和消极配合。这些法定情形有：①由于法定的原因,公务不能独立完成的;②由于事实上的原因,特别是缺失必需的人力和设备而不能完成公务的;③不具备而且不能调查获得完成某一任务所需对某一事实的知识;④执行职务所必要的文书或者其他资料,为被请求机关所持有的;⑤由被请求机关协助执行,明显成本较低的;⑥其他职务上有正当理由须请求协助的。在法定情形出现的情况下,被请求机关必须协助,不协助属于违法行为,应当承担法律上的责任,只有法定的可以不协助的情形出现时,被请求机关才能拒绝协助。被请求行政机关拒绝协助请求的理由归纳为：①有关法律、法规的规定,被请求行政机关不得予以协助的;②该协助行为不在其职能范围内;③如果提供有关应当保密的事实材料或文件资料的协助将会损害国家和公共利益的;④如果提供行政协助将损害自身职能和职务执行的;⑤被要求行政机关以外的其他行政机关完全可以更方便或者更少花费提供该协助的;⑥如果被请求机关提供行政协助将付出代价的(巨额费用或者大量人员等);⑦其他具有正当理由应当予以拒绝的情形。

2. 行政协助的程序

统一制定行政程序法的国家和地区一般都在行政程序法中明确规定了行政协助的提出、接受或者拒绝以及对异议的处理,使行政协助成为具有可操作性的程序规则。行政协助应当由请求机关向能直接协助该职务的行政机关提出,而且一般应书面请求为原则,但是不排除在某些突发事件中以口头方式提出请求。

3. 行政协助的费用

在德国,请求行政协助的机关不需要向被请求机关支付行政费用,但如果具体个案超过50马克,受请求方主体则可要求请求协助机关偿还。在中国,这个问题可以根据不同情况区别对待。在法定行政协助的情况下,被请求机关提供协助是履行其法定职责,由于理论上被请求机关履行法定职责的费用已经由财政预算划拨到其账户上,所以在其向请求机关提供协助时,费用当然应当由自己承担而不是由请求机关承担。在任意协助情形下,被请求机关并没有实施协助所需的预算费用,同时,也是为了鼓励被请求机关提供此种情形下的协助,因而协助费用应当由请求机关承担。

(五)制定并出台《行政权限争议裁决条例》

《国务院组织法》、《国务院行政机构设置与机构编制条例》等通过强调各部门职权的行使边界、理顺各部门之间的关系,《行政程序法》中的行政协助通过规定行政机关提供协助的一般程序,从法律层面上最大限度地减少了国务院各部门之间的摩擦,使各部门能够并行不悖地协调运转。但是由于社会事务的发展,棘手问题的增多,这种预防性的部际协调并不是一劳永逸的,并且随着问题的变换,这些法律本身也会产生一些不适应或者矛盾与冲突,如行政协助可能产生协助冲突。冲突一旦形成,就必须设法进行协调和解决,在从组织法、程序法上确立了各种制度后,一些国家还建立了一套解决权限争议或者冲突的法律机制。例如,《瑞典行政程序法》第9条第3项规定,官署间关于权限之争议,除官署与联邦法院、联邦保险法院或与官署之间的争议外,由其共同之监督机关裁决,何机关为共同之监督机关有疑义时,则由联邦政府裁决。而法国则规定一个部长可以向行政法院提起越权之诉,请求撤销另一部长的决定。

从各国现行法律规定看,每个国家根据自己的政治体制和相应的司法体制,建立了行政主体之间发生权限纠纷之后的司法解决途径。特别是在我国行政组织立法不健全、行政程序法缺失的情况下,应制定具有一定法律效力的条例对行政机关间的职责权限争议的解决机制进行统一规定,对于及时正确界定行政机关的职权,提高行政效率,保护公民的合法权益具有更为重大的现实意义。因此,制定符合中国国情的《行政权限争议裁决条例》应该包括以下几个内容:

1. 行政权限争议裁决的主管机关。国务院应该是其各组成部门之间权限争议的裁决机关;由国务院法制工作机构具体办理行政权限争议裁决事项,履行下列职责:①受理权限争议裁决申请;②组织争议各方对争议事项进行协调等。

2. 行政权限争议裁决的受案范围。有下列情形之一的,行政职能部门可以依据本条例提请裁决:①两个或两个以上行政职能部门对同一事项均认为具有或者不具有管理职责而发生的争议;②两个或两个以上行政职能部门对同一事项均具有管理职责,就执行环节、标准等事项而发生的争议;③两个或两个以上行政职能部门就同一事项因联合行政而发生的争议;④其他职能部门认为真正履行职责的行政职能部门越权行政,侵犯本部门权限而引发的争议;⑤其他涉及行政权限争议的事项。

3. 行政权限争议裁决的程序。一是协商。针对以上事项,争议各方应先进行协商,由负有主要职责的部门组织协商。最先发现问题的行政职能部门负有主动协商的责任;相关部门负有积极参与协商的责任。行政职能部门之间经协商达成一致意见的,应当制作会议纪要或者其他文件,并加盖相关部门印章。协商意见的内容应包括:协商的事项、依据、达成一致的意见、实施的具体措施等。行政职能部门自行协商达成的一致意见,不得违反法律、法规、规章和其他规范性文件的规定,不得损害行政相对人的合法权益。行政职能部门之间协商达成一致意见的,应当报送国务院法制工作机构备案。二是申请。行政职能部门之间协商不能达成一致意见的,争议各方应依法向国务院法制工作机构提出裁决申请。申请应以书面形式提出,并报送下列材料:行政权限争议裁决申请书、涉及裁决事项的有关法律、法规、规则和其他规范性文件等。三是受理。国务院法制工作机构在收到申请后,应当及时进行审查并在五日内做出受理或不予受理的决定。四是通知。国务院法制工作机构做出受理决定后,应当在三日内通知行政权限争议另一方。另一方应在收到通知七日内报送申辩书和有关材料。四是国务院法制工作机构在办理行政权限争议裁决事项时,应当进行深入细致地调查,充分听取当事人意见,必要时召开由相关专家参与的听证会。五是国务院法制工作机构可以召集由有关行政职能部门负责人参加的协调会议,在查清事实的情况下,根据有关法律、法规、规章以及其他规范性文件的规定,进行协调。六是经协调,相关行政职能部门达成一致的,国务院法制工作机构应制作《行政权限争议协调意见书》;未达成一致的,应当拟订行政权限争议裁决意见,报国务院总理或者归口管理的副总理裁决决定。

二、中国中央政府部际协调体制的改革

通过对西方发达国家中央政府部际协调的通行做法进行总结分析,我们发现,加强核心部门的协调职责是西方发达国家加强中央政府部际协调的主要经验。这些核心部门在不同的国家也有不同,例如英国的内阁办公厅、首相办公室、财政部、外交部,美国的白宫办公厅、管理与预算局、国家安全委员会等总统办事机构,澳大利亚的总理内阁部、财政部等,新西兰的内阁办公厅、财政部和国家服务委员会、挪威的首相办公室以及丹麦的财政部、司法部和首相办公室。这些核心部门不但是总统、总理或者首相的最得力的"助手",在部际关系中也居于主导地位,可以在其职能范围内协调其他部门。① 通过对建国以来中国中央政府部际协调的经验进行分析,我们也总结出中国中央政府中具有部际协调职责的核心部

---

① 中央编办事业发展中心. 世界百国政府机构概览. 北京:北京出版社 2006 年.

门主要有国务院办公厅、国务院法制办公室、中央机构编制委员会、财政部、国家发展和改革委员会以及其他议事协调机构。在西方发达国家,这些核心部门协调职责的发挥是建立在完善的法律体系以及长期的历史经验基础之上。但是,在中国,由于缺乏完善的行政组织法和行政程序法,这些核心部门的名称、类型、设置等都随着行政管理体制的改革而不断地发生变化,其在部际协调方面的职责也经常调整,处于一种不稳定的状态。鉴于社会事务的不断发展以及中央政府部际协调重要性的不断提高,以政府机构改革为契机,改革中央政府部际协调的体制将是未来国务院机构改革加强部际协调的主要途径。

(一)明确国务院办公厅的宏观协调职责

在西方发达国家,总统、总理或者首相的办事机构作为辅助行政首脑履行各项职责的核心部门,也承担着代表行政首脑协调中央政府各组成部门之间关系的职责,甚至由于办事机构各项职责的加强而使总统、总理或者首相饱受行政权过于集中而使民主政体受损的质疑。例如,英国的首相办公室和美国的白宫办公厅往往处在人们批判官僚体制的"风口浪尖"。实际上,行政首脑办事机构协调职责的加强一方面是"二战"以来行政集权民主发展趋势的必然结果;另一方面则是对加强部际协调需要的一种回应,不管是在中央政府还是地方政府,加强行政首脑及其办事机构的协调权威是实现政府内部协调最有效的方法。

建国后在政务院和国务院初期,中国通过在政务院秘书厅和国务院秘书厅(国务院办公厅的前身)设立四大委员会和八个办公室的方式,由副总理担任委员会、办公室的主任,归口管理各部委之间的协调工作。当时的国务院组成部门数量多、变动大,在总理的统一领导下,国务院秘书厅和后来的国务院办公厅基本满足了协调各部门关系的需求。但是,国务院办公厅的协调职责一直随着国务院的机构改革而处于不断地变动过程中,例如委员会和办公室的取消、编制机构在国务院办公室的设立与撤销、法制机构作为国务院直属机构和国务院办公厅组成部门的变更等,可以看出国务院办公厅的协调职责随着其内部组成部门的变动而变动,协调职责因为没有得到法律形式的确定而不能有效地发挥。直到1988年的政府机构改革,国务院办公厅的协调职责以"三定"方案的形式被确定下来,根据国家机构编制委员会原则批准的《国务院办公厅"三定"方案》,国务院办公厅根据总理、副总理、国务委员的指示或办理文件的需要,组织协调国务院有些部门的工作,对有争议的问题提出处理意见。

　　国务院办公厅的协调功能主要是通过组织国务院会务工作、协助国务院领导同志审核国务院各部门提交的公文、研究国务院各部门请示国务院的事项并提出审核意见等来实现的。但是由于"三定"方案只是对国务院办公厅协调职责进行概括性地规定,缺乏细节的描述,导致国务院办公厅及其秘书长和副秘书长们陷于各种"文山会海"的协调工作中,严重影响了国务院办公厅的日常运作。国务院总理朱镕基针对国务院各部门动辄向国务院办公厅打报告、发请示要求进行协调的现象批评道:"过去,有事由国务院办公厅秘书局的局长、处长召集有关人员来协调,如果意见不一致,又由国务院副秘书长找有关部长协调。以后再也不能这样办事,国务院办公厅秘书局没有协调这个职能,也没有这个权力。"①一些本来可以由职能部门自己主动进行部门间沟通与协调就可以解决的事项,经常由于这些职能部门之间的相互推诿或者不敢承担责任而动辄上交国务院办公厅,由秘书长、副秘书长或者分管副总理甚至总理负责,这不仅加重了国务院办公厅及国务院领导的工作负担,国务院办公厅的协调效率低下且协调效果不佳,更重要的是不利于促进各职能部门主动地进行部门间地协调与沟通,不利于各部门自主协调能力的培养。

　　针对这种情况,国务院办公厅按照转变政府职能的要求,通过规范公文处理工作对国务院办公厅的协调职责进行了细化和明确。一是规范国务院办公厅副秘书长处理公文的工作:根据《国务院办公厅关于印发进一步转变职能改进国务院副秘书长和国务院办公厅秘书局呈批公文办法几点意见的通知》,②国务院办公厅的副秘书长和国务院办公厅的秘书局一般不承担协调职能,而是把主要精力从做协调工作转到对公文的审核把关上来;只有在国务院副秘书长受国务院领导同志委托的情况下,副秘书长方可协调部门之间职能交叉或者某些有分歧意见的问题。二是规范国务院办公室秘书局公文处理工作:根据《关于国务院办公厅秘书局公文处理方式的几点意见》,强调了国务院各部门要认真履行职责,部门之间有分歧的问题,要尽力协调一致,如果不能协调一致,要列出各方理据后报国务院裁定。三是规范国务院各部门公文处理工作:根据《国务院办公厅关于国务院各部

---

① 朱镕基 1998 年在省部级干部推进政府机构改革专题研究班上的讲话．载于《朱镕基讲话实录(第三卷)》．北京:人民出版社 2011 年 9 月第 1 版,第 33 页．

② 《国务院办公厅关于印发进一步转变职能改进国务院副秘书长和国务院办公厅秘书局呈批公文办法几点意见的通知》(国办函[1999]60 号).

门报送公文简报有关事项的通知》,再次强调了部门要各负其责,部门之间要加强协调;除国务院领导交办事项外,各部门不得将需要国务院审批的事项直接报送国务院领导同志个人;2001 年,国务院发布了《国家行政机关公文处理办法》,新《办法》发文办理、收文办理两章均增设了"对涉及其他部门职权范围的事项应协商一致"这一程序规定,并且阐明"如有分歧,主办部门的主要负责人应当出面协调,仍不能取得一致,主办部门可以列明各方理据,提出建设性意见,并与有关部门会签后报请上级机关协调或裁定"。① 这比 1993 年发布的旧《办法》"如有关方面意见不一致,应当如实反映"的表述更为明确。发文办理和收文办理两章均增设这条规定,强调和保证了部门间的沟通与协调,有利于对涉及多部门的事项及有争议公务的妥善处理。四是通过印发各部门报送公文简报情况的通报的方法,加强国务院办公厅和国务院办公厅秘书局督促检查国务院各部门公文处理工作的职责。例如,根据 1999 年 3 月印发的《国务院办公厅关于 1998 年各部门报送公文简报情况的通报》,国务院办公厅发现并处理了未与有关部门充分协商就直接报送国务院审批或者虽经协商但未取得一致意见,主办部门在报送国务院审批时没有充分反映有关部门的意见或者提出建设性意见的公文十八件,约占不符合要求公文总数的 16.8% 。②

以上这些都代表着国务院办公厅部际协调职能的一个转变,即从对繁琐的公文处理工作和具体的行政事项进行细节的协调转变到对国务院的整体运作和职能部门之间的有序运作进行宏观和综合协调的职能上来,也就是将国务院办公厅从事无巨细的跨部门事务中解脱出来,部际协调的职能更多的是体现在促进国务院各部门之间主动、积极地自主沟通和自愿协调方面,国务院办公厅进行部际协调的主要目标在于培养国务院各部门间的协调与合作能力。例如,2006 年,国务院办公厅设置成立了国务院应急管理办公室(国务院总值班室),承担国务院应急

---

① 《国家行政机关公文处理办法》(国发【2000】23 号).

② 例如,科技部《关于发表有关 242 个科研机构转制的评论员文章的请示》,涉及国家经贸委、中编办、财政部等部门,而科技部未征求上述部门的意见;教育部《关于报请国务院转发〈关于举办内地新疆班和改善内地西藏班办学条件的实施意见〉的请示》,内容涉及国家计委、财政部和北京、天津、山东、江苏、浙江、广东等省、市,而教育部未与上述部门和地区协商;广电总局《关于巩固和扩大中央广播电视有效覆盖问题的请示》也没有与涉及此项工作的中组部、中宣部、中编办、国家计委、财政部等部门充分协商.

管理的日常工作和国务院总值班工作,履行值守应急、信息汇总和综合协调职能。①

    2008 年国务院机构改革以后,根据《国务院办公厅主要职责内设机构和人员编制规定》,国务院办公厅内设机构由六个增至九个,编制由二百一十九名扩大到五百一十九名。在新《规定》中,电子政务办公室、财务室、督查室属于新设机构,国务院办公厅的主要职责由原来的十一项精简为现在的八项,这是十年来国务院办公厅职责、机构、编制的一次较大调整。其中,国务院办公厅对国务院部门间出现的争议问题提出处理意见的职责被精简,有的学者将之视为国务院办公厅部际协调职能削弱的标志。② 实际上,这只是国务院办公厅进行部际协调的职能和工作方式转变的一个标志,是国务院办公厅对国务院部门间权限的争议和冲突从具体事务到宏观战略上的协调职能、从直接向间接的部际协调工作方式的转变。例如,国务院办公厅新成立的电子政务办公室负责国务院办公厅连接国务院各部门计算机网络的建设和管理工作。而总理办公室在国务院办公厅的重新设立并由国务院办公厅副秘书长担任办公室主任也意味着国务院办公厅协调职责的加强。但是,按照权责一致的原则,国务院办公厅在协调部门间关系方面有责无权的现状不利于其部际协调职责的发挥。因此,下一阶段的国务院机构改革应该在完善中央政府部际协调法制的基础上,在修正后的《国务院组织法》中明确国务院办公厅对国务院各部门之间权限的争议和冲突进行协调的职责,并以部门组织单行法和其他行政法规的形式对这一职责进行详细地描述。例如,为了促进国务院各部门就涉及部门的事项进行自发的协调,国务院办公厅应规定相关部门应该积极配合并设定一些具体的时限,避免协调久拖不决、消极配合的现象:部门之间征求意见或会签文件时,除主办部门另有时限要求的以外,相关部门一般应在 7 个工作日内予以回复。如因特殊情况不能按期回复,相关部门应当主动与主办部门沟通并商定回复时限及方式,否则主办部门可以视其为没有不同意见,并据此继续办

---

① 《关于增设国务院办公厅国务院应急管理办公室的批复》(中央编办复字〔2005〕47 号).
② 金国坤教授在《论服务型政府部门间的协调配合机制》中指出,政府办公厅在我国只是一个负责日常行政事务的工作机构,并不是决策智囊团和行政首长的代表,不管是在中央还是地方,作为协调中枢的办公厅、秘书长等由履行协调的职责而无相应的权力,并建议成立直属于总理的行政合作委员会。实际上,国务院办公厅的部际协调作用不仅仅是体现在决策阶段,国务院日常运作过程中(例如公文处理、会议等)的部际协调对于有效地决策和执行也具有重要的意义.

理有关公文,但应当在报送国务院的公文中说明有关情况;此外,加强国务院办公厅对公文的审核和检查,对那些报请国务院审批的事项涉及其他部门职权时未经充分协商和会签的公文发回重新协商并予以通报批评,甚至追究有关责任人的责任,而对会签时间过长的公文国务院办公厅也应予以重点审核并对其协调绩效进行评估,从而提高国务院各部门主动协调的积极性、促进主动协调的效率和效能。

(二)建立超脱国务院各部门利益的编制机构

中央机构编制委员会是1991年在合并中央直属机关编制委员会和国家机构编制委员会的基础上设立的,由总理担任主任,国家副主席担任副主任,其目的是为了加强中央对全国机构编制的领导,理顺各方面的关系,加强集中统一管理,严格控制机构编制膨胀,推进机构改革和行政管理体制改革。中央机构编制委员会名义上是中华人民共和国国务院下属的一个机构,实际上是对中共中央真正负责的一个级别高于中共中央组织部的议事协调机构。它的任务和职责是研究拟定机构改革和行政管理体制改革的总体方案,审核党中央、国务院各部门和省级机构改革方案,管理党中央各部门、国务院各部门的职能配置及调整工作,协调各部门之间的职责分工等。根据《中共中央办公厅、国务院办公厅关于印发〈中央机构编制委员会办公室机构改革方案〉的通知》(中办厅字〔2000〕30号)规定,中央机构编制委员会办公室(以下简称中央编办)是中央机构编制委员会的常设办事机构,在中央机构编制委员会领导下负责全国行政管理体制和机构改革以及机构编制的日常管理工作,既是党中央的机构,又是国务院的机构。中央编办的职责主要是研究拟定行政管理体制和机构改革以及机构编制管理的政策和法规,研究拟订行政管理体制与机构改革的总体方案,协调党中央各部门、国务院各部门的职责配置及其调整,协调党中央各部门之间、国务院各部门之间的职责分工,除此之外,还要负责审核全国人大、全国政协机关及最高人民法院、最高人民检察院机关,各民主党派、人民团体机关的机构设置、人员编制和领导职数,研究拟订全国事业单位管理体制和机构改革的方案等。

2012年3月《政府工作报告》提出将积极稳妥推进事业单位分类改革作为当前和今后一段时期改革的重点领域和关键环节,中央编办作为行政管理体制和机构改革方案、事业单位改革方案的研究拟订单位,还要负责协调党中央、国务院各部门职责和管理全国人大等其他机构编制,显然中央编办的任务比较艰巨、工作负担比较重,特别是中央编办既是党中央机构又是国务院机构的"双重身份"不符合政治体制改革党政分开的要求,也不利于中央编办在行政管理体制和机构改革以及机构编制管理工作中职责的发挥。通过对我国编制管理机构的历史考察发现,在中央编委及中央编办成立之前,担负机构编制管理的部门在党中央和国务院各有相应的设置,分别掌管党政机构的编制工作。在国务院的发展演进过程中,编制管理一直是国务院的重要职责之一,其办事机构也一直设在国务院或者国务院组成部门之中。例如,1963 年,国家编制委员会作为编制管理部门被设立为国务院直属机构;1991 年成立中央编办之前,国家机构编制委员会作为编制管理部门,其办公室设在人事部,与国务院机构改革办公室"一个机构,两块牌子"。总之,国务院的编制管理部门在 1991 年之前一直处在变动之中,其在机构改革和编制管理中发挥的作用有限。而在 1988 年,"三定"方案开始实施以后,编制管理部门的工作在机构改革和协调部门间职责分工方面的重要性越来越突出,中央编委作为超部委的议事协调机构的成立反映了这种重要性,体现了党中央和国务院希望其能超脱部门利益、充分发挥其体制改革中的议事和编制管理中的协调职责的初衷。

但是,随着政治体制改革的开展和行政管理体制改革的不断深入,中央编委及其办事机构因为承载了太多的职能而限制了其功能的发挥。特别是行政管理体制和机构改革是一项宏大的工程,涉及多方利益的调整,尤其是中央政府部门利益成为阻碍机构改革顺利进行的最大障碍。因此,在 2008 年的两会期间,全国政协委员、中国(海南)改革发展研究院院长迟福林教授指出,新阶段的全面改革不仅涉及个人利益与集体利益、局部利益与整体利益的协调,还涉及中央与地方利益的协调,致使改革的复杂性加深、难度加大,建议尽快建立一个由中央、国务院直接领导的、超脱部门利益的改革协调机构。① 考虑到编制管理部门工作的重要性及其现状,在下一阶段的国务院机构改革中,建议将中央编办研究拟定行政管理体制和机构改革以及协调国务院各部门职责分工与调整的职责独立出来,作为直属于国务院的办事机构,成为国务院行政改革和机构编制办公室,正部级单位,与国务院法制办公室一样,负责专门领域也就是行政管理体制和机构改革以及编制管理。

国务院行政改革和机构编制办公室是协助总理研究拟定行政管理体制和机

---

① 迟福林. 改革需设利益超脱协调机构. 新京报 2008 – 03 – 10.

构改革总方案以及机构编制管理的办事机构,其主要职责是:①研究拟订行政管理体制和机构改革以及机构编制管理的政策和法规;②研究拟订行政管理体制与机构改革的总体方案;③协调国务院各部门的职能配置与调整;④审核国务院各部门内设机构、人员编制和领导职数;⑤研究拟订全国事业单位管理体制和机构改革的方案;⑥监督检查各级行政管理体制改革以及机构编制的执行情况,上报国务院;⑦国务院交办的其他工作任务。通过明确国务院行政改革和机构编制办公室的职责可以避免周期性的机构改革造成的机构编制管理时紧时松、断断续续的现象,因为目前中央编办的职责更多的是体现在政府机构改革之时,在机构方案的制定以及随后的"三定"工作中,中央编办承担了划定部门权力范围、对权力进行明确分工以及处理职责交叉、控制机构编制等职责,但是在机构改革完成之后,各部门"三定"规定出台以后,中央编办在调整部门职责配置与分工方面的作用则有所下降。

国务院行政改革与机构编制办公室在审核国务院各部门的"三定"草案时,当发现有些部门的"三定"规定中职能有交叉或者重叠时应该交还有关部门,并督促其与职能交叉部门进行主动协商,协商未果时交予办公室进行协调并提出处理意见及理据,办公室在召开协调会议时不仅需要职能有交叉的部门出席,还需要邀请这部分交叉的职能所指向的行政相对人以及相关领域的专家出席,以保证协调的公开性、民主性和科学性,如达成一致,各部门按照修改意见对"三定"草案进行修订,如未能达成一致,由持异议的部门提交总理申请裁决。为了增强"三定"规定对国务院各部门的约束力,国务院行政改革与机构编制办公室应该在严格审核"三定"规定草案的基础上,认为有些职能部门的"三定"草案已经成熟,具备成为行政法规的各项条件时,应当向国务院报请立项,从而逐步使"三定"调整的内容变为法律法规,提高"三定"规定的法律位阶,为部门组织单行法的出台奠定良好的基础。

国务院行政改革与机构编制办公室的协调职责不仅体现在机构改革时对"三定"规定的审核上,还体现在机构改革完成后对行政体制改革和机构编制落实情况的监督以及相关部门在运作过程中对职责分工异议的处理上。按照《国务院组织法》、《国务院行政机构设置与机构编制管理条例》,国务院行政改革与机构编制办公室应出台《国务院及各级政府部门职责分工协调办法》,对相关部门在机构改革之后的工作中,职责分工上出现异议时进行协调处理的办法进行规定:首先应由职责分工有异议的相关部门之间进行自主协商,未达成一致意见的,由主办部门及时向国务院行政改革与机构编制办公室申请协调;办公室按照受理范围做出受理或者不予受理的决定;受理后采取书面征求意见、召开协调会议等方式进行协调;经协调,相关部门就职责争议事项达成一致意见的,由办公室拟订书面协调意见,或者经三次会议协调仍未达成意见的,由办公室对职责归属进行认定,或者对职责归属争议进行裁决后,由办公室拟订书面协调意见,报总理批准;经批准后,由国务院发文明确,相关部门必须执行;最后,办公室应当按照管理权限,对协调后的职责分工执行情况进行监督检查和评估,必要时会同纪检监察部门和其他相关部门进行监督检查,严重违反协调意见的追究其行政责任。此外,《办法》还应规定协调的时限与中止情形,避免协调的久拖不决和资源重复浪费。

(三)加强国务院法制办公室、财政部在专门领域的协调职责

1. 加强国务院法制办公室在法制工作事项上的协调职责

国务院法制办公室(以下简称国务院法制办)是协助总理办理工作事项的办事机构,其前身是国务院法制局。国务院法制办在法制工作事项上对国务院各部门的协调作用主要体现在其对国务院各部门规章的备案审查和管理工作方面。国务院部门规章的制定是深具中国特色的一种立法现象。建国初期,国务院各部门就具有制定规范性文件的权力,在促进国务院各部门履行职责方面起了重要的作用。1982年宪法以根本大法的形式赋予了国务院部委正式的行政立法权,使得国务院部门规章成为行政法治的重要组成部分。之后国务院发布的《法规规章备案规定》(1990年)、九届人大会议通过施行的《立法法》(2000年)和国务院出台的《法规规章备案条例》、《规章制定程序条例》(2002年)都以国家基本法、国务院行政法规的形式确立了国务院各部门制定部门规章的立法权。但是,随着改革开放和社会主义市场经济的建立发展,行政权力部门化、部门权力利益化、部门利益法制化的现象日益突出,而规章的制定权在地方政府和国务院部门中,是"部门利益法制化"最便捷的途径,由于对部门规章缺乏有效的监督管理,部门利益法制化导致部门规章之间、部门规章与地方性法规和地方政府规章之间甚至新制定的部门规章与未得到及时清理的部门规章之间的矛盾与冲突,所谓的"神仙打架,百姓遭殃",严重损害了人民群众的根本利益,极大影响了政府部门的权威性。为此,国务院加大了对国务院部门规章的监督管理工作,旨在实现国务院各部门规章之间的协调统一,而这项工作主要由国务院法制机构也就是国务院法制办来承担。

根据1998年国务院办公厅印发的《国务院法制办公室职能配置内设机构和人员编制规定的通知》所规定的国务院法制办的职责,国务院法制办负责协调部门之间在有关法律、行政法规实施中的矛盾和争议以及办理国务院各部门规章的备案审查工作,审查其同宪法、法律、行政法规是否抵触以及它们之间是否矛盾,根据不同情况提出处理意见,维护行政法规相互之间的协调、统一。国务院法制办的部际协调职责主要体现在以下方面:第一,在起草部门规章时,涉及国务院其他部门的职责或与国务院其他部门关系紧密的,起草单位应当充分征求国务院其他部门的意见并进行充分协商,经充分协商不能取得一致意见的,起草单位应当上报国务院法制办进行审查;第二,国务院法制办的协调作用主要体现在部门规章的审查阶段,在审查部门规章时,国务院法制办审查的重点内容之一就是规章送审稿是否与有关规章协调、衔接,有关部门对规章送审稿涉及的主要措施、管理体制、权限分工等问题有不同意见的,法制机构应当进行协调,达成一致意见,不能达成一致意见的,应当将主要问题、有关机构或者部门的意见和法制办的意见上报国务院决定;规章公布后三十日内,各部委将规章报送法制办备案,在备案过程中,法制办继续对部门规章进行审查,对部门规章之间对同一事项的规定不一致的进行协调,经协调不能取得一致意见的,由国务院法制办提出处理意见报国务院决定并通知制定机关;第三,国务院法制办在清理部门规章工作的协调职责,按照《国务院办公厅关于开展行政法规规章清理工作的通知》,国务院法制办具体承办行政法规的清理工作,国务院各部门负责清理本部门制定的规章,并要求各部门要从大局出发,协调配合,当部门规章之间对同一事项的规定不一致的,相关部门要协商解决;不能协商解决的,将处理建议送国务院法制办研究处理。清理规章的工作对于规章执行情况的评估、及时发现规章"打架"等问题有着重要的意义,目前,我国也已经形成了国务院各部门及地方政府统一领导、国务院及地方政府法制办公室组织协调、督促指导的规章清理机制,并取得了显著的效果,形成了定期清理制度,但是截至目前,我国政府组织的几次集中清理活动,均由国务院设立临时性的清理工作领导机构统一组织清理,在集中清理活动结束后,临时领导机构自动撤销,具体承担法规清理组织工作的国务院法制办则在完成清理任务后,其工作职责回归到原来的状态,国务院法制办的指导规章清理工作只是下属法规规章备案审查司的一项职责,缺乏法律法规或者"三定"规定的硬性规定。为了适应国家建立法治政府的需要以及规章清理工作的重要性,在下一届国务院机构改革中,应在国务院法制办内部设置法规清理的常设机构,成立法规规章清理司,配备专职人员专司法规清理工作,使政府法规清理工作常态化、专门化,这是建立政府法规清理长效机制的必要的组织保障,也是加强国务院法制办在清理规章工作中的作用,避免部门规章"打架"的必然途径。

2. 加强财政部在中央政府预算过程中的协调职责

在西方发达国家,预算是实现政府内部协调的一种传统方法。自法国大革命以来,政府中联合预算体系的出现,为跨越政府部门提供了广泛的财务监督机制——英国"财政部的控制"以一个强有力的协调部门的形式出现于十八世纪。[①]而在中国,对预算作为实现政府协调重要工具的认识才开始于 2000 年的部门预算改革。为了有效推进政府部门预算管理体制改革,必须加强整个预算制度各组成部分之间的联系,不仅是要加强中央政府各部门之间、部门内部的联系和交流,还必须加强中央政府各部门和地方政府之间的联系和交流,以便能够获取充分的信息,探求预算改革过程中耗用资源少、预算透明度高,财政管理责任明晰,改革措施规范、实用性强、效果明显的方案。但是,对于加强中央政府各部门之间的协调而言,目前推行的部门预算改革,总体上是试图构建一种市场经济国家在十九世纪就已建立的现代预算体制。[②] 就技术层面而言,则主要体现了传统预算程序中以政府职能部门为基础的逐项预算管理理念。然而,在现代预算发展中,这种以部门为基本预算配置单元的传统模式,尽管时至今日仍然具有广泛的应用价值,但其缺陷也日趋明显,那就是导致政府职能部门只从本部门的角度来编制预算,缺乏整体视角和全局观,加剧了部门主义的倾向,导致预算的碎片化。针对上述部门预算管理模式的内生弊端,西方国家现代预算管理已经呈现出超越部门藩篱的资源整合趋势,一个共同的特征就是加强核心预算机构在整个预算程序中的作用。尽管在不同国家,它们的具体名称是不同的,但是最通常的名字是财政部,英国财政部的一位常任部长经常夸口说,英国的财政部是"部门中的部门"和"我们行政系统的心脏"。[③] 此外还有美国的管理与预算局等。而在中国,虽然部门预

---

① Vernon. Bogdanor . Chirstopher Hood. Perri 6 ， Joined – Up Government［C］. London：Oxford University Press2005. p28.

② 马骏 . 中国公共预算：理性化与民主化 . 北京：中央编译出版社 2005 年,第 88 页 .

③ Wanna John. Lotte Jensen. Controlling public expenditure：The changing roles of central budget agencies guardians？Edward Elgar Publishing Ltd. 2003.

算改革从根本上重构了财政部门和各个部门之间的预算关系,将预算权力逐渐从各个部门集中到财政部门,财政部是正在发展中的核心预算机构,①但是,由于受到计划经济体制的影响,财政部作为核心预算机构的地位还未真正建立起来,难以发挥西方发达国家中核心预算机构在政府过程中的"伟大协调者"的角色。

对此,为了实现中央政府在预算过程中的部际协调,应该在行政管理体制改革的基础上加强财政部在中央政府中核心预算机构的地位。首先,集中财政部的预算编制权。由于对计划经济体制和传统预算编制方法的路径依赖,中央政府的预算决策权分散在财政部、发改委、农业部、科技部还有国务院机关事务管理局等部门中,例如,根据《关于改进和加强中央国家机关办公用房管理意见的实施细则》,国务院机关事务管理局负责统一编制办公用房基本建设、大中修及专项维修经费预算。② 预算编制权的集中统一不仅可以解决财政部与其他部门尤其是发改委之间的冲突,更重要的是加强了财政部从外部控制部门预算的编制,通过将预算外资金纳入到部门预算的编制中,加强财政部对中央政府各部门的预算编制活动进行全面地协调。政府部门预算的编制过程是一个政策决策和矛盾协调的过程,政府部门预算中含有或多或少的政策决策成分,因此,在这一阶段集中财政部的预算编制权应注意政策决策权与编制权的分离,避免因财政部在决策中的越位而引发的财政部与其他部门包括权力部门(人大)的关系紧张问题。③ 财政部预算编制权的集中体现在其从整体角度对部门预算的编制进行监督和审查,并提交国务院审批,由国务院提交人大决策的运转枢纽角色,类似于国务院法制办审查部门规章中的角色,使国务院及其领导将精力集中于宏观政策的制定而不是预算、法制等技术性、专门性较强的协调工作上。其次,加强财政部对部门预算执行情况的监督。在政府部门预算执行过程中,必须明确划分财政部门与政府各部门之间的预算职责,财政部门主要负责协调和监督政府部门预算部门政策、项目和资金的执行,防止政府各部门挪用项目资金或者不按规定执行部门基本支出预算

---

① 马骏. 中国预算改革中的政治学:成就与困惑. 中山大学学报 2007 年第 3 期,第 69 页.

② 《关于改进和加强中央国家机关办公用房管理的意见》以及《关于改进和加强中央国家机关办公用房管理意见的实施细则》国办发[2001]58 号.

③ 唐国清在《财政部门权力越位:公共预算中须制衡的新动向》中分析了公共预算体系中财政部门因权力加大而出现的滥用权力行为,实际上,这并不是预算改革导致财政部门权力加大造成的,而是预算编制权和预算决策权没有得到科学、合理划分造成的.

造成的部门间冲突与矛盾。此外,近些年来,美国联邦政府对预算作为政策协调工具显示出了更多的兴趣,1997 年开始实施的政府绩效和结果法案的目标之一就是通过将预算的重点放在绩效管理上,为更多的横向协调提供方法和动力。① 因为绩效预算不仅涉及部门职能的优化,也涉及公共财政资源在不同部门之间的重新分配,各部门将基于部门利益对公共财政资源展开争夺和竞争,为此,加强财政部门对部门预算进行绩效评估与管理的功能将是下一阶段预算改革的重点。

(四)继续推动国家发展和改革委员会的职能转变

国家发展和改革委员会(以下简称发改委)成立于 2003 年的政府机构改革,前身是国家计划委员会,国家计划委员会 1952 年 11 月成立,是与当时的政务院平行的专门机构,不一般的"出身"决定了后来的国家计委和发改委的部上之部的地位。改革开放后的一段时间,国家计委一度被看作"计划经济核心堡垒"。1988年,原国家计委、国家经委被撤,组建新的国家计委。此时的国家计委被定位为"高层次的宏观管理机构","不再承担微观管理和行业管理职能"。此后的二十多年,过去 20 年来,国家发改委的调整均与宏观调控一词相关,其艰难的职能转变历程也由此开始。随着市场经济的发展,国家计委经过 1988 年、1993 年和 1998年的机构改革,内部机构也几经分拆和合并,政府职能逐步由微观事务向宏观调控的职能进行转变。但是,2003 年政府机构改革后,国家计委合并了国家经贸委和体改办合并,变身为今天的国家发展与改革委员会。发改委成立后,不仅承接了原体改办协调经济体制改革的职责,也承接了原经贸委的很多行业管理职能,成为既有"宏观调控权"又有"微观审批权"的大部委,因此,发改委的职能又开始了向微观事务的管理职能"倒退"。例如,2004 年国务院颁布了关于投资体制改革的若干意见,对于一些投资项目实行地方政府审批、发改委备案,在具体操作过程中,备案逐渐也成为了一种特殊形式的审批。如果发改委不出具同意函,送来备案的项目就难以开工。此外,意见还明确规定了投资 3000 万美元投资以上的项目需要报发改委审批。② 在 2008 年政府机构改革之前,国家发改委作为中国第一"大部",国务院的每一个职能部门,从交通、能源、环境资源、社会发展到外资、贸易、就业和社会保障,几乎都能在发改委内找得到对应的司局。五年来,发改委

---

① Vernon. Bogdanor . Chirstopher Hood. Perri 6 , Joined – Up Government[C]. London：Oxford University Press2005. p74.

② 《国务院关于投资体制改革的决定》(国发【2004】20 号).

不断强化了协调地方政府和其他部委的权力,①不管是在协调其他部委还是地方政府之间的关系上,发改委都体现出超超脱部门利益之争的地位优势。但是,随着发改委微观事务管理职能的增长,大至"嫦娥"登月和核电站上马,小到方便面价格和大学学位证书工本费,都属于发改委的管辖范围,发改委变成了与国务院其他部委职能交叉最严重的部门,2008年两会讨论国务院机构改革方案时,发改委成为多位政协委员"炮轰"的对象,认为发改委是国务院内最需要改革的机构。②

发改委的存在是中国历史发展到一定阶段的产物,特别是在发改委的计委时代。随着社会主义市场经济体制的确立,计划经济至少在语言上退出了历史的舞台,而国家计划委员会作为计划经济的产物则以国家发展和改革委员会的形式继续存续下来,这说明由于渐进式改革的要求和路径依赖的特征,发改委有其存在的必然性和价值。尤其是由于"部门利益"的滋生,国务院部委之间的职能交叉与冲突导致的行政低效率,客观上使得发改委这样发挥协调功能的"部上之部"的存在显得尤为必要。一旦地方利益和部门利益与全局和中央的利益相抵触,超越于其他部委之上的"第一大部",就成了中央政策得到有力和快速推行的保证。发改委成了控制中国经济、进行宏观调控的一把"利器"。但是,一旦发改委滋生出新的部门利益并缺乏有效的制约机制,那么发改委不仅不能成为超脱部门利益之争的协调者,还将成为公共资源的"垄断者",是部门利益的最大"掠夺者",沦为中国行政管理体制改革的最大障碍。为此,2008年的政府机构改革,结合国务院大部门的设置将改革的重点放在了发改委的司局设置和职能调整上,是这次改革中内部结构变动最大的部门。根据《国家发展和改革委员会主要职责内设机构和人员编制规定》,发改委将能源行业管理有关职责划给国家能源局,将工业行业管理和信息化有关职责划给了新成立的工业和信息化部;与具体行业管理职责撤出同时进行的是部际协调职责的划入,按照规定,国务院西部地区开发领导小组办公室和国务院振兴东北地区等老工业基地领导小组办公室的职责划入发改委,两个议事协调机构也由临时机构转正为发改委中的司局,其议事协调的职责也正式由发改委承接下来。可见,2008年对发改委的改革是按照积极推进政府职能转变的

---

① 大部制改革发改委何处去,宏观调控任重道远. 载于《新民周刊》2008年4月.

② 同上.

要求,减少发改委微观管理事务和具体审批事项方面的职能,强化其对协调性事务的管理职责,集中精力抓宏观调控,使发改委的职能重新转变到宏观调控上来。

2008 年的政府机构改革不仅没有回避改革发改委的难题,国务院改革发改委的思路也进一步清晰:以大部门体制改革和行政审批制度为契机,在理顺政府与市场的关系、政府内部各部门之间的关系也就是发改委与其他国务院部门之间关系的基础上,加快发改委的职责调整。按照这一思路,下一阶段国务院机构改革中,针对发改委的改革应该包括以下内容:1. 在继续推进大部制改革的基础上,减少发改委具体的行业管理职能。通过职责调整和机构整合的方法,将基础产业司交通运输发展规划等方面的职责并入交通运输部,将就业和收入分配司的职责并入人力资源和社会保障部,将资源节约和环境保护司、应对气候变化司的职责并入环境保护部,将农村经济司并入农业部,将固定资产投资司、利用外资和境外投资司的职责并入商务部,将财政金融司的职责分别并入财政部、中国人民银行和证监会等,逐渐向大交通、大环境、大人事、大农业等大部门体制过渡,从而减少发改委与其他部门的职责交叉与冲突,实现发改委与国务院其他部门之间的协调与配合;2. 在深化行政审批制度改革的基础上,推动发改委的职能转变。如果只是将职责划分给其他部门成立大部门,不加深对行政审批制度的改革,大部制改革只是对部门利益的"瓜分"而不是切除,部门的合并、权力的横向转移带来的只是利益更难以撼动的大部门,造成中央政府内部各方"诸侯"并立的局面,加剧部委间的冲突与竞争。2011 年 11 月,国务院召开深入推进行政审批制度改革工作会议,温家宝总理强调深化行政审批制度改革推动政府职能转变;2012 年的政府工作报告也提出要严格依法设定、实施、清理、规范行政审批事项;发改委和国务院其他部门接下来通过行政审批权的下放,将政府职能由对微观事务的管理转移到宏观调控上来,实现政府决策权与执行权的分离。而发改委的职能转变对于实现中央政府部际协调来讲,具有更深刻的意义:通过强化发展规划司、国民经济司、经济运行调节局以及经济体制综合改革司的职责,加强发改委对整个国民经济领域发展与改革的宏观调控能力,从而提高发改委对国民经济发展与改革领域所涉及的国务院其他部门的综合协调能力。实际上,早在上世纪末,就有学者提出"国家计委"不应该承担具体项目审批,可以改革成类似日本企划厅的政府组成机构,它高于各部委,专注国家中长期规划的制订,通过深化行政审批制度改革,解决微观项目审批的问题,使发改委从部门利益的争夺中超脱出来,集中精力协调宏观调控,成为真正的协调者。3. 在建立健全现有协调机制的基础上,加强发改委的宏观调控职能。2008 年政府机构改革提出,要建立健全国家发改委、财政部、中国人民银行等部门的协调与配合机制,各司其职、相互配合;2013 年政府机构改革要在此基础上,继续完善以发改委为中心的部门间协调与配合机制,将农业部、商务部等国民经济领域重要部门纳入到这个机制中来,发挥这个机制的乘数效应。① 此外,发改委职能的转变、部际协调能力的提高还应该改革发改委的领导体制,在对国务院其他部门进行综合协调的过程中,吸纳相关领域的专家和争议权限所涉及的公民以及社会团体参加,只有打开政府"暗箱"、揭开"官僚制内幕",将政府权力的运作放到"阳光"之下,才能从根本上遏制部门利益的膨胀,避免政府内部因部门利益而爆发激烈地冲突。实际上,早在 1988 年,当时的国家计划委员会(发改委的前身)就曾经按照转变政府职能的要求,采取了委员会制度,经国务院批准,新计委委员由国家计委主任、国家体改委主要负责人、国家科委主任、财政部部长、中国人民银行行长、物资部部长、劳动部部长、国家物价局局长和国家统计局局长和国家计委副主任、专职委员会担任和兼任,共十九人。② 委员会的成员来自于中央政府各职能部门,为了拟定和组织实施国民经济和社会发展战略、中长期规划和年度计划,基于平等和相互依赖的关系进行定期的协商与交流,通过委员会中各部门领导之间的信息共享,培养一种相互信任的关系,从而为政府各部门之间形成良好的协调与配合关系提供了一个体制平台。但是,由于这种委员会所涉及的协调成本过高(例如各部部长定期在国家计委进行交流所需要投入的各种有形无形资源)很快在国务院的机构改革中被取消。但是,它为现在的国家发展和改革委员会的体制改革提供了可借鉴的历史经验,如何在此基础上,进一步扩大委员会的规模,吸纳相关领域的专家集思广益、博采众长,充分发挥民主精神,是使国家发展和改革委员会超脱部门利益的关键。

---

① 乘数效应是一种宏观的经济效应,是指经济活动中某一变量的增减所引起的经济总量变化的连锁反应程度。乘数效应以一个变量的变化以乘数加速度方式引起最终量的增加。在本文主要是指以发改委为中心的协调机制的效用会以参与者的数量的增加而提高.

② 鲁牧. 1988 年 6 月 15 日新国家计委(国家计划委员会)正式成立. 人民日报 1988 年 6 月 16 日.

（五）充分发挥议事协调机构的部际协调作用

在西方发达国家中央政府的组织体系中，普遍存在着为解决跨部门间的协调性事务而成立的专门性组织，这些组织有些是临时性的机构，也有些是常设机构，例如法国中央政府中的各类部际委员会就是跨部门设置的常设委员会，主要目的是为了研究和解决专门性的问题，像空间部际委员会、核安全部际委员会等；而克林顿总统时期，为了使美国出口控制制度现代化和自由化，来自国防部、商务部和国务院的代表组成的出口控制改革特别工作小组则是典型的临时性机构。这些常设的或者临时的专门性组织在协调部门间关系方面发挥了重要的作用。在中国中央政府中也存在着类似西方发达国家这种专门解决部门间协调事务的机构，例如领导小组、指挥部、办公室、委员会等，按照 1997 年出台《国务院行政机构设置和编制管理条例》，这类机构被统称为议事协调机构。议事协调机构在中国各级政府的存在面临这样一个进退两难的尴尬处境：一方面棘手问题的增多亟须部门间的协调与合作，所以各种议事协调机构的存在有其必要性和紧迫性；而另一方面，在政府每一次的机构改革中，议事协调机构却总是和"精简"这个词语联系在一起的。"迫切需要"和"精简"这组矛盾话语反映了议事协调机构在中国政府组织体系中存在的困境，而这种困境主要是由议事协调机构在中国政府体制中模糊的地位和性质造成的。实际上，早在 1997 年的《国务院行政机构设置和编制管理条例》中就已经对国务院议事协调机构的性质进行了明确定位，用行政法规的形式统一了其名称，并确认了其性质——"国务院议事协调机构承担跨国务院行政机构的重要业务工作的组织协调任务"。[①] 但是，由于之后的一些办法和通知仍然将议事协调机构与临时机构、非常设机构的名称进行混用，并且对议事协调机构的成立、变更与撤销等程序缺乏法律、法规上的明确规定，不仅造成议事协调机构本应承担的组织协调任务难以完成，还导致其严重影响了职能部门工作的正常开展、增加了财政负担甚至滋生了腐败现象。

为了充分发挥议事协调机构在中央政府体制中的部际协调职责，应该在明确其性质的基础上对其进行规范。不管是临时机构还是非常设机构，都不能明确议事协调机构的性质，反而造成了其身份模糊，导致对议事协调机构的职责功能、成立的依据、运行程序等认识不清的问题。将议事协调机构定位为任务型组织，不

---

① 《国务院行政机构设置和编制管理条例》【1997】.

仅体现了其承担临时性事务时常设机构所不具有的灵活性,更重要的是强调了其以实现组织协调为任务的导向。也就是说,任务型组织涵盖的范围更加广泛,它包括临时性组织,而临时性组织并不一定是任务型组织。因为"从现实来看,临时性组织可能会因多种情况而建立,有的时候,是在任务较为明晰的情况下建立的……有的时候,任务不明晰,只是根据一种朦胧的需要而设立了临时性组织"。①所以,将议事协调机构定位为临时性组织,会导致"出一任务、设一机构"的现象比较突出,造成政府内部临时机构过多、机构臃肿,并且由于过于强调临时性而导致议事协调机构的工作人员缺乏责任心。

而任务型组织是任务导向的,对于它来说,组织自身的存在并不是目的,只有任务才是最重要和最基本的,它因任务而成立,也因任务的完成或消失而自觉地解散。②因此,作为任务型组织的议事协调机构只有在其设立、组织结构、运行机制、管理方式方法以及解散等方面得到规范,才能充分发挥其在政府体制中解决需要跨部门的临时性或突发性事务的优势,保障其组织协调任务的完成。这需要从以下几个方面规范议事协调机构。

1. 加强"入口"控制,规范议事协调机构的设立。任务识别是任务型组织设立的前提。在设立议事协调机构时,首先需要对其设立所要完成的任务进行识别,判断任务是否是组织现有机构和运行机制无法解决的并且超出了任何一个部门单独承担的能力、需要多个部门进行跨部门的协调与配合。其次,在任务识别的基础上选择议事协调机构设立的方式和路径,主要包括三种路径:一是不设办事机构,由主办部门承担具体工作、牵头协调,这是一种虚实结合的设立方式;二是由牵头部门召开部门间联席会议,这是一种虚设的议事协调机构;③最后是设立凌驾于各部门之上的议事协调机构,这类议事协调机构一般由国务院领导担任最

---

① 张康之等著. 任务型组织研究. 北京:中国人民大学出版社 2009 年 12 月第 1 版,第 13 页.
② 同上,第 45 页.
③ 作为中国最早对党政机构的小组现象进行系统化研究的学者,南开大学博士周望认为议事协调机构在将来应更多地作为一种"机制"而存在,逐渐发展为一种"议事协调机制"而不再是一个"议事、协调机构",在未来应采用"联席会议"、"协调会议"、"紧急会议"等名词作为议事协调机构全称中的后缀(载周望:《中国"小组机制"研究》,天津人民出版社 2010 年 12 月第 1 版,第 204－205 页)。本研究赞成其观点,议事协调机构在未来应该更多地采用联席会议等虚设的组织形式,从而避免协调机构设置过多的现象,但是这也有可能会加剧政府中"文山会海"的"旧疾",本研究将在下一部分中央政府部际协调机制创新中对会议这一特殊机制进行探讨.

高领导并设立单独的办事机构,例如由总理温家宝担任主任的国家能源委员会和由副总理王岐山担任主任的国务院反垄断委员会。因此,加强"入口"控制就是根据任务识别的结果,多采取第一、第二种设立方式,充分发挥议事协调机构的灵活性,而最后一种设立方式应该是建立在关于国务院组织比较完善的法律体系基础上(国务院组织法、机构编制法等),严格遵守一定的设置程序设立的,按照这种方式设立的议事协调机构应该严格限制其数量、组织结构、管理方式、存在时限等。通过以上三种设立方式,加强议事协调机构的"入口"控制,规范其设立,避免协调机构过多导致协调职责难以发挥、协调任务难以履行的结果。

2. 建构议事协调机构的内部网络结构。每个时代都会发展出与它相适应的组织形式,"网络是新兴的信息时代的典型组织形式,正如官僚制烙上了工业时代的标记,等级制控制了农业社会,而小型团体则漫步于游牧时代。"①作为任务型组织的议事协调机构,其内部组织结构应该是网络结构,因为"任务型组织在结构上必然是网络结构"。② 但是目前,我国议事协调机构是一种中轴依附的组织架构,即在议事协调机构的组织结构中,职能和权力重心主要集中于"领导成员—牵头部门—办事机构"这条线上,它们构成了议事协调机构在实际运行过程中的一条中轴线,而其他组成部门只是依附于这条中轴线而开展工作。③ 这种中轴依附的组织架构实际上是一种传统金字塔式的等级结构,导致在议事协调机构中,除了牵头部门之外的各组成部门普遍居于比较被动的地位,不利于发挥各组成部门的积极性和主动性。而网络结构打破了层级森严的部门间壁垒,使权力从垂直变成平行,为议事协调机构中的各组成部门提供了全方位、网络式的沟通交往渠道。

3. 加强流程控制,规范议事协调机构的运行机制。议事协调机构在其运行流程中较为困难的一点,就在于其与正式序列机构的关系始终纠缠不清,甚至于议事协调机构内部各成员部门各自的权责义务关系也难于理清。④ 实际上,这是因为议事协调机构作为任务型组织,与常规组织间的冲突是不可避免的,冲突的实质是对常规组织和任务型组织自主权的争论问题。而这种冲突的解决是通过明

① Lipnack Jessica. Stamps Jeffrey. The Age of Network : Organizing Principles for the 21st Century. Oliver Wight Publications, Inc. 1994. p3.
② 张康之等著. 任务型组织研究. 北京:中国人民大学出版社 2009 年 12 月第 1 版,第 42 页.
③ 周望. 中国"小组机制"研究. 天津:天津人民出版社 2010 年 12 月第 1 版,第 138 页.
④ 同上,第 201 页.

确任务型组织与常规组织之间的关系,加强对任务型组织的流程控制,规范其运行机制来实现的。"常规组织对任务型组织的发展有着很强的指导关系,它对任务型组织的发展享有监督权,对任务的目标及其改变享有知情权,甚至可能会因对任务的改变而带来的负面结构承担法律上的责任义务。"①因此,加强流程控制就是在网络结构的基础上加强领导成员、牵头部门和办事机构对议事协调机构的指导,使各组成部门相互监督并逐步吸收外部社会团体、相关专家或者公民参与到议事协调机构的决策中来,加强外部主体对议事协调机构内部运作的监督,从而扩大议事协调机构工作的透明度,规范其运行机制,促进其管理的法治化和民主化。

4. 加强"出口"控制,严格议事协调机构的撤销。如果说政府在每一次机构改革的几年后重新发现自身陷入了机构膨胀、职能混乱和角色错位的泥潭中的话,那么造成这种结果的原因大都是由于只重成立而不重解散任务型组织所致。②因此,对于议事协调机构的解散或者撤销,一定要干净利落,既不拖泥带水,亦不留缺口。任务型组织是一种围绕解决某一些特定任务而建立起来的组织形式,在任务完成时,就应当归于解散。在西方发达国家,类似中国议事协调机构的任务型组织除经合法程序升级为常规组织外,其解散主要有三种方式:一是立法机关有权撤销它认为已无必要存在的机构,例如美国在1998年制定的《联邦日落法案》,每个联邦政府机构至少每隔十二年必须接受国会成立的联邦机构日落法委员会的评估,并由日落法委员会根据社会需要、各机构职责履行情况等,决定各机构是继续运行还是撤销或者重组;二是行政首长有权进行改组合并某些机构或转移其职能,例如日本审议会会在编制及审议工作结束后即行撤销;三是一些临时机构会随着一届总统任期的终止而不得不解散,例如美国每届政府中总统一般都成立了"委员会"负责行政改造,委员会不是永久性机构,当总统任期届满时它也就解散了。而中国议事协调机构的撤销与"入口"控制不严类似,存在着"出口"缺失的现象,缺少对议事协调机构撤销进行规范的法律、法规以及执行情况的监督。所以,下一步议事协调机构的撤销要按照任务型组织的解散程序,对撤销议事协调机构的工作要尽可能地细化、具体化,对资源、权力、人员的安置和处理作

---

① 张康之等著. 任务型组织研究. 北京:中国人民大学出版社2009年12月第1版,第74页.
② 同上,第48页.

出细致合理的安排;同时,对于撤销的执行情况也一定要进行监督,清理工作务必要彻底和完善,强化执行力度。不管是议事协调机构的成立还是撤销,都应该以法律法规的形式予以制度化,并详细规定其设立和撤销的具体细节,从而避免陷入"清理—膨胀—再清理—再膨胀"的恶性循环。

随着大部制推进,将外部协调困难和利益摩擦内部化之后,议事协调机构的数量减少,中央和地方各级政府在推进大部制的同时都大量撤并了以往专为协调部门间事务而设置的议事协调机构,例如国务院撤销了 25 个议事协调机构,省政府和更低一级政府的撤销力度更大。总之,自大部制改革启动后,议事协调机构的规模得到了进一步地控制。但是,由于社会事务复杂性程度的增长使得议事协调机构在中国政府体制中的存在还具有一定的客观价值,因此,必须在精简的同时对其进行规范,从而充分发挥其协调政府内部各部门之间关系的重要作用。

三、中国中央政府部际协调机制的创新

"机制"一词首先用于机械专业,它指一台机器的内部结构和运行原理和方式,后引入社会科学领域,泛指一个工作系统的组织之间或部分之间相互作用的过程和方式,如市场机制、竞争机制、运行机制、合作机制等。可见,与体制(包括领导体制、组织体制等)相比较,机制不是体制本身,而是使各种体制得以进入运行状态并发挥特定功能的方式、方法、工具、技术的总称。所以,中央政府部际协调机制是指促使部际协调的法制得以落实、体制得以运行并发挥特定功能的方式、方法、工具、技术的总称。美国经济学家熊彼特在 1939 年出版的《商业周期》一书中,比较全面的提出了创新理论,指出创新是新技术、新发明在生产中的首次采用,是在生产体系中引进一种生产要素和生产条件的新组合。可见,创新中央政府部际协调机制主要是为了实现中央政府部门间的协调与配合,通过引入新的方式、方法、工具和技术并进行组合运用,以期产生新的效果的过程。

(一)利用信息技术创新中央政府部际协调机制

政府内部各部门之间协调与合作的一个重要内容是实现信息共享。但是,由于受传统官僚制的影响,"鸽笼式"的专业化分工使得政府内部条块分割现象比较严重。特别是随着信息社会的到来、信息技术的发展,政府内部各部门在推进电子政务建设的过程中,各部门的管理信息系统、软件系统、数据库等信息单元之间因部门间的分割而形成了一个个分散的"信息孤岛",加剧了政府内部各部门之间

协调与合作的困难。实际上,信息技术"存在一种潜质,可以影响组织内或者跨组织的协调……尤其是在'官僚机器'的理论框架中,信息技术通过对协调和信息施加影响,可以使广泛层面的效率变得可行"。① 可见,信息技术是可以在不改变现有制度、体制框架的条件下,通过机制创新实现政府内部协调、提高政府行政效率的重要工具。这种利用信息技术对中央政府部际协调机制的创新主要是通过以下几种途径实现的:

1. 利用信息技术创新电子政务建设中的标准化工作

管理学家明茨伯格认为标准化是进行协调的基本机制之一。国内外信息化的实践也证明,电子政务建设必须有标准化的支持,尤其要发挥标准化的导向作用,才能确保电子政务建设在技术上的协调一致和整体效能的实现。因此,利用信息技术创新中央政府电子政务建设中的标准化工作是实现中央政府部际协调机制创新的重要内容。

加强中央政府部际协调的核心目标是走出政府内部的"信息孤岛"、实现信息共享。而利用信息技术实现信息共享需要解决两个方面的问题:即信息的语义共享和信息资源的共享。其中,信息语义共享是整个信息共享的基础,只有使信息共享的双方或多方对信息的语义达成一直理解,才能实现各业务信息系统间、各异构系统间信息的交换与共享,才能实现信息资源共享,进而实现整个信息共享。信息语义的分歧是电子政务建设中的"巴别通天塔",②因为政府各部门主要是基于自身业务发展的需要建立相应的管理系统,缺乏对信息化建设生命周期的全过程管理和整体规划,以致在政府内部形成一个个相互独立和封闭的数字系统,每个数字系统有不同的数据元、电子文档格式等,使各部门在电子政务建设方面各说各话,严重阻碍了各部门之间的互联互通。因此,利用信息技术创新中央政府部际协调机制需要加快推进和研究数据元标准化、信息分类与编码标准化、电子文档格式规范化以及业务建模标准化工作,只有建立科学的电子政务标准化体系,才能实现信息语义的共享,从而为信息资源乃至整个信息的共享奠定良好的

---

① 【美】简·芳汀著,邵国松译. 构建虚拟政府:信息技术与制度创新. 北京:中国人民大学出版社 2004 年 12 月第 1 版,第 32 页.

② 《圣经·旧约·创世记》第 11 章宣称,当时人类联合起来兴建希望能通往天堂的高塔;为了阻止人类的计划,上帝让人类说不同的语言,使人类相互之间不能沟通,计划因此失败,人类自此各散东西.

基础。

2. 利用信息技术创新政府内部电子文档的一体化管理方式

韦伯认为纯粹的官僚体制的行政管理是官僚体制集权主义的、采用档案制度的行政管理。① 可见,对文书档案的管理是官僚制的重要内容。文档是横向沟通、纵向联络的纽带。通过文书档案的运转,可以实现政府内部各层级之间的上传下达、同一层级各部门之间的沟通协调,对文书档案的管理也是维持官僚机构理性且秩序井然的基础。随着信息技术的发展,官僚机构中的文档逐渐由电子文档所替代,在实现政府内部无纸化办公的同时也对政府文档管理提出了挑战,如何实现政府内部电子文档的一体化管理是世界各国政府建设电子政务的重要内容,为创新中央政府部际协调机制提供了契机 。

政府内部的电子文档一体化管理,在机构设置上一般需要组建中央政府内部局域网,将中央政府各部委连接起来,由中央政府核心部门,例如国务院办公厅,作为该局域网的中心节点,或建立专门的信息中心,负责控制中央政府总的政务信息资源库,并协调总库与各部委数据库间的关系。一般来说,政府内部的电子文档一体化管理是以政府部门办公自动化系统为基础的,而"政府部门办公自动化系统应以公文处理和机关事务管理(尤其以领导办公)为核心,同时提供信息通讯与服务等重要功能"。② 因此,从功能上来讲,政府机关内部的电子文档一体化管理包括四个方面的内容:①公文自动处理与跟踪管理,包括公文的收发、起草、传阅、会签等;②部门事务系统安排与全程管理,包括业务处理、会议管理和领导日程安排等;③文档格式规范统一与随机交换,把电子邮件、文本著作件、万维网页面等这些半结构化或非结构化的电子文档转化为标准的、便于在政府机构内部顺利浏览、传递、收集的结构化文件;④文档自动分类与系统归档,将文件类目号与形成文件的职能部门对应,文件在接受处理、传输、转载或迁移时自动进入既定的类目系统,与具体的类目号相对应并自动归档。

在政府内部电子文档一体化管理系统中,办公业务与电子文档管理有机结合,可以实现电子化和网络化办公,电子文档的所有运转过程均可在网上系统中自动完成。也就是说,文件可以从一产生就由系统自动对其进行分类、管理直至

---

① 【德】马克斯·韦伯. 经济与社会(下). 北京:商务印书馆 1997 年,第 248 页.
② 李少宇、梁娟. 电子政务建设对策分析. 决策探索 2004 年第 1 期.

归档等,不存在遗漏、丢失等问题,可以真正实现政府各部门之间的"无缝交接",保持电子文档之间完整的、清晰的相互关系,而且通过政府部门内部办公信息网络可以实现政府信息资源在政府部门内部局域网上的共享。

3. 利用信息技术创新政府部门间的业务通道

通过在中央政府各部门建立统一的网络平台,实现部门内业务的在线办理和跨部门业务的线上交互,这些来自不同部门的交互业务信息流在国家统一的业务规则和数据规范的指引下依序入轨运行,与线下业务重新融合为一套完整的国家政务运行信息管理体系,最终构成信息时代的国家电子政务网络空间,就有可能实现统一的整体化协同型政府的建设目标。

以上信息技术对中央政府部际协调机制的创新功能可以通过中央政府集中采购群件产品来实现。所谓群件,是以信息技术为基础,以交流(communication)、协调(coordination)、合作(collaboration)及信息共享(information sharing)为目标,是支持群体工作需要的应用软件。群件产品应用到政府中具有以下优势功能:①它作为文档数据库管理系统,能够高效率处理非结构化信息;②作为群件平台,能够支持政府各职能部门行政人员跨越时空界限共享信息,还具有陷阱的邮件处理和通信机制,便于各职能部门行政人员之间的协同工作;③协同工作性强,提供全面的应用服务;④具有严密的安全机制和无可比拟的可靠性。目前,我国中央政府对群件产品这类信息软件的采购还处于部门集中采购的状态,不仅不能促进中央政府内部的协调沟通,还会形成部委间正式交流的技术障碍,因此,由中央单位集中采购群件产品是利用信息技术创新中国中央政府部际协调机制的主要途径。2010 年 10 月,针对各职能部门之间的信息沟通交流、政务事件的处理响应速度、信息及时获取和发布等问题,北京朝阳区政府购买了微软 ExchangeServer2010 的群件产品,经过两年的运作,这个群件产品已经在政府内部建立了一套内部信息交流平台,改变了政府各部门及其下属各部门之间的信息交流不畅通的问题,促进了政务内部办公信息化建设,实现了政府内部的协同办公。①

此外,信息技术除了创新了中央政府部门间正式的业务通道外,信息技术也创新了中央政府各部门领导及工作人员非正式交流与沟通的通道。实际上,美国

---

① IT 推动创新网 . Exchange Server 2010 构建政务沟通系统 . 2010 – 03http://www. cioage. com/art/201003/88209_2. htm.

行政学家赫尔曼·芬纳很早就在其著作《公共行政学启蒙》中指出，"英国行政结构中，最重要的联合因素并不是正式的，而是在政府高层，一小组彼此熟悉的人之间经常性地交流"，"这种非正式地合作——通电话、午餐时的闲聊——长期下来的累积效应是巨大的。"①建立在信息技术之上的通讯技术的发展，例如视频通话等等，帮助中央政府各部门的领导之间的非正式联络突破了时间和空间的限制，在大大降低部门间交流与沟通成本的基础上实现了部际协调。

二十一世纪第二个十年以来，日益复杂的经济社会形势，对政府的整体管理和服务能力提出更高的要求，迫切呼唤行政体制改革尽快改变传统的思路，开辟新的突破口，推动政府的全面转型。同时，我国电子政务已经发展到一个新的阶段，也急需在行政体制改革和政府管理机制创新中发挥出重要的支撑作用。将跨部门业务和电子政务网络平台相结合，从中央政府层面开始构建国家电子政务统一网络空间，全面支撑政府系统跨部门业务的运转，非常有可能为行政体制改革、政府管理机制创新和电子政务的发展提供一个新的融合点。2008 年国务院机构改革，在国务院办公厅成立了电子政务办公室，负责国务院办公厅联接国务院各部门计算机网络的建设和管理工作，在它的统一协调和组织管理下，信息技术将在促进国务院各部门之间协调配合中发挥更大的积极作用。

(二)利用人力资源管理工具创新中央政府部际协调机制

在现代大型组织之中，人的管理是核心。而面对加强政府内部各部门之间协调与合作的需求，中央政府部际协调的实现也最终需要落实在公务员的具体行为上。因此，利用现代企业和公共部门中的人力资源管理工具创新中央政府部际协调机制是实现中央政府部际协调的必然途径。

1. 利用人力资源规划技术创新中央政府部际协调机制

人力资源规划是人力资源管理中最基础的环节，直接影响到人力资源管理的其他环节能否顺利运行和组织目标能否实现。对任何一个组织来说，如果没有科学的预测和面向未来的人力资源规划，不能从组织整体的战略角度去研究未来人力资源的需求和匹配，那么人力资源管理必将失灵，组织目标也将无法实现。为了加强中央政府部际协调，实现中央政府的整体目标，利用人力资源规划技术创

---

① Vernon. Bogdanor . Chirstopher Hood. Perri 6 ， Joined – Up Government［C］. London：Oxford University Press2005. p32.

新中央政府部际协调机制应该包括以下内容:首先,加强中央政府人力资源的战略规划。加拿大管理学家明茨伯格认为:战略规划是一个一体化决策系统形成产生并发生连贯协调的结果的正规化程序。中央政府的人力资源战略规划就是将人力资源规划同中央政府的战略目标相结合,人力资源规划要为中央政府战略目标的实现做准备,以实现中央政府的整体利益和长远利益为目标。人力资源规划的重要内容就是预测未来组织结构变迁对人力资源规划的影响,因为组织结构受外部环境变化的影响不断地进行纵向和横向的分化,在分化的过程中,组织要把所完成的任务分配到各个具体的职能部门,然后再设法将这些职能部门整合和协调起来,这就涉及到组织结构的优化和整合,组织结构的变化,必然涉及到人力资源配置的变化,进而影响到人力资源的规划。例如,大部制改革包括部门的撤销、合并与成立等,必定涉及人员的分流问题,尤其是部门合并或者撤销后原来的一把手安置问题,一般来讲,成为合并后部门的副职成为原部门一把手的主要"归宿",但是这可能会加剧中央政府各部门领导职数过多、副职过多的问题。其次,加强中央政府人力资源规划的财政预算管理。在美国,财政预算是美国政府人力资源规划的关键,因为在编制人力资源规划方案时,部门需将所有职责范围内的事务汇总,并通过工作分析预测出该部门的人力资源需求,这些需求必然要考虑预算的制约。而政府各部门为了争夺更多的预算,往往会在制定人力资源规划时,通过工资、福利待遇等规划实现部门利益的最大化。由此可见,人力资源规划为预算制度、部门利益的讨价还价提供了信息数据,从这个意义上讲,人力资源规划是政府各项利益博弈的润滑剂,有着非常重要的作用,其中财政预算是关键。[①]因此,中央政府人力资源管理部门应该与财政部门加强协调与合作,统一制定科学的、整体性的中央政府人力资源规划。其他有利于实现部际协调的人力资源规划技术还包括在工作分析、职位分类的基础上制定职位说明书等。

目前,我国公务员职位说明书的编写范围比较窄,只包括政府各部门行政领导副职、处科级以下领导职位和非领导职位,建议扩大职位说明书的编写范围,对国务院各部委部长、主任等正职领导列入职位说明书的编写范围,其内容应该包括工作标识、管理幅度、职务目的、职务责任、职务权限、工作关系、任职要求,其

---

① 肖明政、林赛. 政府人力资源规划分析——基于美国实践与现代公共管理的视角. 中国人力资源开发 2009 年 5 月,第 81 页.

中,除了将与其他部委的协调沟通列入部委正职领导的职务责任外,工作关系是指该职务与部委内外其他职务之间的关系,包括与上级、同级和下级的沟通。职位说明书要根据职务的具体情况进行制定,避免因人而制,同时在编制时,要注意文字简单明了、内容要越具体越好,避免因语义分歧和书面化造成的职责模糊。

2. 利用人力资源开发技术创新中央政府部际协调机制

人力资源开发是指利用人力资源实现组织的目标,而政府部门人力资源开发是指政府运用科学的开发战略,建立一整套开发机制,对政府公务员进行系统地培养和评价、选拔和使用、配置和保障等相关过程的系列管理活动。① 在这一系列活动中涉及多种人力资源开发技术的运用,其中,有利于促进中央政府部际协调的技术主要包括:一是在招聘中央政府公务员时,不仅要根据岗位要求采取笔试、面试的方法考查其胜任力,还要采取心理测验法、结构化面试等考察其与他人进行交流、沟通的能力,特别是对集体精神和合作能力的考查。"人事政策强调对具有团队精神的人(及其价值)的需要而不是独行侠(soloists)。"②二是对中央政府公务员的培训。公务员的集体精神和合作能力有些是与生俱来的,大部分是后天培养的,"对于整体管理来讲,培训在组织所有层次的职员和政治家的准备中发挥了一个关键的作用"。③ 针对不同类别的公务员应该采取不同的培训方法。在西方国家,公务员一般分为高级公务员、中级公务员和一般公务员。其中,高级公务员的设置是希望通过高级公务员这样一个独立体系来增加部门间有效的沟通与交流,促进横向联合。④ 按照美国联邦政府通过对私营部门和公共部门成功的高级执行官员特质的广泛研究,高级文官的核心能力资格主要有愿景构建能力、冲突管理能力、团队构建能力、影响力与协商能力、人际关系能力、语言沟通能力等,总之,针对高级公务员的培训应该注重其整体思维能力、理解宏大愿景的能力的培养等。这种能力的获取不仅可以通过正式的机构进行定期的培训获得,也可以从高级公务员非正式地交流与沟通中获得,尽管在协调的方法和机制的正式清单

---

① 宋斌、鲍静、谢昕著. 政府部门人力资源开发. 北京:清华大学出版社 2005 年 2 月第 1 版,第 6 页.

② Perri 6. Diana Leat. Kimberly Seltzer and Gerry Stoker. Towards Holistic Governance:The New Reform Agenda.〔C〕, Basingstoke：Palgrave2002. p137.

③ 同上,p138.

④ 胡卫. 英国高级公务员薪酬管理制度改革的最新进展. 社会科学 2004 年第 3 期,第 31 页.

上没有出现,通过同级别官员之间的个人接触来加强内部联系的观点已很显著。①而针对中央政府内部中级公务员尤其是一般公务员的培训,主要是采取各种团队工作方法培养团队凝聚力,例如角色扮演和敏感性培训等方法有助于培养人际关系和处理关系的技能。

此外,考虑到国务院办公厅以及国务院部委各办公厅(室)秘书长及行政人员在公文流转、组织会议等方面的核心作用,必须加强对秘书长及行政人员专业技能的培训,因为他们处理公文的效率、组织会议的质量都是实现部际协调的前提条件。可以结合人力资源制度的改革探索各部委办公厅(室)秘书长及行政人员的轮岗机制,通过加强部委办公机构人员的促进部委间信息流动的速度,提高部委间信息共享的质量,因为"轮岗的雇员将会使新的工作合作者更好地理解'在那里'的事情是怎样运作的。更为重要的是,这些新的关系被用于维持这个雇员同以前工作单位的沟通。不管怎样,这位轮岗的雇员可能会不时地遇到新的交换者,并且会使他们明白在新分配的工作任务中正在发生的事情"。②

3. 利用人力资源流动创新中央政府部际协调机制

美国学者卡兹在对组织寿命的研究中发现,在一个组织体系中,一年半到五年的时间里,信息沟通水平最高,相处超过五年以后,组织成员成了老相识,失去了新鲜感,因此他们可以彼此交流的信息减少。因此,卡兹提出,只有通过人力资源流动,在一定程度上改变组织的构成,才能增强组织的活力。可见,人力资源流动不仅是使组织"永葆青春活力"的方法,也是加强组织内部信息交流与沟通的主要工具。所谓公共人力资源流动是指公职人员离开原来的工作岗位,走向新的工作岗位的过程,包括职务晋升、降级、辞职、退休等形式。对于创新中央政府部际协调机制来讲,人力资源流动主要是指公职人员在中央政府内部的交流和调配。部门和组织间人员的流动是对问题进行共同定义并促进更复杂的认知结构的有力方法。③ 在企业和公共部门中促进人力资源的合理流动,不仅有助于打破部门

---

① Vernon. Bogdanor . Chirstopher Hood. Perri 6 , Joined – Up Government[C]. London:Oxford University Press2005. p32.

② 【美】乔治·伯克利、约翰·劳斯著,丁煌译. 公共管理的技巧(第九版). 北京:中国人民大学出版社 2007 年,第 336 – 337 页.

③ Perri 6. Diana Leat. Kimberly Seltzer and Gerry Stoker. Towards Holistic Governance:The New Reform Agenda. [C], Basingstoke:Palgrave2002. p139.

间的横向壁垒;也促进了跨部门的沟通和合作,有效增进了各部门工作人员之间的相互了解,为解决棘手问题提供完善的认知结构和跨界人才建立了一个良好的平台。

(三)利用绩效评估的工具创新中央政府部际协调机制

不管是利用信息技术还是公共部门人力资源管理工具创新中央政府部际协调机制,对使用这些技术和工具绩效进行评估和测量是实现这些技术和工具的战略目标,实现中央政府部际协调机制创新的保障。例如,在公共部门中,促进公共管理者跨越机构界线工作是一件难事。① 这是因为对跨界工作的奖励制度太少、惩罚过多。在英国和大部分其他国家中,公共部门一线管理者的职业生涯路径仍牢牢锁定在功能模式之中。许多管理者为实现整体工作,做出了一定的牺牲:他们冒着失去晋升机会、地位、同事支持、薪酬的风险去训练仍处于功能性职业竖井(functional career silos)中的同事。因此,通过加强对中央政府中进行部际协调的公务员进行物质和精神层面的奖励,并加强对公务员整体性思维能力的培训,将绩效管理方法与人力资源管理工具结合起来,是发挥人力资源管理工具在创新中央政府部际协调机制中作用的必然途径。

传统等级节制的政府官僚部门在职能专门化的情况下,无法有效发挥整合作用,大多数在官僚机构工作的专才习惯于从部门和职位的角度考虑问题,对自己的角色和对整个机构可以发挥哪些更多的作用以及对什么样的结果负有责任知之甚少,更无法控制自己工作的结果,以致整体绩效不彰。新公共管理时期的绩效管理在一定程度上扭转了这种忽视整体绩效的局面。

挪威学者克瑞廷森(Christensen)通过对西方国家新公共管理运动开展二十多年在实行绩效管理的经验进行概括,总结出绩效管理的三个基本内容:首先,领导必须制定清晰、稳定和一致的目标和标准,并在下属机构的日常工作中给予他们更多的自主决策权;其次,下属机构及其成员必须按照完善的绩效指标体系,向上级主管机构汇报绩效和成果;最后,领导必须根据汇报的绩效结果进行奖优罚

---

① Perri 6. Diana Leat. Kimberly Seltzer and Gerry Stoker. Towards Holistic Governance: The New Reform Agenda. [C], Basingstoke: Palgrave2002. p213.

劣。① 与传统公共行政时期的绩效管理关注投入而非产出不同,新公共管理时期
的绩效管理根据交易成本理论,认为政府应该更加重视管理活动的产出和结果而
非投入,应该更加关注公共部门直接提供服务的效率和质量。因此,政府管理应
该是以结果为本的管理,即通过将使命、目标以及产出或结果进行逐级描述并将
其分解成可测量的绩效指标,从而通过最终绩效是否达成来体现政府机构及其行
政人员的责任,这种最终绩效更多的是一种代表整体效率和效能的整体绩效。

　政府机构改革一般是围绕两个维度开展的:一是沿着垂直维度对政府机构进
行等级划分,将权力更多地下放给一线执行机构及其人员;二是沿着水平维度对
政府机构进行横向分工或者整合。而围绕二十一世纪初开始的横向合作进行的
主要活动,被视为与强调垂直维度的、也就是人们越来越感兴趣的绩效管理活动
截然相反的一种运动。实际上,绩效管理理论中蕴含着很多有利于实现横向合作
的内容,例如1993年美国开始实施的政府绩效和结果法案……其意图之一就是
为更多的横向协调提供方法和刺激。② 在改革实践中,绩效管理也体现出越来越
多的"整体性"和"整合性":所谓整体性,即绩效管理的某一项具体实践(例如标
杆管理、平衡记分卡、全面质量管理等)应包括绩效管理的所有要素,至少包括其
核心要素;而整合性是指绩效管理中的多种要素之间应存在某种内在的联系,从
而形成一个有机整体。③ 绩效管理实践中的这种整体性和整合性趋势表现在以下
几个方面:首先,政府绩效管理是一项系统工程,它不仅包括项目绩效管理和部门
绩效管理,还包括各级政府的绩效管理、跨部门绩效管理,构建整体性的绩效管理
框架已经成为西方国家进入二十一世纪以后,在建立绩效管理方面的一个明显趋
势;其次,为了建立和健全政府绩效评估体系,政府机构一方面在外部积极寻求其
他部门的配合和支持,评估权力分配和制度安排,形成新的政府绩效战略管理框
架,强调"顾客"本位和公民参与,注重专家和专业评估机构的运用,形成多元的评
估主体;另一方面在政府机构内部成立专业评估机构,负责协调各不同层级和不

① Christensen, T. & Lægried, P & Stigen, Inger Marie. Performance Management and Public Sector Reform: The Norwegian Hospital Reform. International Public Management Journal. 2007 Vol9. p113.
② Vernon. Bogdanor. Chirstopher Hood. Perri 6, Joined - Up Government[C]. London: Oxford University Press 2005. p74.
③ 周志忍. 我国政府绩效管理研究的回顾与反思. 公共行政评论 2009 年第 1 期,第 44 页.

同部门,形成有效的绩效管理分权机制与合理的内部管理组织,积极促成建立多种合作伙伴关系,形成不同层次的绩效管理体系和测评结构。例如,从英特尔公司引入政府机构之中、被称为"全方位与多维度的绩效评价"的360度绩效考核就是绩效管理理论中蕴含的整体性和整合性思想最具体的表现。

不仅绩效评估与人力资源管理工具、信息技术等相结合,可以促进中央政府的部际协调,绩效评估本身也是实现部门间协调的一个重要工具。[①] 通过绩效评估的方法和工具创新中央政府部际协调机制主要包括以下内容:一是进行跨部门绩效评估。美国早在1993年就出台了《政府绩效与结果法》,通过近二十年的发展,逐步建立健全了项目—部门—跨部门的层级式绩效评估体系。其中,跨部门绩效评估是建立在项目绩效评估和部门绩效评估基础上的,由管理与预算局定期与联邦政府各部门在执行总统改革目标的具体细节上进行协商,并通过"红绿灯"等级评分卡对各部门实现一致目标的进展进行评估,对偏离总统改革目标的部门给予黄色或者红色的评价,激励部门领导和雇员实现一致目标,从而保证联邦政府各部门在实现一致目标过程中的协调一致。二是在绩效评估主体与各部门之间签订绩效协议,明确各部门的目标,将目标完成过程中需要哪些部门配合都以协议或者合同的形式确定下来。英国公共服务协议要求各部门同财政部进行协商,提出部门公共服务协议白皮书,白皮书需要包括各部门的目标及目的,并解释说明如何实现这些目标和目的,以及在什么时间内、以什么样的程度完成绩效指标;新西兰政府也关注绩效合同的制定,认为政府为了完成战略目标与具体政策领域的目标,就需要各部门之间的协作,而这个协作应该以合同或者合约的形式固定下来。三是设计评价部门间协调与合作的绩效指标体系。绩效指标的设计是决定绩效评估结果的关键性环节。在传统绩效评估中比较著名的绩效指标是"三E"标准,即经济、效率、效益,二十世纪后期,由于管理主义和工具理性的泛滥引起了人们对价值理性的思考,公平和正义也日益成为绩效评估的内容之一。针对中央政府部际协调来讲,协调与合作应该是中央政府进行绩效评估时的重要内容,但是协调与合作同公平一样,由于其投入、产出很难进行经济上的测定导致对其难以评估。新西兰政府在这方面进行了开拓性地尝试,设计了评价政府内部协

---

① Morten Balle Hansen and Trui Steen. Top civil servants and the interdepartmental coordination in state administration – a comparative perspective. Paper for the EGPA Study Group on Public Personnel Policies "Managing diversity", EGPA Anuual Conference, France, Sepetember2010. p7.

调与合作的两个指标:①国家公务员支持协调、追求结果的实际行动的程度;②系统支持战略、设计和服务提供人员进行合作的程度。① 尽管这两个指标的内容还比较模糊,但是为通过绩效评估促进中央政府内部的协调与合作提供了一个新的思路和视角。四是引进平衡计分卡。平衡计分卡理论是由美国哈佛商学院教授卡普兰与复兴国际方案总裁诺顿提出的,是绩效管理中的一种新思路,以全面衡量企业健康状况和企业综合绩效。它一改以往单纯使用财务指标衡量业绩的状况,在财务指标的基础上又增加了三个维度,即客户维度、内部流程维度和员工的学习和成长维度,这四个维度之间通过因果关系而互相衔接,以期实现组织内部不同组成部分之间的协同。组织协同分为四个层面:战略协调、组织协同、人力资本协同以及计划和控制系统协同。战略协调是在战略执行的不同阶段中,实现行动的内部一致性;组织协同探究了组织不同组成部分如何协调其行动以实现整合和合力;人力资本协同是指基层员工个人致力于实现战略目标,它涉及员工的培训与激励等。② 可见,与3E评价法和标杆管理法不同,平衡计分卡是一个旨在实现组织内部垂直各层级以及横向各部门之间协调的绩效管理与评估方法。目前各国政府包括英国、美国、澳大利亚、瑞典以及亚洲的新加坡等,都将平衡计分卡作为绩效管理、加强政府内部各组成部门之间协同的主要工具。

　　在西方国家,绩效管理已不仅仅是一种测量工具和管理的动力——它已成为讨论共同行动的一种语言。③ 而我国的政府绩效管理还处于起步阶段,中央政府应在科学发展观和正确政绩观的指导下,将基于平衡计分卡的绩效管理与其他跨部门绩效评估方法等结合起来,以构建整体性绩效管理框架为目标,促进政府各部门之间的协调与配合,从而建立高绩效的整体政府。

四、中国中央政府部际协调文化的建设
　　为了解决中央政府部门之间的冲突、实现中央政府部门之间的协调与配合,

---

① Johan Quist. The vertical dimension of a Joined – up administration A report on horizontal collaboration and performance management. Karlstad University Studies. 2007. p45.

② 【美】罗伯特·S. 卡普兰、戴维·P. 诺顿著,博意门咨询公司译. 组织协同:运用平衡计分卡创造企业合力. 北京:商务印书馆. 2006 年 12 月第 1 版,第 333 –335 页.

③ Johan Quist. The vertical dimension of a Joined – up administration A report on horizontal collaboration and performance management. Karlstad University Studies. 2007. p40.

无论是中央政府部际协调法制的完善、体制的改革还是机制的创新,缺乏支持中央政府部际协调的文化的培养,科学的中央政府部际协调体系也只能取得有限的成功。因为与冲突相对的应当是合作,法律的规定和制度的设置可以建立其行政人员相互合作的机制,但是行政人员在这种机制的运行下是采取积极合作的姿势还是抱着消极应付的态度,却是法律制度所无法做到的。然而,法律制度所不能够做到的,道德却恰恰可以做到。① 对于中央政府部际协调来讲,行政人员的这种道德有赖于政府整体性、合作型的文化的构建。

（一）整体性行政文化的培养

中央政府的整体性文化是相对于建立在分工体系之上的部门文化而言的。形成这种部门文化的原因有多种,既有主观方面的原因,也有客观方面的原因。由于部门利益的存在,各部门行政人员盲目追求部门利益而造成的狭隘视角和竖井心理是形成部门文化的主观原因,而部门专业化分工是形成部门文化的客观原因,"日本各省厅都有自己的'家风'特点,最典型的是通产省（相当于中国的商务部）和大藏省（相当于中国的财政部）,前者是进攻型省厅的代表,后者是保守型省厅的代表,这两省的家风特点形成鲜明的对照。通产省尊重人的积极性、想象力、劝导技术,重视个人能力。而大藏省重视慎重、坚实的作风,注重理论性,比较彻底地贯彻组织手段……家风和作法的不同,很多是来源于省厅技能特性的不同。"②这里的"家风"实际上指的就是部门文化。由此可见,部门文化的存在有其两面性,因客观原因形成的部门文化有助于加强部门的内部凝聚力并提高部门效能,因主观原因形成的部门文化则会造成部门行政人员的狭隘视角和竖井心理。特别是随着新公共管理运动的不断深入,加剧了政府内部结构碎片化程度的同时也使得行政人员更加关注本部门的绩效而不是整个政府组织的绩效。可见,新公共管理不仅意味着更多的结构碎片化,同时也有文化的分裂,③所以文化因素在后

---

① 张康之著. 寻找公共行政的伦理视角. 北京:中国人民大学出版社2002年8月第1版,第312页.
② 秦郁彦著,梁鸿飞、王健译. 日本官僚制研究. 生活・读书・新知三联书店1991年12月第1版,第276页.
③ Tom Christensen. Per Lægreid. The Challenge of Coordination in Central Government Organizations. Paper to be presented to the Study Group on Governance of Public Sector Organizations, EGPA Conference, Madrid 19-22 September 2007. p13.

新公共管理改革也更加明显,这包括创造一个更加"整体性"的文化。①

　　这种整体性行政文化的培养需要在包括中央政府在内的整个政府体系中加强整体主义或者是集体主义的价值观。整体主义或者集体主义的价值观是相对于个人主义的价值观而言的。一般来说,个人主义的价值观认为,个人的价值是社会价值的基础和本质,提倡或主张集体主义,就会因强调集体或国家而抹杀个人的价值,任何形式的"整体主义"或"集体主义",都是同个人的价值、自由和尊严相对立的。在中国,历史传统以及社会主义价值观都是强调整体主义的,但是,随着市场经济发展的不断深入,个人价值得到了最大限度地开发,个人主义开始取代整体主义、集体主义成为中国社会各领域主要的价值观。同时,在西方国家,随着现代社会向后现代社会的转变,现代化的发展也进入了一个新的历史阶段,突出表现在个人的解放达到了一个前所未有的水平,私人领域所崇尚的个人主义已经渗透到公共领域,个人主义开始成为整个社会的核心价值观。这种个人主义的价值观在公共领域的蔓延是导致政府中领导独断专权、小团体和小集体等部门主义盛行的主要原因,尤其是部门主义的存在,使得政府内部的行政人员"在思想认识上,部门主义认识问题视野狭窄,局限于'部门'角度;在决策措施上,部门主义局限于部门高度,不顾及部门决策的关联性;在权力问题上,部门主义坚持部门行政权力本位,漠视甚至无视公民权利;在利益处理上,将部门利益置于公共利益之上,并以利益为转轴处理部门间关系",②严重影响了政府各部门之间关系的协调与一致。可见,政府与私人领域的企业或公司不同,政府中的行政人员是经过专门选拔之后才被赋予了公共职位和职权,这些职位和职权是代表公共利益的,因此,要求政府中的全体行政人员拥有共同的价值观并树立整体主义的价值观是完全有必要的。这种整体主义的价值观是一种现代化的行政价值观,它应该包括以下内容: 1. 效率观念。行政现代化是首先体现在其效率上的,所以,作为行政主体的行政人员,只有树立起效率观念,才能名副其实地充当现代行政权力的执行者。实现中央政府内部的行政协调需要行政人员在协调过程中,不断地运用科

---

① Tom Christensen Per Lægreid . NPM and beyond – leadership, culture, and demography Leading the Future of the Public Sector: The Third Transatlantic DialogueUniversity of Delaware, Newark, Delaware, USA May 31 – June 2, 2007. p7.

② 李金龙、余鸿达. 区域公共服务中的政府部门主义问题研究. 中国行政管理 2010 年第 5 期,第 53 – 56 页.

学的理论、方法、技术,提高协调效率; 2. 协调意识。效率是以协调为基础的,高度的协调本身就是效率。对于中央政府部际协调的实现来讲,不仅要求减少机构交叉重叠,部门之间相互扯皮等这些组织结构上的问题,而且要求行政人员具有强烈的协调意识,从而在动态的行政管理活动中,正确处理整体、部门、个体三者之间的关系,服从整体效果,统一行动。当面对更多的具有跨部门性质的棘手问题的处理时,行政人员能够主动地在各行政组织之间、组织内部各部门之间以及行政人员之间进行沟通协调;随着行政组织和服务对象的发展,当行政组织各部门之间的原有边界出现缝隙而未及变革来加以弥合的时候,行政人员充分发挥自己的主观能动性和协调性,把这种缝隙造成的消极影响降到最低限度,从而保证高效的行政结果。3. 为人民服务的精神。行政人员拥有其他部门组织成员或其他职业活动所不具备的特有权力,但是从理论上讲,这种权力源自人民的委托,所以行政人员必须在行政改革的过程中加强自我道德修养,建立公共行政职业道德意识,发扬为人民服务的精神,超越部门利益、个人利益为公共利益服务。4. 法制信念。法制行政或行政行为的法制化是行政改革的基本目标,也是实现政府内部运作协调的必要要求。依法行政要求行政人员在处理各行政部门、各行政层级及部门内部工作和业务关系时,要依法定职权,按照严格的法定程序,依据法规条文履行自己的职责。[1] 只有树立法制信念,做到依法行政,不仅可以避免行政人员在履行职责过程中与被执法者的冲突,也可以减少其与其他执法者的职能冲突。

　　行政人员如果没有共同的信仰,就自然而然地会使行政人员的每一个人都以自己的理解为标准,以自己的利益为天秤,[2]最多也是将自身利益的得失与部门利益挂钩,这样不仅会使行政人员产生滥用权力、以权谋私的动机去损害公共利益,更严重的是部门利益的滋生导致了部门之间的冲突频发,加剧了政府部门间的紧张关系。所以,政府中整体主义价值观的培养和加强首先需要在行政人员之间建立共同的信仰,并且这种信仰的基本内容就是公共行政的公共性,从而在这种信仰的基础上生成一个整体主义的价值观和道德规范体系,逐渐形成整体性的行政文化。只要在文化上解决部门主义、个人主义等造成中央政府部门文化的主观问

---

① 张康之著. 公共行政中的哲学与伦理. 北京:中国人民大学出版社 2004 年 10 月第 1 版,第 204 - 205 页.

② 张康之著. 寻找公共行政的伦理视角. 北京:中国人民大学出版社 2002 年 8 月第 1 版,第 292 页.

题,才能进一步地谈到中央政府部际协调的法制化和结构问题,才能进行技术方面的建设和创新。其次,政府中这种整体主义价值观的形成需要促进行政人员的道德化,加强政府能力的道德整合。在某种意义上,政府能力的道德整合实际上是道德对行政关系的整合。① 挪威的研究显示,与后新公共管理相关的改革内容一般比新公共管理改革内容得分要高,比较典型的是,后新公共管理中的文化导向内容,例如以知识为基础的管理和道德准则得分最高。② 其中,以知识为基础的管理可以用于共同信仰的构建上,而道德准则的制定可以用于促进行政人员的道德化并整合行政关系,以避免行政关系混乱造成的冲突。我国的传统行政文化也非常强调"德治",因为道德可以发挥"绝恶于未萌,而起教于微渺"的作用,但是,随着市场经济的不断深入使我国行政道德在历史发展过程中出现了一定的异化。因此,构建支持整体性行政文化的行政道德,除了要考虑传统意义上的社会公德、职业道德,以及爱国主义、集体主义、社会主义和作风建设等内容外,还应该明白公共领域与私人领域间有着不同的道德标准,政府行政人员在进行行政行为时,应牢记公共领域的行政人员要更加关注公共利益和整体目标的实现,而不是个人或者部门利益的得失、增减。一旦行政人员实现了道德化,他就会把自己的行政行为主动地放置在道德动机之上,就会获得道德自主性,就会用自己的全部行政行为去为公共利益的实现提供保证。③ 如果政府中的行政人员和他们的领导都拥有共同的规范和价值,这种共同文化将有助于实现协调。因为在整体性行政文化的影响下,政府中的行政人员会自主地按照整体主义的价值观和共同的道德标准展开工作,而每一个行政人员的道德自主行为的总和就构成了政府整体能力的提高。

（二）合作型行政文化的培养

与整体性行政文化对公共利益和整体目标的强调不同,构建合作型行政文化的重点是在政府内部形成一种相互信任的文化。有学者曾经在其论断中单刀直

---

① 张康之著. 寻找公共行政的伦理视角. 北京:中国人民大学出版社 2002 年 8 月第 1 版,第 312－313 页.

② Tom Christensen Per Lægreid. NPM and beyond – leadership, culture, and demography Leading the Future of the Public Sector: The Third Transatlantic DialogueUniversity of Delaware, Newark, Delaware, USA May 31 – June 2, 2007. p15.

③ 张康之著. 寻找公共行政的伦理视角. 北京:中国人民大学出版社 2002 年 8 月第 1 版,第 315 页.

入、直截了当地提出:"信任是合作的关键,不信任和猜忌的态度是组织和专业边界间的首要障碍。在缺乏信任的背景下,合作行为几乎是难以想象的。此外,相较于等级权力,信任被认为是更适于控制组织生活的机制。"①总之,文化变量中的相互信任对于协调与合作的意义重大。

这种以相互信任为主要内容的合作型文化的构建需要从以下几个方面进行:一是重视政府内部人际关系的构建。我国的传统文化非常重视人与人之间和谐关系的构建,例如"和为贵"等,因为人与人之间的关系会显著影响个体对他人的信任程度,人们更倾向于信任被自己视为"自己人"、"圈内人"的政府内部其他行政人员。由于人们习惯于根据相互关系的亲疏来评价他人,因此政府可以通过全方位的绩效考评方式来增进政府内部成员对良好关系构建和维护的重视。此外,政府也需要结合人力资源管理技术加强行政人员的人际交往能力培训,通过提供免费的茶室、活动室等休闲娱乐场所,组织中央政府各部门的人员参与拓展训练等活动,不仅为本部门的行政人员,也为整个政府中各部门行政人员创造交往、互动的机会,以增进行政人员之间的了解,成为彼此的"圈内人",通过扩展行政人员各自的"圈内人"范围,促进中央政府内部行政人员之间的相互信任,为实现中央政府部门间的协调配合提供行政文化上的支持。当然,在发挥人际关系在构建相互信任文化中的作用的同时,也应该警惕滥用人际关系导致的裙带关系等现象。二是加强政府内部各部门之间的知识转移。前面我们提到过,以知识为基础的管理是挪威中央政府促进内部各部门之间协调与合作文化的主要方法。这种以知识为基础的管理就是通过在政府各部门之间实现知识的转移以构建部门之间相互信任的关系。关于信任与知识转移之间的关系,已有诸多学者进行了相应研究。有学者认为,作为关系层面社会资本的代表,信任能够促进智力资本的共享,并可通过创造有效条件来促进知识交换与知识整合。也有学者认为在组织内部,高度的可信赖性能够带来特有资源的交换和双方战略关系形态的改变。还有学者认为信任通过提升知识转移的开放性和促进共同问题的解决,来影响知识共享的过程。总而言之,信任与知识转移之间是一种相互作用的关系,信任是政府内部各部门之间进行知识转移尤其是隐性知识转移的前提;而通过政府部门间的知

---

① Webb A. Co – ordination: a Problem in Public sector management. Policy and Politics, Vol. 19 No. 4. p229.

识转移,可以在部门成员之间形成共享的价值观和共同意愿,它意味着成员之间具有相近的思维方式和行为准则,以及共同的目标和期望,所以成员之间为了共同的目标、彼此进行互动的次数和时间增多、情感愈加紧密、互惠互换的范围越广,则成员之间相互信任的程度也就越强,形成了强连接的部门间关系。由于强连接的建立需要双方投入较多的时间、情感来进行频繁的互动,因此连接主体之间的沟通、合作、协调、信任水平非常高,从而有利于提升整体的团结性和凝聚力,进而促进整体价值的创造。尤其是面临变革和不确定的环境时,强连接所构建的信任基础可以加强行为主体之间的合作动力,降低冲突发生的可能性。通过成员之间良好的沟通和互惠合作,将会大大降低人际网络间的不确定性,从而提升价值创造的机会、构建合作型的行政文化。

结　语

走向合作：中国中央政府部际协调的未来与发展

一、中国中央政府部际协调面对的环境与挑战

（一）全球化的发展

全球化以经济全球化为基础，涉及政治、文化等诸多领域。英国社会学家莱斯利·斯克莱尔给全球化下了一个比较权威的定义："全球化是以经济全球化为核心，包括通讯、生态及旅游的全球化为基本内容，而以文化及社会政治的影响为直接后果的一种社会变化趋势。"[①]随着日益增长的国与国之间经济、政治、科技、教育、文化、贸易、环境等诸领域的交流，全球人类社会的相互依赖关系更加紧密，全球化力量影响社会各领域。这其中，全球化对公共行政理论与实践的影响引起了世界各国的普遍关注，最大的影响就是经济全球化使得各国政府在政治、经济等各个领域的竞争和合作逐渐加强，正如著名经济学家张维迎指出的，对于政府而言，全球化的最大含义，是使得每一个国家的政府成为全球市场中的一个"企业"而面临竞争的考验。[②] 这种竞争不仅仅是各国在经济产业与生产力的竞争，更是各国政府在制度安排、政府能力与公共管理等方面表现出来的竞争，而各国的中央政府作为代表整个国家政府体系参与经济全球化的首脑机关，其内部协调与配合的程度是中国政府在全球市场上的"企业竞争力"的核心构成要素。

（二）第三次科技革命的浪潮

现代科学技术革命和以工业为主导的生产力的发展，尤其是以原子能技术、航天技术、电子计算机的应用为代表，还包括了人工合成材料、分子生物学和遗传

---

① 洪朝辉. 全球化——跨世纪的显学. 国际经济评论 2000 年第 6 期.

② 张维迎. 中国改革：政府管制与制度建设——张维迎教授关于管制与放松管制谈话录. 领导决策信息 2001 年第 31 期.

工程等高新技术的第三次科技革命,对人类生产和生活活动带来了巨大的影响。这种科学技术革命的影响"影射"到公共组织治理层面,则是对中央政府的治理提出了更高的要求:一方面,科学技术的发展推动政府角色的转变。由于公众接受的知识和信息的技能不断提升,利益需求不断增加,对于现实中现有利益分配格局就会产生强烈地质疑和不满情绪,这就需要政府这一公共组织在变化中及时调整角色,适应行政环境变化带来的新要求;另一方面,对政府内部建设提出了更高的要求。公众获取信息能力的增强激发了公众的"好奇心"和"求知欲",了解政府内部机构设置和运行情况的兴趣提高,使得政府"暗箱"操作的可能性大幅降低,而打开政府"暗箱"的要求对政府内部建设提出了前所未有的挑战。2012年,中央政府八十多个部门预算的大公开正是中国中央政府应对挑战、积极回应公众要求、建设透明政府的重要举措。①

(三)公共服务管理的复杂性

随着科学技术的迅猛发展,人类社会由现代社会向后现代社会的转变,公共服务管理的复杂性呈几何式的增长,社会将会面临着产业发展、环境保护、网络及金融安全、食品安全、伦理价值、公共危机事件频发等深刻的社会问题,这些都成为了各国政府都面临的棘手问题,是对政府能力的一大挑战。针对这种情况,英国著名行政学者菲利普·海恩斯提出了"复杂性理论",为理解现代公共服务所面临的这些挑战,提供了概念性工具,这也是当前公共行政研究中最前沿的理论。按照复杂性理论,公共服务管理的复杂性主要体现在:首先,政府与私人部门以及其他社会组织的相互依赖性增强,"组织与他们的临近组织以及社会系统之间的界限可视为软渗透",在公共服务管理中,中央政府不仅要加强其内部协调一致以提高公共产品供给的效率,还要加强其与地方政府、私人部门以及其他社会组织的合作。其次,人的因素增加了公共组织的复杂性。"人们之间的相互交往使得公共服务成为一个比其他任何组织都负责的系统",所以,强调个体的服务和承诺对于应对公共服务管理的复杂性还有很高的价值。第三,突发性事件的增多加剧了公共服务管理的不确定性。从国际上看,种族冲突、恐怖主义等事件频发,从国内来看,新疆七五事件、汶川大地震、SARS等突发公共危机事件不断,风险社会的到来是当今世界各国政府都必须认真对待的重大问题和挑战。以上公共服务管

---

① 中央部门预算公开5月进入尾声80多部门已公开. 经济参考报 2012 - 05 - 03.

理的复杂性都要求包括政府在内的公共组织大胆采用各种具有挑战性的管理技术，譬如绩效管理、员工发展、战略管理和信息技术等。①

　　全球化的发展、科技革命的浪潮和公共服务管理的复杂性给世界各国的中央政府带来了巨大的挑战，它不仅要求中央政府内部各部门间进行横向的协调与配合，还要求中央政府突破等级制的限制、组织间的边界与地方政府、社会组织展开高效的合作。也就是说，中央政府部际协调与中央政府和地方政府、社会组织乃至国际社会其他国家和组织的协调是相互联系的，中央政府部际协调是实现中央政府与其他组织协调的前提条件，反过来讲，中央政府与其他组织的互动与交流不仅促进了中央政府部际协调，还将促进中央政府各部门在协调与配合的基础上进一步地走向全方面的合作，这也是西方发达国家在后新公共管理时代构建协同政府、整体政府改革实践的题中之意。

二、走向合作：中国中央政府部际协调的未来与发展

　　从历史的视野来看，合作是人类活动的目的，人类的其他活动都是合作的前提，是为了合作关系的形成和健全所做的历史性准备。通过对人类趋向合作的历史进程进行考察，人类从农业社会的互助到工业社会的协作和协调，都是后工业社会成熟的合作形态的胚芽发育过程。所以，我们也可以依次把互助看成合作的初级形态、把协作和协调看成为合作的低级形态，不管是协作还是协调，都是走向合作的历史准备。按照这种由协调向合作发展的历史进程，世界各国的中央政府部际协调的最终目标也应该是促进中央政府实现跨越部门、层级和组织界限的合作。因此，结合对西方国家建设协同政府、整体政府实践的考察，在最后的结语中，本研究对中国中央政府部际协调的未来与发展进行了展望。

　　（一）合作型组织——中国中央政府部际协调未来的组织形式

　　通过对中西方国家中央政府的组织结构进行分析，我们可以看出中国中央政府部际协调的结构与西方发达国家一样，采取的是一种典型的官僚制组织结构，这是一种在近代工业社会完善与发展起来的组织形式，它通过等级化权威实现了中央政府组织内部的协调以及中央政府对整个社会的控制。但是，随着工业社会

---

① 【英】菲利普·海恩斯著，孙建译．公共服务管理的复杂性．北京：清华大学出版社2008 年.

向后工业社会的发展,这种部际协调的官僚制组织结构表现出越来越多的不适应
之处,不仅不能取得良好的协调效果,反而成为协调的阻碍。正如福克斯和米勒
所激进批判的那样:"政策的制定者和官僚等级最顶端的执行者在病态的官僚体
制中总是通过宣传规章来实施控制。当下属的行为与最初的预期不一致时,首长
会下达更多的规章作为矫正。很快,规章之间相互矛盾,于是又需要长篇大论来
解释规章,如此等。"①实际上,早在二十世纪六十年代召开的明诺布鲁克会议上,
在研究公共行政未来发展和远景时,行政学者登哈特就提出:基于入世、对抗和动
荡环境的考虑,传统的官僚组织无法适应时代的需要,公共行政必须发展新型的
组织形态——协和式组织模式(consolidated model)。中国学者张康之教授也提
出,合作制组织将成为后工业社会的一种主导性的组织形式,特别是进入21世纪
后,社会复杂性和不确定性的迅速增长都在呼唤着合作制组织这种新的组织
形式。②

不管是协和式组织模式还是合作制组织都是一种强调合作的组织形式,对于
实现中央政府部门间的合作而言,这种合作型的组织形式应该包括以下内容:

一是中央政府内部的合作。对于中央政府来讲,传统的组织形式往往存在着
由等级、官僚、独裁和不信任等带来的矛盾和冲突,严重制约着组织的发展,因此,
在一个日益复杂、不确定的环境中,中央政府应该通过内部调整和变动,以一种合
作的方式对社会环境的变化做出快速、灵活的反应,英国首相办公室前负责人、首
相布朗的首席顾问杰夫·穆尔甘认为,按照合作方式思考和运作的政府,将证明
能比仍困在继承下来的垂直等级制中的政府更好地解决问题和满足需求。③

二是中央政府与地方各级政府合作。公共事务往往涉及到多个组织的利益,
而且必须相互沟通、协调、合作才能完成。这就需要各个组织之间保持信息的公
开、交流与共享,在公共事务的解决尤其是突发公共事件的应对中,中央政府与地
方各级政府进行合作,最大程度地避免、缩小和消除因此而造成的损害。这种合

① 【美】查尔斯·J. 福克斯、休·T. 米勒著,楚艳红、曹沁颖、吴巧林译,后现代公共行政话语
指向. 北京:中国人民大学出版社2002年,第18页.
② 张康之. 论组织的转型:从控制到合作. 西北大学学报(哲学社会科学版)2009年3月第
2期,第111页.
③ Mulgan, G.. Joined-Up Government:Past, Present, and Future. In V. Bogdanor (ed.),
Joined-Up Government[C]. London:Oxford University Press2005. p187.

作形式的主要途径有中央政府的放权和分权、组织的整合、项目组、战略联盟、签订契约等组织工作方式。

三是中央政府与社会的合作。随着中国改革开放的步伐不断加快，公私合作伙伴关系模式开始在公共基础设施领域得到了广泛应用。作为民营化的延伸，近些年来我国公共服务供给呈现出政府、非政府组织和企业共同参与的局面，在这种有效的合作机制中，实现了公共服务的无缝隙供给，因此，从某种程度上看，政府、非政府组织和市场等众多公共行动主体的合作整合，就是政府在公共组织之间的缝隙和接口处的一种粘合剂，是一种把不同的组织力量团结在一起，让他们各自发挥自己的作用、共同发挥各自的作用，相互合作、分享公共权力、共同管理公共事务以实现公共利益的过程。①

四是中央政府与公众的合作。中央政府服务的对象和最终受益者是公众，因此，在组织运作过程中，一定要处理好政府与公民之间的关系。这种合作主要体现在三个方面：①中央政府要从满足公众的需求出发，保护公众的基本权利，因为保障和提升公民的权利，是政府合法性的来源，是政府的基本职能；②中央政府应保证公民对于关乎自身利益决策的参与权，在错综复杂的环境中，中央政府的决策需要公众的参与，实现公众的自治和自我管理；③创新社会组织管理体制，大力促进作为公民参与的重要载体—社会组织的发展。

实际上，实现中央政府内部的协调与配合并不难，困难在于实现后三种中央政府与其他组织的合作形式，因为这三种合作要求中央政府必须是一种开放性的组织，并允许其他组织参与到中央政府的内部运作过程中来，只有这样才能实现中央政府、地方政府、企业、非政府组织和公众在公共事务领域的合作治理，才能避免中央政府因职权过于集中、专业化分工过多而产生的冲突。如果仍然将中央政府视为一种封闭性的组织，盲目追求其内部的协调与配合，不仅不能实现最终的合作，还使得协调与配合只能是"昙花一现"，当等级权威撤出时，中央政府各部门又会重新恢复到各自为政的"碎片化"状态。近些年来，中国中央政府通过大力建设服务型政府、法治政府和透明政府，在某些方面实现了中央政府与其他组织进行合作治理的组织形式，例如在一些准公共产品的提供上我国已经建立了政府与市场合作供给的机制。随着中央政府与其他组织进行合作治理模式的形成，这

---

① 齐明山、陈虎．论公共组织整合的三种模式．探索 2007 年第 3 期．

种合作治理反过来会影响中央政府内部各部门的职权关系及其运作,正如张康之教授所言:"合作治理将把政府改变成一种'合作制组织',或者说,在官僚制所取得的成就的基础上实现了对官僚制组织的扬弃,用合作制组织替代了官僚制组织。在社会治理过程中,无论是政府在处理那些对外的关系上还是在处理政府内部的关系时,都会用合作去超越或替代协作。"①十八届三中全会提出要推进国家治理体系和治理能力现代化,从实质上讲,治理就是多元主体的共同参与,推进国家治理体系就是要培育社会主义建设的多元主体健康发展,而推进治理能力就是加强党和政府在整个治理体系中的核心地位,提高其与其它主体的合作能力。

(二)卓越的领导者——中国中央政府部际协调中的人的发展

在西方国家协同政府、整体政府的构建中呼唤一种英雄式的公共管理者(heroic individual public manager),认为这种英雄式的公共管理者所具有的坚定意志、明确观点、领导能力、对政策问题的准确把握、说服(他人)的天分和有力的演讲都能产生协调。②尽管现代官僚制作为一种非人格化组织的建设在很大程度上消减了包括中国在内的各国中央政府中的这种人格化因素,但是这并不意味着官僚制组织能够在其运行中完全消除人格化因素。所以,唐斯提出:"要理解官僚制组织非人格化和人格化压力之间的平衡,需要研究官员之间个人关系的基本性质、不同层次中个人关系的性质、这些关系发生变化的基本原因、非人格化关系的作用、个人忠诚的重要性以及其他可能的影响。"③特别是在中国,一方面,受到历史传统文化的影响,人格化因素更是考察中国中央政府所不可忽略的重要因素,在保证中国中央政府各部门之间协调一致的过程中发挥了重要的作用;而另一方面,中央政府部际协调的这种人格化倾向也带来了一些负面影响,所以,如何在中国中央政府中保持非人格化因素和人格化因素的张力,既能发挥人格化因素的重要作用又能避免其可能带来的负面影响,本研究认为关键还是在于英雄式公共管理者也就是卓越领导者所起到的作用。

中国中央政府部际协调中的这种卓越的领导者主要是指总理(副总理作为晋

① 张康之. 论社会治理中的协作与合作. 社会科学研究 2008 年第 1 期. 第 51 页.

② Perri 6. Diana Leat. Kimberly Seltzer and Gerry Stoker. Towards Holistic Governance:The New Reform Agenda. [C], Basingstoke:Palgrave2002. p74.

③ 【美】安东尼·唐斯著,郭小聪译. 官僚制内幕. 北京:中国人民大学出版社 2006 年,第 174 页.

升为总理的重要职位也可以包含在内）这个处于中央政府最顶层的行政首长的能力发展趋势而言的。在社会的转型期，面对公共管理服务的复杂性，中央政府卓越的领导者应该具有以下特征：

一是卓越的领导者应该具有远见卓识。卓越的领导者首先能够看到未来，在急速变化、纷繁芜杂的世界中，领导者能透过现象看到本质，抓住事务发展的主要矛盾并描述出美好的"愿景"（version）。按照《现代汉语大词典》的解释，愿景是所向往的前景。它是领导及其下属为之奋斗希望实现的图景，是一种意愿的表达，概括了未来目标、使命及核心价值。"愿景"目前已经成为企业领导者所必须具备的一种职业期许，企业领导者具备并树立自己的"愿景"才能让员工更好地得到一种发展的设想与空间，才能更好地实现团队稳定性与凝聚力。对于中央政府的卓越领导者来讲，描述美好"愿景"的能力需要建立在对过去经验的积累、现实情况的洞察和准确把握以及对未来有价值的设想的基础之上，然后用精雕细琢的文字表达出来，确保每个词都能为下属指明方向，激励下属为"愿景"努力奋斗的决心。例如，"服务型政府"概念的提出就为中国各级政府建立了一个对未来的共同愿景，促动为人民服务承诺的兑现，有机协调整个政府体系的运作。对于中央政府卓越的领导者而言，最大的挑战是如何让中央政府所有的组成部门及其行政人员能够齐心合力，为实现共同的愿景而努力奋斗。

二是卓越的领导者应该具有化冲突为合作的能力。在工业社会向后工业社会的转型时期，社会事务的复杂性呈几何式增长、突发性事件的影响范围扩大，行政生态环境的巨大变化不仅要求领导者具有协调冲突、化解危机的能力，还要求卓越的领导者应该具有化冲突为合作、化危机为转机的能力。"在新公共部门复杂的多维管理世界里，冲突更多地应被看作一种创造性张力，而不仅仅是负面东西。"[①]卓越领导者化冲突为合作的能力主要由以下几个要素构成：1. 具有完整的视野。子曰："君子周而不比，小人比而不周"，讲的就是"君子"也就是为人为官者应该具有完整的视野，立世要顾全大局。当中央政府部门间冲突发生时，卓越的领导者应该避免参与到它们对部门职能"边界"问题的争议中去，而是以完整的视野和大局观，从公共利益出发，判断争议的本质是界限之争还是利益之争。2.

---

① 【英】菲利普·海恩斯著，孙建译. 公共服务管理的复杂性. 北京：清华大学出版社 2008年，第 76 页.

具有系统思考的能力。复杂的社会问题(例如犯罪或者医疗卫生)是过去建立在输入和产出之间简单关系之上的线性思维所不能解决的,因为这些复杂的社会问题都是不会由单一的部门能够轻易解决的,超越了任一部门的管辖权限。所以,当解决因这些问题而引发的冲突时,卓越的领导者应该对冲突进行系统思考,识别与冲突局面相关的所有(或者尽可能多的)重要因素,并了解这些因素之间的相互关系。3. 有目的的交流,引导冲突双方选择正确的沟通方式。沟通方式有很多,包括争吵、辩论、讨论以及协商、谈判等,卓越的领导者知道怎样给那些深陷冲突之中的人以支持,使他们知道他们可以就如何沟通做出选择。4. 对话。之前的努力都是卓越领导者开展对话的前提,如果之前的努力都是化解冲突的工具,那么对话是使冲突转变为合作的关键。正如美国著名社会观察家丹尼尔·杨克洛维奇所说,对话有一种神奇的魔力,它可以化冲突为合作。对话是建立在领导者对冲突各方进行质询的基础之上的,是有助于建立信任的沟通方式,尤其是当存在具有不同世界观的两方甚至多方时,对话可以使他们碰面,并且跨越把他们割裂开来的任何界线,使他们之间产生某种联系。① 5. 创新。卓越的领导者应该具有大胆创新的精神,通过举办合作项目、设计更好的合同、协议和法规等创新方式实现合作。

三是卓越的领导者应该是整个政府甚至整个社会的道德楷模。美国哲学社会科学家詹姆斯·麦格雷戈·伯恩斯在其经典著作《领袖论》中首次提到"道德型领袖"(moral leadership)的概念,旨在说明领导者与被领导者之间存在一种并非仅仅是权力,还有相互需求、相互渴望和相互评价的关系,能够创造满足追随者美好要求的社会变革。② 受到传统公共行政理论和新公共管理运动的影响,近代社会的政府及其公共行政的发展体现出明显的科学化、技术化特征,随着社会的发展、后工业社会的来临,这种科学化、技术化的发展路径使得政府陷入了一场信任危机,而政府及其行政人员的道德化是走出这场危机的必然选择。因此,对于中央政府而言,作为国家的最高行政机构,处于这个机构最高层级的行政首脑不仅应该是中央政府中的"道德型领袖",更应该是整个政府体系甚至全社会的道德楷

---

① 【美】马克·盖尔宗著,范志宏译. 领导艺术:化冲突为机会. 北京:商务印书馆 2007 年,第 85 页.

② 【美】詹姆斯·麦格雷戈·伯恩斯著,刘李胜等译. 领袖论. 北京:中国社会科学出版社 1996 年,第 5 页.

模。特别是随着后工业社会的到来,合作型组织的建设,要求中央政府中的卓越领导者应该具有可资信任的道德形象,能够更多地承担起道德责任,能够对普通组织成员表现出更多的人文关怀,能够在决策和领导活动中更多地秉持公正,能够对不同意见表现出更大的宽容,能够在利益实现中表现出先人后己,能够在交往过程中变现出更强的诚信,能够在行为选择中表现出更强的合作愿望。[①] 只有在中央政府中出现这样一个道德楷模、一位道德型领袖,才能充分发挥其道德榜样的作用,带动其追随者、继而整个政府体系中的行政人员的道德化,从而在卓越领导者和被领导者之间以及被领导者之间形成一种相互信任、相互了解、相互协商和相互接受的合作关系,而这种合作关系的进一步制度化将促使政府体系中行政人员的职业责任、法律责任和道德责任地内在化,使其在日常行政活动中自然而然地采取一种信任而不是怀疑的态度、合作而不是冲突的行为,因为全心全意为人民服务、维护公共利益是政府的最高职责。

---

① 张康之. 论信任、合作以及合作制组织. 人文杂志 2008 年第 2 期,第 58 页.

参考文献

一、中文著作

1. 施雪华. 当代各国政治体制——英国[M]. 兰州:兰州大学出版社,1998.

2. 王祖茂. 当代各国政治体制——北欧诸国[M]. 兰州:兰州大学出版社,1998.

3. 金太军. 当代各国政治体制——澳大利亚[M]. 兰州:兰州大学出版社,1998.

4. 曹沛霖、徐宗士. 比较政府体制[M]. 上海:复旦大学出版社,1993.

5. 国家机构编制委员会办公室编. 中华人民共和国国务院组织机构概要[M]. 沈阳:东北工学院出版社,1989.

6. 曹堂哲. 公共行政执行的中层理论——政府执行力研究[M]. 北京:光明日报出版社,2010.

7. 张焕光、苏尚智等编. 中华人民共和国行政法资料选编[M]. 群众出版社,1984.

8. 张康之. 寻找公共行政的伦理视角[M]. 北京:中国人民大学出版社,2002.

9. 张康之等著. 任务型组织研究[M]. 北京:中国人民大学出版社,2009.

10. 张康之. 公共行政中的哲学与伦理[M]. 北京:中国人民大学出版社,2004

11. 中央机构编制委员会办公室本书编写组编. 中国行政改革大趋势——行政管理体制和机构改革[M]. 北京:经济科学出版社,1993.

12. 朱光磊主编. 中国政府发展研究报告(第1辑)——公务员规模问题与政府机构改革[M]. 北京:中国人民大学出版社,2008.

13. 朱光磊主编. 中国政府发展研究报告(第2辑)——服务型政府建设[M]. 北京:中国人民大学出版社,2010.

14. 朱光磊. 当代中国政府过程[M]. 天津:天津人民出版社,1997.

15. 朱国云. 组织理论历史与流派[M]. 南京:南京大学出版社,1997.

16. 胡康大. 英国的政治制度[M]. 北京:社会科学文献出版社,1993.

17. 段甲强、李积万. 公共部门机关管理[M]. 北京:中国国际广播出版社,2002.

18. 胡伟．政府过程[M]．杭州:浙江人民出版社,1998.

19. 全国坤．行政权限冲突解决机制研究:部门协调的法制化路径探寻[M]．北京:北京大学出版社,2010.

20. 陈振明．政策科学——公共政策分析表中导论[M]．北京:中国人民大学出版社,2004.

21. 何晓明等著．现代管理理论与方法[M]．北京:中国社会科学出版社,1992.

22. 陈振明．政府再造——西方新公共管理运动述评[M]．北京:中国人民大学出版社,2003.

23. 曹绍廉．美国政治制度史[M]．兰州:甘肃人民出版社,1982.

24. 雷飞龙．美国总统的幕僚机关[M]．台北:台湾商务印书馆,民国六十一年.

25. 李奇．行政领导素质论[M]．成都:四川大学出版社.2004.

26. 林尚立．当代中国政治形态研究[M]．天津:天津人民出版社,2002.

27. 刘智峰．第七次革命:1998—2003年中国政府机构改革问题报告[M]．北京:中国社会科学出版社,2003.

28. 任晓著．中国行政改革[M]．杭州:浙江人民出版社,1998.

29. 施雪华．政府权能理论[M]．杭州:浙江人民出版社,1998.

30. 宋斌、鲍静、谢昕著．政府部门人力资源开发[M]．北京:清华大学出版社,2005.

31. 苏尚尧主编．中华人民共和国中央人民政府机构(1949–1990)[M],北京:经济科学出版社,1994.

32. 谭功荣．西方公共行政学思想与流派[M]．北京:北京大学出版社,2008.

33. 唐兴霖．公共行政组织原理:体系与范围[M]．广州:中山大学出版社,2005.

34. 唐娟、徐家良、马德普．中国中央政府管理[M]．北京:经济日报出版社,2002.

35. 王浦劬．政治学基础[M]．北京:北京大学出版社,1995.

36. 吴爱明、刘文杰．政府改革:中国行政改革模式与经验[M]．北京:新华出版社,2010.

37. 吴大英、沈蕴芳．西方国家政府制度比较研究[M]．北京:社会科学文献出版社,1991.

38. 夏海．中国政府架构[M]．北京:清华大学出版社,2004.

39. 谢庆奎等著．中国政府体制分析[M]．北京:中国广播电视出版社,1995.

40. 徐国亮．政府权威研究[M],济南:山东大学出版社,2006.

41. 薛刚凌．行政体制改革研究[M]．北京:北京大学出版社,2007.

42. 杨光斌．中国政府与政治导论[M]．北京:中国人民大学出版社,2003.

43. 应松年、薛刚凌．行政组织法研究[M]．北京:法律出版社,2002.

44. 燕继荣. 服务型政府建设:政府再造七项战略[M]. 北京:中国人民大学出版社,2009.

45. 曾令发. 探寻政府合作之路:英国布莱尔政府改革研究[M]. 北京:人民出版社,2010.

46. 张国庆. 行政管理学概论(第二版)[M]. 北京:北京大学出版社,2000.

47. 竺乾威. 公共行政理论[M]. 上海:复旦大学出版社,2008.

48. 彭和平. 公共行政管理[M]. 北京:中国人民大学出版社,1995.

49. 文建东. 公共选择学派[M]. 武汉:武汉出版社,1996.

50. [英]戴维·威尔逊、约翰·格林伍德,汪淑钧. 英国行政管理[M]. 北京:商务印书馆,1991.

51. [美]弗莱蒙特·E. 卡斯特、詹姆斯·E. 罗森茨韦克,李柱流等译. 组织与管理[M]. 北京:中国社会科学出版社,1985.

52. [加]亨利·明茨伯格,魏青江译. 卓有成效的组织[M]. 北京:中国人民大学出版社,2007.

53. [美]斯蒂芬·戈德史密斯、威廉·D. 埃格斯著,孙迎春译. 网络化治理:公共部门的新形态[M]. 北京:北京大学出版社,2008.

54. [美]詹姆斯·汤普森著,敬乂嘉译. 行动中的组织——行政理论的社会科学基础[M]. 上海:上海人民出版社,2007.

55. [美]理查德·E. 沃尔顿著,李建国、陈忠半译. 冲突管理[M]. 石家庄:河北科学技术出版社,1992.

56. [美]戴维·奥斯本、特德·盖布勒著,周敦仁等译. 改革政府——企业家精神如何改革着公共部门[M]. 上海:上海译文出版社,2008.

57. [美] B. 盖伊·彼得斯著,吴爱明、夏宏图译. 政府未来的治理模式[M]. 北京:中国人民大学出版社,2001.

58. [英]哈钦森著,复旦大学资本主义国家经济研究所编译组译. 爱德华·希思[M]. 上海:上海人民出版社,1973.

59. [英]莱恩著,柯惠译. 希思首相[M]. 北京:商务印书馆,1973.

60. [英]罗斯著,李家真译. 丘吉尔传[M]. 北京:人民文学出版社,2011.

61. [英]麦克米伦著,余航译. 麦克米伦回忆录[M]. 北京:商务印书馆,1982.

62. [英]安德森著,汤玉明译. 约翰·梅杰传:从平民到首相[M]. 西安:西北大学出版社,1992.

63. [英]布莱尔著,李永学、董宇虹译. 旅程:布莱尔回忆录[M]. 南京:译林出版社,2011.

64. [英]斯蒂芬斯著,刘欣、毕素珍译. 托尼·布莱尔:一位世界级领导人的成长经历. 北京:东方出版社,2006.

65. [美]史密斯著,王波译. 白宫岁月:克林顿夫妇传[M]. 北京:人民文学出版社,2009.

66. [美]布什著. 杨晨曦译. 抉择时刻[M]. 北京:中信出版社,2011.

67. [美]古德诺著. 政治与行政[M]. 北京:华夏出版社,1987.

68. [德]马克斯·韦伯著,林荣远译. 经济与社会(上卷)[M]. 北京:商务印书馆,2006.

69. [法]莫里斯·迪韦尔热著,杨祖功等译. 政治社会学[M]. 北京:华夏出版社,1987.

70. [美]托马斯·库恩著,李宝恒等译. 科学革命的结构[M]. 上海:上海译文出版社,1980.

71. [美]丹尼尔·A. 雷恩著,孙耀君、李柱流、王永逊译. 管理思想的演变[M]. 北京:中国社会科学出版社,1986.

72. [法] H. 法约尔著,周安华、林宗锦等译. 工业管理与一般管理[M]. 北京:中国社会科学出版社,1982.

73. [美]罗伯特·金·默顿著,唐少杰、齐心译. 社会理论和社会结构[M]. 南京:译林出版社, 2006.

74. [美]乔纳森·R. 汤普金斯著,夏镇平译. 公共管理学说史——组织理论与公共管理[M]. 上海:上海译文出版社,2010.

75. [美]威廉姆·A. 尼斯坎南著,王浦劬等译. 官僚制与公共经济学[M]. 北京:中国青年出版社,2004.

76. [澳]欧文·E. 休斯著,彭和平等译. 公共管理导论(第二版) [M]. 北京:中国人民大学出版社,2002.

77. [美]R. J. 斯蒂尔曼著,李方等译. 公共行政学[M]. 北京:中国社会科学出版社, 1988.

78. [英]诺斯古德·帕金森. 官场病. 生活·读书·新知三联书店出版1982 年8 月第1 版.

79. [英]安东尼·桑普森,唐雪葆、邓俊秉等译. 最新英国剖析[M]. 北京:中国社会科学出版社,1988.

80. [美]汉斯·摩根索著,徐昕等译. 国家间政治——权力斗争与和平[M]. 北京:北京大学出版社, 2006.

81. [美] F. J. 古德诺著,王元译. 政治与行政[M]. 北京:华夏出版社,1987.

82. [美]尤金·巴达赫著,周志忍、张弦译. 跨部门合作——管理"巧匠"的理论与实践

[M]．北京：北京大学出版社，2011．

83．[美]加布里埃尔·阿尔蒙德、西德尼·维伯著，徐湘林等译．公民文化[M]．北京：华夏出版社，1989．

84．[美]约翰·奈斯比特，梅艳译．大趋势——改变我们生活的十个新方向[M]．北京：中国社会科学出版社，1984．

85．[美]H. W. 刘易斯著，杨建、缪建兴译．技术与风险[M]．北京：中国对外翻译出版公司，1994．

86．[美]詹姆斯·W. 费斯勒、唐纳德．F. 凯特尔，陈振明、朱芳芳译．行政过程中的政治——公共行政学新论[M]．北京：中国人民大学出版社，2002．

87．[美]詹姆斯·Q. 威尔逊，孙艳等译．官僚机构：政府机构的作为及其原因[M]．北京：生活．读书．新知三联书店，2006．

88．[美]阿伦·威尔达夫斯基、内奥米·凯顿，邓淑莲、魏陆译．预算过程中的新政治学（第四版）[M]．上海：上海财经大学出版社，2006．

89．[英]特伦斯·丹提斯、阿兰·佩兹，刘刚、江菁、轩翀译．宪制中的行政机关——结构、自治与内部控制[M]．北京：高等教育出版社，2006．

90．[德]埃贝哈德·施密特，阿斯曼，于安等译．德国行政法读本[M]．北京：高等教育出版社，2006．

91．[英]洛克，叶启芳等译．政府论（下篇）[M]．北京：商务印书馆，1997．

92．[美]文森特·奥斯特罗姆，毛寿龙译．复合共和制的政治理论[M]．北京：生活·读书·新知三联书店，1999．

93．[美]B. 盖伊·彼得斯，聂露等译．官僚政治（第五版）[M]．北京：中国人民大学出版社，2006．

94．[法]皮埃尔·卡蓝默，高凌瀚译．破碎的民主[M]．北京：生活·读书·新知三联书店，2005．

95．[美]理查德·尼克松，施燕华、洪雪因、黄钟青译．领袖们[M]．海口：海南出版社，2010．

96．[英]罗威尔，秋水译．英国政府：中央政府之部[M]．上海：上海人民出版社，1959．

97．[英]安东尼·桑普森著，唐雪葆、邓俊秉等译．最新英国剖析[M]．北京：中国社会科学出版社，1988．

98．[美]托马斯·帕特森，顾肃、吕建高译．美国政治文化[M]．北京：东方出版社，2007．

99．[美]施密特·谢利、巴迪斯，梅然译．美国政府与政治[M]．北京：北京大学出版社，2005．

100. [美]瓦尔特·蒙代尔,曾越麟、汪瑄译. 掌权者的责任——争取总统克尽厥责[M]. 北京:商务印书馆,1978.

101. [美]赫德里克·史密斯,肖锋、姬金铎等译. 权力的游戏——华盛顿是如何工作的(下册)[M]. 北京:中国人民大学出版社,1991.

102. [美]格雷姆·巴拉,俞沂暄译. 官僚机构与民主:绩效与责任[M]. 上海:复旦大学出版社,2007.

103. [美]查尔斯·A. 比尔德,朱曾文译. 美国政府与政治(上册)[M]. 北京:商务印书馆,1987.

104. [美]伍德罗·威尔逊,熊希龄、吕德本译. 国会政体:美国政治研究[M]. 北京:商务印书馆,1986.

105. [日]秦郁彦著,梁鸿飞、王健译. 日本官僚制研究[M]. 北京:生活·读书·新知三联书店,1991.

106. [新西兰]理查德·诺曼著,孙迎春译. 新西兰行政改革研究[M]. 北京:国家行政学院出版社,2006.

107. [美]詹姆斯·R. 汤森、布兰特力·沃马克著,顾速、董方译. 中国政治[M]. 江苏人民出版社,2004.

108. [美]列奥纳德·R. 赛勒斯著,拓向阳译. 领导艺术[M]. 北京:生活·读书·新知三联书店,1990.

109. [美]简·芳汀著,邵国松译. 构建虚拟政府:信息技术与制度创新[M]. 北京:中国人民大学出版社,2004.

110. [德]马克斯·韦伯著,彭强、黄晓京译. 新教伦理与资本主义精神[M]. 西安:陕西师范大学出版社,2002.

111. [奥]路德维希·冯·米塞斯,冯克利等译. 官僚体制:反资本主义心态[M]. 北京:新星出版社,2007.

112. [德]马克斯·韦伯. 经济与社会(下)[M]. 北京:商务印书馆,1997.

113. [美]罗伯特·S. 卡普兰、戴维·P. 诺顿著,博意门咨询公司译. 组织协同:运用平衡计分卡创造企业合力[M]. 商务印书馆. 2006.

114. [英]菲利普·海恩斯著,孙建译. 公共服务管理的复杂性[M]. 北京:清华大学出版社,2008.

115. [美]查尔斯·J. 福克斯、休·T. 米勒著,楚艳红、曹沁颖、吴巧林译,后现代公共行政话语指向[M]. 北京:中国人民大学出版社,2002.

116. [美]马克·盖尔宗著,范志宏译. 领导艺术:化冲突为机会[M]. 北京:商务印书馆,2007.

117. [美]詹姆斯·麦格雷戈·伯恩斯著,刘李胜等译. 领袖论[M]. 北京:中国社会科学出版社,1996.

118. [英]亚当·斯密. 国富论(上卷)[M]. 西安:陕西人民出版社,1999.

119. [美]托马斯·戴伊著,张维等译. 谁掌管美国——里根时代[M]. 北京:世界知识出版社,1985.

120. [美]多丽斯·A. 格拉伯著,张熹珂译. 沟通的力量——公共组织信息管理[M]. 上海:复旦大学出版社,2007.

121. [美]帕特里克·兰西奥尼著,毕崇毅译. 破除藩篱:如何让部门之间不扯皮[M]. 北京:机械工业出版社,2011.

122. [美]帕特里克·兰西奥尼著,华颖译. 团队协作的五大障碍[M]. 北京:中信出版社,2010.

123. [美]塞缪尔·卡尔伯特、约翰·厄尔曼著,殷向辉译. 双向负责[M]. 北京:新华出版社,2005.

124. [美]安东尼·唐斯著,郭小聪等译. 官僚制内幕[M]. 北京:中国人民大学出版社,2006.

125. [美]查尔斯·J. 福克斯著,楚艳红译. 后现代公共行政——话语指向[M]. 北京:中国人民大学出版社,2002.

126. [美]费雷德里克森著,张成福等译. 公共行政的精神[M]. 北京:中国人民大学出版社,2003.

二、期刊及学位论文

1. 施雪华. 中央政府内部行政协调的理论与方法[J]. 政治学研究,1997,(2).

2. 施雪华、孙发锋. 政府"大部制"面面观[J]. 理论参考,2008,(5).

3. 施雪华、黄建洪. 中国公共行政的理论探索与实践发展之关系——从行政效能、行政方法与技术视角所做的一项分析[J]. 中国行政管理,2010,(7).

4. 施雪华、张荆红. 论现代西方行政领导与各部委的关系[J]. 中国行政管理,2005,(5).

5. 施雪华. 现代西方行政领导体制的特征及其启示[J]. 社会科学,2006,(2).

6. 王蔚、施雪华. 美国"行政单头制"政府领导体制的特点及其成因[J]. 中国行政管理,2006,(6).

7. 施雪华. 法国"行政双头制"政府领导体制的特点及其成因[J]. 中国行政管理,2007,(7).

8. 张康之. "协作"与"合作"之辨异[J]. 江海学刊,2006,(2).

9. 张康之．论信任、合作以及合作制组织[J]．人文杂志,2008,(2).

10. 张康之．论社会治理中的协作与合作[J]．社会科学研究,2008,(1).

11. 张康之．走向合作治理的历史进程[J]．河南社会科学,2006,(4).

12. 张康之．论合作[J]．南京大学学报,2007,(5).

13. 张康之．公共行政研究中的技术主义[J]．理论与改革,2008,(2).

14. 张康之、李圣鑫．历史转型条件下的任务型组织[J]．中国行政管理,2006,(11).

15. 谢庆奎．中国政府的府际关系研究[J]．北京大学学报(哲学社会科学版),2000,(1).

16. 高小平．"一案三制"对政府应急管理决策和组织理论的重大创新[J]．湖南社会科学,2010,(5).

17. 高小平、刘一弘．我国应急管理研究述评(上)[J]．中国行政管理,2009,(8).

18. 高小平、刘一弘．我国应急管理研究述评(下)[J]．中国行政管理,2009,(9).

19. 高小平．中国特色应急管理体系建设的成就和发展[J]．中国行政管理,2008,(11).

20. 高小平．综合化:政府应急管理体制改革的方向[J]．行政论坛,2007,(2).

21. 高小平、刘一弘．1998 年、2008 年两次国务院机构"三定"规定比较研究——基于政府职能转变的视角[J]．江苏社会科学,2008,(6).

22. 高小平、林震．澳大利亚公共服务发展与改革[J]．中国行政管理,2005,(3).

23. 尹光华．不断完善政府的协调机制——行政管理体制改革的重要内容[J]．中国行政管理,1994,(1).

24. 李积万．我国政府部门间协调机制的探讨[J]．汕头大学学报,2008,(6).

25. 高轩、朱满良．我国政府部门间协调问题探讨[J]．成都行政学院报,2010,(1).

26. 娄成武、于东山．系统化整合——中国公共危机管理的模式选择[J]．行政管理改革研究,2009,(4).

27. 王澜明．以"三定"为中心环节组织实施国务院机构改革．中国行政管理,2009,(5).

28. 王毓玳．论行政协调[J]．地方政府管理,1992,(1).

29. 常桂祥．论行政协调[J]．理论学刊,1998,(3).

30. 李琪．现代行政协调的模式与运行原则[J]．党政论坛,1996,(8).

31. 孙大敏．论转型时期行政协调的特点和原则[J]．云南行政学院学报,1999,(4).

32. 史瑞丽．行政协调刍议[J]．中国行政管理,2007,(6).

33. 方国雄．现代社会需要强有力的行政协调[J]．中国行政管理,1996,(5).

34. 卓越．行政协调论[J]．地方政府管理,1993,(5).

35. 曾昭富、李晓刚. 周恩来协调艺术刍议[J]. 求实,1998,(4).

36. 黄延、李有芬. 论领导干部行政协调的原则[J]. 中国行政管理,1995,(6).

37. 彭锦鹏. 全观型治理:理论与制度化策略[J]. 政治科学论丛(台湾),2005.

38. 马凯. 加强国际交流合作 提高应对突发事件的能力[J]. 行政管理改革,2010,(8).

39. 杨冠琼、吕丽、蔡芸. 政府部门结构的影响因素与最优决定条件[J]. 中国行政管理,2008,(7).

40. 王伯鲁. 技术困境及其超越问题探析[J]. 自然辩证法研究,2010,(2).

41. 宋世明. 试论从"部门行政"向"公共行政"的转型[J]. 上海行政学院学报,2002,(4).

42. 肖金明、尹凤彤. 论部门主义及其危害[J]. 山东社会科学,1999,(4).

43. 张劲、陆逸琼. 中国政府机构改革60年[J]. 同济大学学报(社会科学版),2009,(5).

44. 朱国云. 科层制与中国社会组织管理模式[J]. 管理世界,1999,(5).

45. 陈潭、马箭. 从部门预算走向公共预算[J]. 人民论坛,2010,(5).

46. 任剑涛. 政府何为? 中国政府改革的定立、状态与类型[J]. 公共行政评论,2008,(1).

47. 于立深译,胡晶晶校订. 美国《管制计划与审查》行政命令[J]. 行政法学研究,2003,(4).

48. 付朝阳、钱小军. 中央政府机关管理沟通问题研究[J]. 绿色中国,2004,(22).

49. 中央党校赴挪威、瑞典考察团."北欧模式"的特点和启示[J]. 科学社会主义,2007,(6).

50. 周志忍. 我国政府绩效管理研究的回顾与反思[J]. 公共行政评论,2009,(1).

51. 周志忍."大部制":难以承受之重[J]. 中国报道,2008,(3).

52. 李莹. 中国海事管理部门协作机制初探[J]. 中国行政管理,2010,(6).

53. 招标投标部际协调机制正式建立[J]. 水利水电工程造价,2005,(2).

54. 朱光磊、李利平. 从分管到辅佐:中国副职问题研究. 政治学研究,2007,(3).

55. 郎友兴. 中国应告别"运动式治理"[J]. 同舟共济,2008,(1).

56. 王巍、李善平. 电子政府一般性体系结构的研究[J]. 决策借鉴,2001,(6).

57. 任剑涛. 中国政府体制改革的政治空间[J]. 江苏行政学院学报.2009,(2).

58. 齐明山、陈虎. 论公共组织整合的三种模式[J]. 探索.2007,(3).

59. 应松年. 行政机关编制法的法律地位[J] 行政法学研究,1993,(1).

60. 张迎涛. 我国中央政府部门组织法的60年变迁[J]. 公法研究,2010.

61. 应松年、薛刚凌. 中央行政组织法律问题之探讨——兼论中央行政组织法的完善[J]. 公法研究. 2002,(1).

62. 王麟. 行政协助论纲——兼评《中华人民共和国行政程序法(试拟稿)》的相关规定[J]. 法商研究 2006,(1).

63. 马骏. 中国预算改革中的政治学:成就与困惑[J]. 中山大学学报,2007,(3).

64. 李少宇、梁娟. 电子政务建设对策分析[J]. 决策探索,2004,(1).

65. 肖明政、林赛. 政府人力资源规划分析——基于美国实践与现代公共管理的视角[J]. 中国人力资源开发,2009,(5).

66. 胡卫. 英国高级公务员薪酬管理制度改革的最新进展[J]. 社会科学,2004,(3).

67. 周志忍. 我国政府绩效管理研究的回顾与反思[J]. 公共行政评论,2009,(1).

68. 李金龙、余鸿达. 区域公共服务中的政府部门主义问题研究[J]. 中国行政管理,2010,(5).

69. 顾家麒. 关于行政机关机构编制立法的若干思考[J]. 行政法学研究,1993,(1).

70. 杨冠琼. 结构不良性、奇异性及其局限性[J]. 中国行政管理,2009,(11).

71. 程同顺、李向阳. 当代中国"组"政治分析[J]. 云南行政学院学报,2001,(6).

72. [挪威]Tom Christensen Per L · greid,张丽娜、袁何俊译. 后新公共管理改革——作为一种新趋势的整体政府[J]. 中国行政管理,2006,(9).

73. 曾维和. 当代西方"整体政府"改革:组织创新及方法[J]. 上海交通大学学报(哲学社会科学版),2008,(5).

74. 谭海波、蔡立辉. "碎片化"政府管理模式及其改革——基于"整体型政府"的理论视角[J],学术论坛,2010,(6).

75. 周志忍. 整体政府与跨部门协同——《公共管理经典与前沿译丛》首发系列序[J],中国行政管理,2008,(9).

76. 竺乾威. 从新公共管理到整体性治理[J],中国行政管理,2008,(8).

77. 曾令发. 合作政府:后新公共管理时代英国政府改革模式探析. 国家行政学院学报[J],2008,(2).

78. 高轩. 当代中国政府组织协同问题研究. 中共中央党校博士学位论文,2011.

79. 邓之宏. 电子商务环境下跨组织业务流程设计和评价研究. 重庆大学硕士学位论文,2005.

80. 潘小军. 我国行政组织冲突管理的辩证思考. 四川师范大学硕士学位论文,2007.

81. 仇赞. 大部制前景下我国中央政府部门间行政协调机制展望. 吉林大学硕士学位论文,2008.

82. 刘平. 中央政府行政机构改革的路径依赖分析——从"大部门制"改革引发的思考

. 华东师范大学硕士学位论文,2009.

83. 曾俊 . 十国中央政府机构设置比较研究 . 中共上海市委党校硕士学位论文,2010.

84. 程倩 . 论政府信任关系的历史类型 . 中国人民大学博士学位论文,2006.

85. 梁爽 . 政府内耗刍议. 吉林大学硕士论文,2007.

86. 楼跃文 . 我国公共部门支持合作型组织文化的研究 . 浙江大学硕士学位论文,2004.

三、外文文献

1. H. Seidman. Politics, Position and Power：The Dynamics of Federal Organization［C］. London：Oxford University Press. 1970.

2. B. Guy . Peters . Managing Horizontal Government：The Politics of Co – ordination. Public Administration［J］Vol(76). 1998 .

3. Donald F. Kettl. Central Governmennts in 2010：A Global Perspective［R］. Madison：University Of Wisconsin – Madison. 2001.

4. Sylvia Horton and David Farnham. Public Adm inistration in B retain［C］. Great Britain：Macmillan Press LTD, 1999.

5. Mulgan, G. . Joined – Up Government：Past, Present, and Future. In V. Bogdanor (ed.), Joined – Up Government［C］. London：Oxford University Press,2005

6. Thurid Hustedt and Jan Tiessen . Central Government Coordination in Denmark, Germany and Sweden – An Institutional Policy Perspective ［C］. Potsdam . Universit ätsverlag Press, 2006.

7. H. Seidman. Politics, Position and Power：The Dynamics of Federal Organization［C］. London：Oxford University Press,1970.

8. A. Wildavsky. If Planning is everything,Maybe it's nothing,Policy Science. 1973.

9. Perri 6. Diana Leat. Kimberly Seltzer and Gerry Stoker. Towards Holistic Governance：The New Reform Agenda. ［C］, Basingstoke：Palgrave,2002.

10. Robyn Keast and Kerry Brown：The Government Service Delivery Project：A Case Study of the Push and Pull of Central Government Coordination. Public Management Review 4(4).

11. Robert Gregory：All The King's Horses And All The King's Men：Putting New Zealands Public Sector Back Together Again. International Public Management Review. Volume 4 Issue 2,2003.

12. Oliver James：The UK core executive's use of public service agreement as a tool of governance. Public Administration Vol. 82 No. 2, 2004.

13. Paul Williams：The competent boundary spanner. Public Administration,2001.

14. Morten Balle Hansen . Trui Steen：Top civil servants and the interdepartmental coordination in state administration – a comparative perspective. Paper for the EGPA Study Group on Public Personnel Policies "Managing diversity", EGPA Annual Conference, Toulouse（France）, September,2010.

15. Herman Bakvis . Luc Juillet：The Strategic Management of Horizontal Issues：Lessons in Interdepartmental Coordination in the Canadian Government. Paper presented to conference on "Smart Practices Toward Innovation in Public Management," University of British Columbia, Vancouver, Canada, June 16 – 17, 2004.

16. Christensen, T. & Lægried, P：The Challenge of Coordination in Central Government Organizations. paper was presented at the Study Group on Governance of Public Sector Organizations, EGPA Conference, Madrid 19 – 22 September 2007.

17. John Halligan：The Impact of Horizontal Coordination in Australia. Paper for the European Consortium on Political Research Regulation & Governance conference Utrecht University, June 5 – 7,2008.

18. Pat Barrett：Governance and Joined – up Government – Some issues and early successes Paper presented to Australasian Council of Auditors – General Conference, Melbourne. 6 February,2003.

19. Sue Hunt：Whole – of – government：Does working together work? This discussion paper is a revised version of a Policy Analysis Report written as part of the requirements for master in public policy, Australian National University.

20. Dennis Kavanagh David Richards：Departmentalism and joined – up government：back to future? Parlimentary Affairs,2001.

21. Vernon Bogdanor. Chirstopher Hood. Joined – Up Government. Oxford University Press,2005.

22. Ernest R. Alexander. How organizations act together：Interorganizational Coordination in theory and practice. Gordon and Breach Publishers,1995.

23. Thomas W. Malone, Kevin Crowston, The Interdisciplinary Study Of Coordination, ACM-Computing Surveys,1994,26(1)：87.

24. A. Wildavsky. If Planning is everything, Maybe it's nothing, Policy Science,1973.

25. Martin Landau. Redundancy, Rationality, and the Problem of Duplication and Overlap. Public Administration Review, Vol. 29, No. 4.

26. Rahim. The political economy of English education in Muslim Benga：1871 – 1892［J］. Comparative Education Review, 1992(8).

27. Wall Conflict and its management [J]. Journal of Management, 1995, 21(3). p515.

28. Rain. Interdependence and Group problem – solving in theTriad [J]. Person lity Psycho logy, 1970(6).

29. Jones. Social Attitude of South Texas Primary Students [J]. Development Associates, 1976 (4).

30. Charles Debbasch. Science Administrative, Paris, Dalloz1980.

31. Pressman, J. L. and A. Wildavsky. Implementation, 2nd. Ed. Berkeley: University of California Press, 1994.

32. Pollitt, C. 'Management techniques for the public sector: pulpit and practice', in B. G. Peters and D. J. Savoie, Governance in a changing environment. Montreal: McGill/Queens University Press, 1995.

33. Davis, G. 'Executive Coordination Mechanisms' in P Weller et al. (eds.) The Hollow Crown, 1997.

34. Metcalfe. International Policy Co – ordination and Public Management Reform. International Review of Administrative Sciences, 1994.

35. Glyn Davis. Carving Out Policy Space for State Government in a Federation: The Role of coordination. The Journal of Federalism (Fall 1998).

36. James David Mooney, Alan Campbell Reiley. Onward industry: the principles of organization and their significance to modern industry, New York: Harper and Brothers. 1931. pxv.

37. Mary Parker Follett. "The Process of Control,"in Luther Gulick and L. Urwick, Papers in the Science of Administration . New York: Columbia University Press, 1937.

38. L. Gulick, "Notes on the Theory of Organization," in Luther Gulick and L. Urwick. , Papers in the Science of Administration . New York: Columbia University Press, 1937.

39. Martin Landau. Redundancy, Rationality, and the Problem of Duplication and Overlap. Public Administration Review, Vol. 29, No. 4.

40. Christopher Hood . The idea of Joined – Up Government: A Historical Perspective. In V. Bogdanor (ed.), Joined – Up Government[C]. London: Oxford University Press, 2005.

41. Patrick Dunleavy. Helen Margetts. Simon Bastow. New Public Management Is Dead— Long. Live Digital – Era Governance. Journal of Public Administration Research and Theory, 2005.

42. Jack Hayward and Vincent Wright. Governing from the Centre: Core Executive Coordination in France. London: Oxford University Press, 2002.

43. W. Jack Duncan, Great Ideas in Management: Lessons from the Founders and Foundations of Managerial Practice. Oxford: Jossey – Bass Publishers, 1990.

44. Bush. GeorgeW. 2005. Address to the Nation, September 15. www. Whitehouse. Gov/news/releases/2005/09/20050915 – 8. Htm.

45. Rober Gregory. " New Public Management and the Ghost of Max Weber" in Tom Christensen. And Per Lægreid Transcending New Public Management: the transformation of public sector reforms. Ash gate Publishing, Ltd2007.

46. Keast Robyn and Brown Kerry. The Government Service Delivery Project: A Case Study of Push and Pull of Central Government Coordination. PublicManagement Review. ［ J ］ Vol （4）2002. 23.

47. Michael Di Francesco. Process not Outcomes in New Public Management? ' Policy Coherence' in Australian Government. The Drawing Board: An Australian Review of Public Affairs. March 2001 Volume 1, Number 3.

48. V. Bogdanor （ed. ）, Joined – Up Government［ C ］. London: Oxford University Press2005

49. Nancy Roberts. Wicked Problems and Network Approaches to Resolution, International Public Management Review. Volume1. Issue1 ,2000.

50. Dennis Kavanagh. David Richards. Departmentalism and Joined – up government: Back to the Future? Parliamentary Affairs. 2001. （54）.

51. Fiona Buick. Silo and risk aversion: building an adverse culture for horizontal approaches in the Australian Public Service, University of Canberra.

52. Donald F. Kettl. ontingent Coordination :Practical and Theoretical Puzzle for Homeland Security. The American Review of Public Administration 2003 September.

53. R. H. S. Crossman, "Introduction to Walter Bagehot, The English Constitution". In Anthony King, Ed, "The British Prime Minister". London:Macmillan,1969.

54. Peter Hennessy. The Prime Minister: The Office and Its Holders since 1945. New York: Palgrave,2001.

55. Simon James. The Central Policy Review Staff, 1970 – 1983, Political Studies1986 （34）

56. David Richards, Martin J Smith. Governance and Public Policy in the UK. Oxford University Press,2002.

57. Sir Christopher Foster. British Government in Crisis or the Third English Revolution, Portland: Hope Service Ltd,2005.

58. Wright. Maurice. Treasury Control of the Civil Service1854 – 1874. Oxford: Clarendon Press,1969.

59. C Thain. Treasury Rules Ok? The Further Evolution of a British Institution, British Journal of Politics and International Relations,2004（6）.

60. R. Rhodes. Patrick Dunleavy. Prime Minister. Cabinet and Core Executive. NewYork: St. Martin's Press,1995.

61. Dynes. Walker. The new British state . London: Times Books, 1995.

62. Paul Fawcett. The Centre of Government—No 10. the Cabinet Office and HM Treasury, London:House of Commons,2005.

63. Cabinet Office. Cabinet Office Annual Report & Resource Accounts 2002 – 2003. Londoon: Cabinet Office, 2004.

64. Burch, Holliday. The Prime Minister's and Cabinet Office: an Executive Office in All But Name. Parliamentary Affairs, 1999(52).

65. Paul Fawcett. The Centre of Government—No 10. the Cabinet Office and HM Treasury, London:House of Commons,2005.

66. Richard Wilson. The Civil Service in New Millennium. Speech given at City University, London, 5 May, 1999.

67. HM Treasury. 2002 Public Spending Review: Public Service Agreement Whitepaper, London:HM Treasury ,2002.

68. Andrew Taylor. Hollowing out or Filling in? Taskforces and the Management of Cross – cutting Issues in British Government, British Journal of Folitics and International Relations,2000(2).

69. Martin J Smith. Reconceptualizing the British State:Theoretical and Empirical Challenges to Central Government. Public Administration,1998(75).

70. Thomas E Cronin. The State of the Presidency. Boston: Little, Brown. 1975.

71. Robert Pear . The Policy Wars: Those to Whom "Battle Royal" Is Nothing New, New York Times, 1987.

72. White House using cuts to shuffle and shoo staff. 2005. New York Times, February 8, p. A16.

73. Jeffrey Cohen. The Political of the US Cabinet. Pittsburgh: University of Pittsburgh,1988.

74. Harold Seidman. Politics, Position, and Power. New York: Oxford University Press,1970.

75. William F. West. Presidential Leadership and Administrative Coordination: Examining the Theory of a Unified Executive. Presidential Studies Quarterly,2006(3).

76. Robert Gregory. "Theoretical Faith and Practical Works: De – Autonomizing and Joining – Up in the New Zealand State Sector" in Tom Christensen, Per Lægreid Autonomy and regulation: coping with agencies in the modern state . Edward Elger Publishing,2006.

77. The Hon. John Howard, MP, Prime Minister, Strategic Leadership for Australia: Policy Directions in a Complex World, November,2002.

78. Management Advisory Committee 2004, Connecting Government: Whole of Government Responses to Australia's Priority Challenges, Commonwealth of Australia, Canberra.

79. Norman, R. New Zealand's reinvented Government: Experiences of Public Managers. Public sector, 1995. 18 (2).

80. Shergold, P. Regeneration: New Structures, New Leaders, New Traditions. Australian Journal of Public Administration, 2004. 54 (2).

81. Podger, A. S. Innovation with integrity – the public sector leadership imperative to 2020. Australian Journal of Public Administration, 2004. 63(1).

82. Paul G. Roness. "Types of State Organizations: Arguments, Doctrines and Changes beyond New Public Management". In Tom Christensen and Per Lægreid. Transcending New Public Management: The Transformation of Public Sector Reforms. Ash gate Pub Co May 30, 2007.

83. John Halligan. "Reform Design and Performance in Australia and New Zealand". In Tom Christensen and Per Lægreid. Transcending New Public Management: The Transformation of Public Sector Reforms. Ash gate Pub Co May 30, 2007.

84. Egeberg, M. How bureaucratic structure matters: An organizational perspective. In Peters, B. G. , &Pierre, J. (Eds.). Handbook of public administration. London: Sage. 2003.

85. Hansen, M. B. and H. H. Salomonsen. "The Public Service Bargains of Danish Permanent Secretaries." Public Policy and Administration, 2011(26).

86. Jorgensen. T and C. A. Hansen. Agencification and De – Agencification in Danish Central Government: Contradictory Developments – Or is There an Underlying Logic? International Review of Administrative Sciences December, 1995(61).

87. Morten Balle Hansen and Trui Steen. Top civil servants and the interdepartmental coordination in state administration – a comparative perspective. Paper for the EGPA Study Group on Public Personnel Policies"Managing diversity", EGPA Annual Conference, France, Sepetember, 2010.

88. Donald F. Kettl . Christopher and Pollitt James H. Svara. Towards a Danish Concept of Public Governance: An International Perspective. Report to the Danish Forum for Top Executive Management, 2004.

89. Trui Steen. Morten Balle Hansen and Marsha de Jong. The horizontal coordination of state – a comparative perspective on the role of top civil servants. Paper for the ECPR Conference 2011. Section: "Comparative perspectives on the management and organization of the public sector" (section 96); Panel: "The evolution of Public Service Bargains of top civil servants in state administration in a comparative perspective".

90. Lotte Jensen A Critical Assessment of Central Agency Motives in Danish Public Manage-

ment Reform International Public Management Review Volume 1 . Issue 1. 2000 127.

91. Wolf. Adam. Denmark：Policy – and Decision – Making in a Coalition System. In：SIGMA：Management Challenges at the Centre of Government：Coalition Situations and Government Transitions. OECD. 1998. p37.

92. Painter. Central agencies and the coordination principle. Australian Journal of Public Administration. 1981. p265.

93. BasilJ. F. Mott. AnatomyofaCoordinatingCouneil：Implications for Planning，Pittsburgh：University of Pittsburgh Press，1968.

四、工具书

1. 商务印书馆编辑部 . 辞源(缩印本)[M]. 北京：商务印书馆，1988.

2. 中央编办事业发展中心 . 世界百国政府机构概览[M]. 北京：北京出版社，2006.

3. 夏征农等 . 辞海(缩印本)[M]. 上海：上海辞书出版社，1989.

4. 商务印书馆编辑部 . 现代汉语词典[M]. 北京：商务印书馆，2002.

5. 新华词典编纂组 . 新华词典[M]. 商务印马馆，1988.

6. 中国社会科学院语言研究所词典编辑室 . 现代汉语词典[M]. 商务印书馆，1983.

7. 霍恩比原著，李北达编译 . 牛津高阶英汉双解词典(第四版)[M]. 商务印书馆，1997.

五、网络资源

1. 应松年 . 我国的行政法律制度 . www. people. com. cn/zgrdxw/zhuanti/fzjz. htm

2. 英首相承诺修补"破碎"社会 将重估部分政府职能 .

http：//www. china. com. cn/international/txt/2011 – 08/16/content_23216849. htm

3. http：//www. gov. cn/zxft/ft139/zx. htm

4. www. chinadaily. com. cn/hqpl/gjsp/2010 – 05 – 16/content_316526_2. htm

5. Bush. George. W. 2005. Address to the Nation，September 15.

www. whitehouse. gov /news /releases /2005 /09 /20050915 – 8. Htm

6. 李金华 . 2006 年中央预算执行情况审计报告 . 中国新闻网 2007 – 06 – 27

7. 中国人大网 . 政务院及其所属各机关组织通则 . http：//www. npc. gov. cn/wxzl/wxzl/2000 – 12/10/content_4240. htm

8. 谢映群 . 信息技术的分类与层次 . e 线图情 . www. chinalibs. net. 2003 – 03 – 31

9. 东方财富网：美国总统奥巴马提名桑斯坦接管白宫信息与管制事务办公室 www. finance. eastmoney. com/090421. 1064051. html2009 – 04 – 21

10. 红树. 丹麦政府选择开源软件为简化系统间数据交换. http://www.enet.com.cn/article/2004/0924/A20040924347385.shtml

11. 英国首相府网站. http://www.number - 10.gov.uk

12. 英国财政部网站. http://www.hm - treasury.gov.uk

13. 英国内阁办公室网站. http://www.cabinetoffice.gov.uk

14. 美国白宫网站. http://www.whitehouse.gov

15. 美国财政部网站. http://www.ustreas.gov

16. 澳大利亚联邦政府网站. http://www.fed.gov.au

17. 澳大利亚国库部网站. http://www.treasury.gov.au

18. 澳大利亚总理内阁部网站. http://www.dpmc.gov.au

19. 新西兰政府在线. http://www.nzgo.govt.nz

20. 中华人民共和国中央人民政府门户网站. http://www.gov.cn

21. 中国机构编制网. http://www.scopsr.gov.cn

22. 中华人民共和国财政部. http://www.mof.gov.cn

23. 中华人民共和国国家发展和改革委员会. http://www.sdpc.gov.cn

24. 总理十年,心忧房价. 搜狐焦点网. 2012 - 03 - 15. http://hf.focus.cn/news/2012 - 03 - 15/1845967_1.html

25. 美国政府部门也闹"不和". 来自 Vista 看天下. 2011 年第 192 期. http://news.hexun.com/2011 - 12 - 08/136102221.html

26. IT 推动创新网. Exchange Server 2010 构建政务沟通系统. 2010 - 03http://www.cioage.com/art/201003/88209_2.htm

27. 沈岿. 制度变迁中的行政组织. 北大法律信息网 2003 年. www.chinalawinfo.com.

28. 高辉清:建立部际协调机制主要是为了解决一些边缘问题,和讯网 2008 - 03 - 18 http://news.hexun.com/2008 - 03 - 18/104552183.html

29. 关注食品安全法:只协调不管理会否只扯皮? 食品商务网 2009 - 03 - 02 http://www.21food.cn